黑龙江历史文化研究工程项目（01ZD1301）

达斡尔族

DAWOERZU
LUNZHU TIYAO

论著提要

景 爱 ◎ 著

人民出版社

责任编辑:孙兴民　冯　瑶
装帧设计:徐　晖
责任校对:张　彦

图书在版编目(CIP)数据

达斡尔族论著提要/景　爱　著. -北京:人民出版社,2015.12
ISBN 978－7－01－015600－2

Ⅰ.①达…　Ⅱ.①景…　Ⅲ.①达斡尔族-民族历史-研究-中国　Ⅳ.①K282.2

中国版本图书馆 CIP 数据核字(2015)第 302097 号

达斡尔族论著提要
DAWOERZU LUNZHU TIYAO

景　爱　著

人民出版社 出版发行
(100706　北京市东城区隆福寺街 99 号)

保定市北方胶印有限公司印刷　新华书店经销

2015 年 12 月第 1 版　2015 年 12 月北京第 1 次印刷
开本:710 毫米×1000 毫米 1/16　印张:21.5
字数:306 千字

ISBN 978－7－01－015600－2　定价:48.00 元

邮购地址 100706　北京市东城区隆福寺街 99 号
人民东方图书销售中心　电话 (010)65250042　65289539

目　录

序　言

　　景爱先生是国内外知名的民族史和辽金史专家，他的新著《达斡尔族论著提要》即将由人民出版社出版。我们有幸先拜读了样稿。那不是常见的打印稿，而是厚厚一摞近千页的手写稿，其中包含了老先生多少辛勤的劳动，令人动容。拜读之后，更进一步领略了学问大家的风范。

　　首先，景爱先生严谨的治学态度和求实的研究方法令人感动。依历史科学的治学方法，写一部专著或研究一个问题，必须先要进行最广泛的资料搜集，包括原始资料和他人的研究成果，然后进行整理，编出资料长编，再后才能着手研究。可以说，广泛地占有和整理资料是研究工作的最重要的基础。虽然这样做加大了劳动强度，延长了研究周期，但它决定了研究的深度。可惜的是，遵循这一科学治学方法的人已经渐渐变少了。人们越来越耐不住青灯黄卷的寂寞与辛苦，越来越习惯于"打快拳"，在别人的研究成果中找现成的资料，当"二道贩子"，或者把别人的观点改头换面，变成自己的成果已不鲜见。景爱先生的这部著作在这新的时代给我们做出了重视资料、严谨治学的榜样。这部《达斡尔族论著提要》是他承担的课题——《达斡尔族通史》的一个中期成果，准确地说是资料准备的一个成果。但就是这么一个资料准备的成果，景爱先生也把它做得全面而又有深度。书中介绍了与达斡尔民族史相关的著作、文集、论文等115篇。必须说明的是，这里的介绍不是简单地说明一下基本内容，而是以研究者的视角进行深入的剖析。每一个成果好还是不好，好在哪里，不足在哪里，都一一指出。做到这一点不容易，如果不能对相关史料了如指掌，不能对这段历史融会贯通，不能对所读论著进行咬文嚼字，是绝对办不到的。

其次，景爱先生快人快语、有话直说的学者意气也令人钦佩。当前的史学研究成果，有很多经得起推敲的大作，也有不少东拼西凑的庸文，甚至还有哗众取宠的滥文。庸文滥文频出的一个重要原因就是学界的批评不够。也许是不愿意得罪人的心理吧，学者们往往不大批评庸文和滥文，批评了也只是蜻蜓点水、隔靴搔痒而已。但景爱先生不是这样，他在此书中对那些著作、文集、论文中的错误，完全不回避，直接指出哪里错了，为什么错了。这是专家底气和为人正直的结合。每个人读了，都觉畅快淋漓，痛快之至。

景爱先生承担的课题——《达斡尔族通史》是纳入黑龙江历史文化研究工程的一个项目。黑龙江历史文化研究工程是黑龙江省社会科学院在省委、省政府直接支持下设立的，旨在深入挖掘和研究黑龙江省的历史文化资源，总结历史经验，推动边疆文化大省建设，服务龙江科学发展。自2011 年底工程启动以来，作为黑龙江省文化建设的重大基础项目，工程分主体项目和专项项目两部分。主体项目是 500 万字左右十卷本《黑龙江通史》，由黑龙江省内外知名东北史学者和优秀中青年学者组成 60 余人的科研团队联合攻关，预计 2017 年推出；专项项目包括对本地区或全国历史发展具有重大或独特意义影响的事件人物的研究项目，配合《黑龙江通史》编撰的重要研究课题或资料准备项目，《黑龙江通史》中无法充分展现而又应予详尽揭示的历史内容，填补现有研究空白或在史料运用、观点体例方法等方面有重大突破和创新的项目等。

黑龙江历史文化研究工程对学界完全开放，黑龙江省社会科学院内院外、黑龙江省内省外、在职退休一视同仁，凡是符合黑龙江历史文化范畴、达到相应学术水准的选题，均可申报；为确保评审论证的客观公正，所有立项都采取当事人回避、匿名评审，对申请人、评审专家和相关工作人员都提出了严格的纪律要求，保证评审工作的公平、公正。

　　黑龙江历史文化研究工程还设立了出版资助项目，对优秀研究成果，经同行专家评审推荐、编委会严格把关通过后，予以资助出版。成果质量是评审的唯一考量因素，优先受理国家社科基金、省级社会科学规划项目的优秀成果。目前经过严格评审筛选，已在黑龙江历史文化研究工程平台资助出版了《东北历史地理》、《东北流人文库》（11 册）、《哈尔滨历史编年 1873—1949》、《20 世纪一二十年代哈尔滨多元文化研究》、《哈尔滨犹太简明辞书》、《东方诺亚方舟——犹太人在中国哈尔滨历史文化研究》、《伊玛堪论集》、《黑龙江流域少数民族英雄叙事诗·赫哲族卷》、《渤海国经济研究》、《兴凯湖新开流肃慎文化研究》等，都是资深学者精心打造、学界公认的精品成果。

　　真诚欢迎黑龙江省内外的学者申报和承担黑龙江历史文化研究工程项目，参与黑龙江省边疆学术文化建设。

曲伟

黑龙江历史文化研究工程编委会主任
享受国务院特殊津贴专家
2015 年 8 月 17 日

序

    这部《达斡尔族论著提要》的作者景爱先生是我在黑龙江工作时结识的师友。说到"师"，是因为我还在大学读书参加考古实习的时候，就曾经得到当时在黑龙江省博物馆从事考古研究工作的景先生的指导；说到"友"，是因为在改革开放后，他先到北京继续深造，留在北京工作，而我后来也回到家乡北京工作。因为都与历史学有密切联系，学术交往也很多。不久前，他打电话给我，随后又拖着因在沙漠工作时种下病根的双腿来我的办公室，送来了这部书稿，使我有幸成为第一位读者。

    说到"达斡尔族"，对于多数人来说可能是比较陌生的。景先生称"达斡尔族是少数民族中的小民族"，其言不谬。特别是这个民族由于没有本民族的文字，现在其历史只能靠口述来传承，许多问题已较难考究，所以许多情况就更不为人所知了。我在刚刚到黑龙江省工作的时候，也仅仅知道达斡尔族在 17 世纪的时候居住在黑龙江以北的地区。但是在查阅了景先生在这本书中介绍的俄国《历史文献》和《历史文献补编》后，我惊讶地发现，17 世纪中叶的俄国探险队及寻找貂皮的哥萨克们居然把当时并不了解的黑龙江流域的大片地区称为"Даворская земля"，即"达斡尔地区"。可见当时"达斡尔"这一概念是多么有影响。在那之后，我曾经想从有数的清代文献中寻找当年"达斡尔"这一名称之所以那么"响亮"的原因，但一直没有找到满意的答案。后来因为研究方向有所变化，那个问题就搁置起来了。

虽然关于达斡尔族的直接的历史文献的确不多，但是与之相关的文献却不少，也包括俄文资料。中华人民共和国建立后，特别加强了对少数民族的关注。尤其是实行改革开放政策以来，关于达斡尔族的研究成果更是大量出版，堪称达斡尔历史与文化发展的盛世。但对于我这样虽然有兴趣有需求但没有充裕时间的人来说，极其盼望有人对那大量的成果从专业的角度预先阅读，然后加以介绍或者评述。一般读者如得到专家这样的指导，自然可以收到事半而功倍的效果。也许有人怀疑：在学术风气比较浮躁的当前，难道还有人去做那样辛苦的工作吗？但如果看到景爱先生的这部书，人们就会相信：优良的学术传统还是有人在继承。

景爱先生师从我国辽金史前辈大家陈述先生，并继承陈述先生关于达斡尔（还包括鄂温克、鄂伦春、赫哲）族的历史研究是辽金史研究的延续和深入的遗愿，在达斡尔族研究方面做了积极的努力，特别是为深入的研究进行了铺垫，值得称道。相信景爱先生的这本书会引导更多关注达斡尔族历史与现状的读者的兴趣。我在读到他在绪论中提到的陈述先生的观点，即“达斡尔史是契丹后裔史”的结论时，突然想到：俄文的中国（Китай）不正是从“契丹”一词转过来的吗？这样一来，17 世纪的“达斡尔”一词的响亮原因是不是有了答案呢？

中国社会科学院近代史研究所前所长、研究员

中国抗日战争史学会会长

2015 年 6 月 15 日

景爱先生《达斡尔族论著提要》读后[①]

　　景爱先生字友之，号沙海居士，辽宁本溪满族人，早年在吉林大学、北京大学、中国社会科学院攻历史、考古、民族学，毕业后从事沙漠生态、边疆文物考古、民族史研究，还跟人合译过《苏联远东史》。他目前著作等身功成名就，且是享受国务院特殊津贴的国家有突出贡献专家。按说学人到这个地步，就大可运气养生。但景先生要实践曹操名言："老骥伏枥志在千里，烈士暮年壮心不已。"今年三月书稿编成，他又要提携后进，希望海洋读后写篇短文为序。

　　本书是景先生承担《达斡尔族通史》课题的中期成果，旨在通过对这些基本书目的评论，提醒大家阅读时应注意的事项，明确治学之道和文风。

　　达斡尔族能跻身当今中国56个民族之林，首先要归功于共产党新中国。当年（1927）国民党在南京改旗易帜，单边撕毁辛亥革命南北和谈达成的"五族共和"共识，非要用"炎黄子孙论"修理异端，把当年一块儿闹共和的边疆少数民族、后来一块儿闹北伐的中国共产党打成敌对势力。结果还是得去台湾反省。中国共产党不仅坦荡承认少数民族地位和贡献，还承诺用民族区域自治确保各民族当家作主，因而就能挺进北京执政，营造出国家统一

　　① 中央民族大学研究生汪亭存同学（现在吉林省民族研究中心就职）对本文初稿有知识贡献，且提供了本文列举的达斡尔族研究文献。海洋特此声明致谢。

民族团结，确保了成功。但要对国民党大汉族主义拨乱反正也颇费周章：民族识别首批公布于 1954 年全国首届人大召开前。达斡尔族称地位到 1956 年才由国务院确认，且有十多位达斡尔族干部为此付出前程。幸而当时中国学人还能据实直言，时任中央民族学院教授、著名辽金史专家陈述先生（1911—1992）做出两大贡献：

一是用系统证据表明：达斡尔族主体是辽朝契丹后裔，历史上虽有其他民族成员和文化融入，但它终归不是满族也不是蒙古族。这个论断对于达斡尔族名称地位的确立起到了关键作用。

二是用逻辑论证表明：辽金与两宋都是中国王朝，构成第二次南北朝。这三个王朝的地位、尊严和贡献在客观上等量齐观，主观上不能厚此薄彼。这个论述把尊严平等地位赋予达斡尔族和满族先民。

这些成果是当年中国民族领域认识高度的地标。眼下的情形有点儿任性急转直下：不少人主张民族政策回归南京时代，推动少数民族消亡同化忘本。景先生在这种情况下继承先师遗志给达斡尔族立传，对于当今中国至少有三点积极意义：

一是体现制度自信提升文明形象。新中国在共产党领导下实行社会主义制度，国号称"人民共和"，意思当然是各民族平等团结共同进步，包括用民族区域自治制度确保少数民族繁荣发展当家作主。

二是丰富国民知识，拓展心胸视野。国人惯于把"差异"当成"差距"，喜欢说边疆民族经济贫困拮据、文化封闭落后，只有同化才有活路。其实边疆资源包括淡水、牛羊肉从来丰富。讲到文化见识，边疆民族多半能说民、汉双语，有些还懂邻国语言。达斡尔人几百年前在贝加尔湖以东勒拿河流域与东北内蒙老家之间往还，且曾携老幼穿越外蒙古高原驻防到新疆塔城。国人皆知元代色目人后裔郑和主管明朝下西洋事业，其实朝廷当时还用黑龙江女真人亦失哈主持着东北"丝貂之路"。1411—1433 年间，亦失哈九次衔命视察管辖到库页岛的奴儿干都司，两次修建永宁寺，至今留有汉、蒙、藏、女真四种文字碑刻。近期"金砖国家"首脑在俄罗斯乌法峰会，中国主席桌签上的外文还是 Kita'i，读音为契丹。

三是动员各民族共建"一带一路"和"五位一体全面小康社会"。这道理无须细讲，只要想好一带一路除非航空，都要经过边疆民族家园，还要用边民语言宗教做桥梁纽带。倘若边疆民族政策法规总是缺位，那国家建设目标再怎么高，难免剃头挑子一头热。

这部《通史》由景先生主编也是顺天应人。但海洋预感这部通史不会一劳永逸。达斡尔学者迟早要继起编写新史。这无关乎"老通史"质量，而是知识社会学发展、世界后现代转型、时代精神对"复线历史"和多样主体的呼唤，还有各民族自撰历史的"政治正确性"使然。

景先生显然相信社会发展史科学范式。在这种视角下，达斡尔族史呈现为壁垒分明的民族实体：一群契丹边区遗民在王朝落败后，为逃离女真新朝新政而远遁西北大荒。蒙古汗国兴起时，这些遗民后裔为报亡国恨并返回家园而举众加盟并享受过一段辉煌。明朝崛起时，他们再次为避祸北渡黑龙江，远遁贝加尔湖东北勒拿河流域，在那里且耕且牧且渔猎，还在俄国文献里给当地家园挣到一个响亮称号："达呼尔利亚"。后来清朝跟俄国签约划界时，他们含及亲情响应号召，回迁到大兴安岭东侧。达斡尔族于此形成且跟鄂温克、鄂伦春一块儿成为清廷特别倚重的布特哈索伦部。最后在新中国确立起国家级少数民族的名称和地位。

换用文化生态学人文范式，叙事就很不一样：所有民族的起源传说都关乎人类起源。各民族先民都会随着权力结构改换名称，同时都跟周边民族通婚互嵌组合分化。总之有点儿像藏传佛教活佛转世，东食西宿没有定规，只是要守住文化生态家园。古往今来所有民族史因而都是层累构建的结果。达斡尔族的古今家园都在东北亚，都夹在阿尔泰语系蒙古语族、满—通古斯语族之间，而且都在山根湿地：它以兴安岭为轴心，北达外兴安岭及贝加尔湖北岸通古斯高原，南到燕山太行山北端。东北亚在秦汉时代西有匈奴，东有东胡。双方的结合部或曰断裂带，就成诸多小"民族"家园，包括蒙古族先民室韦。这块"家园"北有欧亚草原金玉丝貂通道，南有长城带丝绸之路商贸网络，小民族因而也能接触来自汉藏、印欧诸民族的信息技术商品和离散人员，也有壮大条件，因而也有东胡类的鲜卑乌桓继匈奴崛起，然后又受到突厥语族覆盖。唐末，轮到兴安岭—燕山间的契丹—奚人崛起：他们有着鲜卑和突厥语言文化记忆，熟悉汉人习俗和粟特人宗教，但互动最深的是东北方向的靺鞨—女真人。达斡尔先民地位此时略有上升但分布区生态环境不变。再往后就进入陈述、景爱两位先生的叙事范围：达斡尔家园先后归属女真—蒙古—俄罗斯—满洲—自身，人群迁徙主要沿北—南轴线，生计方式多样但始终组织严密善于打仗。如果把南方的"可蛮可汉"换成这里的"可蒙可满"，这些结构特点就跟"客家"很有相似性。

景爱先生在社会转型和国家治理创新关键时刻带头做出为人口较少民族修史的示范动作，是引领时代风气的壮举。这对落实"四个全面"纲领和"一带一路"战略都是无量功德，因而可钦可敬可喜可贺。本文认为，社会发展史看重规律和实力，能帮人保命；文化生态学看重价值和伦理，能给人尊严。

张海洋

中央民族大学中国少数民族研究中心

（教育部人文社会科学重点研究基地）

主任、教授、博士生导师

2015 年 7 月 15 日

绪　论

一、达斡尔史是契丹后裔史

陈述先生（1911—1992）是国内外最知名最权威的辽金史专家，被称作辽金史学的一代宗师。他的名字已被收入《辞海》第六版（即2010年版）。生前他长期从事民族史研究，积累了丰富的治学经验，反复强调研究一个民族的历史，必须溯其源，辨其流，做到有始有终。他对契丹史的研究，便是如此。

1948年在北平研究院出版的《契丹史论证稿》一书，主要是论证契丹的起源。指出契丹部族当先于元魏建号，可以追溯到汉末。1963年出版的《契丹社会经济史稿》一书，是讨论契丹国家的性质、社会经济结构和阶级问题。在此期间又发表了《大辽瓦解以后的契丹人》，论述了辽亡以后契丹人的复国活动。其中讲到了耶律留哥起义、库烈儿的北迁和契丹与达呼尔的渊源关系，论证了达呼尔源于契丹的直接证据和理由。在1986年人民出版社出版的《契丹政治史稿》一书中，再次论证达斡尔源于契丹，是契丹后裔。现在有人提出，辽亡以后契丹人从历史上消失了，与史实不合。契丹贵族耶律大石曾在中亚建立了西辽，与南宋大体同时；契丹参加忽必烈南征大理，其后人仍居住在云南。史实俱在，何以言契丹从历史上消失了？这种说法既是历史无知，又是刻意贬低契丹后裔。

20 世纪 50 年代，陈述先生对包括达斡尔、鄂温克、鄂伦春、赫哲在内的东北少数民族起源问题，都进行了系统研究。他撰文指出，这些民族都与辽金有关。《金史》中记载的乌底改（兀的改），是鄂温克、鄂伦春的先世。鄂温克传说其最初叫温迪罕人，金世宗时有名叫温迪罕速的人任东北招讨使，负责管理松花江黑龙江沿岸各部落，以温迪罕为部名族名即与此有关。又称鄂温克是靺鞨的同名异译。《金史》吉里迷兀的改诸野人连称，"吉里迷"为江边海边之意，"兀的改"为野人之意。"吉里迷内有兀的改，兀的改内有赫哲。"（陈先生这些文章没有发表，详见拙文《陈述先生遗稿叙录》，《辽金历史与考古》第二辑，辽宁教育出版社 2010 年。）

陈述先生认为，达斡尔、鄂温克、鄂伦春、赫哲的研究，是辽金史研究的延伸和深入。曾鼓励他的学生可以在这方面做些努力。此次达斡尔族通史的研究，是为了实现陈先生的遗愿，故而受到学术界的关注，《东北史地》2012 年第 4 期曾发表了采访报道。

二、达斡尔原始资料少且分散

科学研究要有资料，没有资料就是无米之炊。学术界认为辽金史资料少，又多讹误，故而很多人不愿意研究辽金史。著名的隋唐史专家唐长孺曾向我讲过，他早年曾研究过辽金史，与陈述先生是同行。后来发现辽金史资料特别少，尤其是《辽史》错误百出，还夹杂有契丹语，于是知难而退，转向隋唐史研究（见拙文《唐长孺教授眼中的陈述先生》，刊《中国社会科学报》2011 年 5 月 31 日《学林》）。

达斡尔是少数民族中的小民族，在汉族正统观念的影响下，被视为夷狄，很不受重视，甚至也无法与满、蒙、藏、回相比，没有本民族的文字，其历史情况多由外族人来记载，见于汉文、满文以及俄文。

汉文文献主要有《清实录》、地方志、文人的笔记等等。其中以《清实录》最为重要。《清实录》属于清朝宫廷档案，有关皇帝的言行均作记录，故有实录之称。清朝与东北少数民族关系密切，与各少数民族的往来，多记入《实录》，其中包括有达斡尔族。《清实录》（含《清宣统政纪》）共 4433 卷，从中检索达斡尔资料，如大海捞针，相当困难，况且有些人又很难读到《清实录》。幸好内蒙古少数民族社会历史调查组与中国科学院内蒙古分院历史研究所共同编辑了《清实录达斡尔鄂温克鄂伦春赫哲史料摘抄》，从《清实录》中摘录出 2284 条资料，1962 年由内蒙古人民出版社出版；后来又收入《达斡尔资料集》第七集，由民族出版社于 2007 年出版。听说黑龙江省也辑录了《清实录》有关少数民族的资料，称《清实录黑龙江史料摘抄》，未见其书，不知其详。《龙沙纪略》、《黑龙江外记》，也记录了达斡尔；《黑龙江志稿》、《呼兰府志》、《呼伦贝尔志略》等等地方志，对达斡尔也有详略不同的记载。

满文档案很多，其价值与《清实录》相同，都属于原始资料，非常重要。其记事与《清实录》大同小异，详略也不相同。可以补充《清实录》的不足。例如《清实录》康熙六年（1667）有"打虎儿"之记载，过去学术界一直认为达斡尔始见于此年。然而在内国史院满文档案中，顺治五年（1648）有"达呼尔七村贡貂皮"的记载。这一发现将达斡尔见于文献记载的时间前提了十九年。北京师范大学金鑫的博士论文《八旗制度与清代前期索伦达斡尔社会》，主要是依据黑龙江将军衙门之满文档案撰写的，发现了许多前人所未知的问题，学术贡献很大。

满文档案数量很多，据赵彦昌《近八十年来满文档案出版书录》，到 2005 年已译出的满文档案编书出版者，共有 66 部之多，然而这只是"冰山之一角、九牛之一毛"，待译的满文档案，还不知有多少。其中《黑龙江将军衙门档案》，对于研究达斡尔族历史关系最为密切。1900 年被俄国掠去，1956 年归还，曾保存于中国第一历史档案馆，现已归还黑龙江省档案馆。其中有关达斡尔族的档案，已被译为汉文，连同满文原件，一起编入《达斡尔资料集》第九集，由民族出版社 2009 年出版，可以广为利用。

满文档案的翻译成了很大问题。中国第一历史档案馆已编有满文档案目录，由于人力不足，翻译进度缓慢，懂得满文之人，不妨发挥其专业特长，加入满文档案的翻译队伍，以加快满文档案的翻译进度。

三、俄文档案很重要

十七世纪沙俄东扩时，最先接触到的黑龙江当地原住民是达斡尔人，俄国军官和探险者在向沙俄当局的报告中，经常提到达斡尔人。这些报告形成了大批的档案，也属于原始资料，对于研究达斡尔族的早期历史非常重要。俄国曾把这些档案编辑成为《历史文献》和《历史文献补编》，分别于 1841—1843 和 1846—1875 年先后出版。前苏联的学者，在他们的论著中不断援引这些档案资料。例如巴赫鲁申的《哥萨克在黑龙江上》，瓦西里耶夫的《外贝加尔哥萨克》，潘克拉托娃的《苏联通史》等等，都引用了俄国的档案资料。20 世纪 70 年代，中国社会科学院近代史研究所在编撰《沙俄侵华史》时，从苏联人的论著中间接的引用俄国档案资料，说明他们没有见到俄国《历史文献》和《历史文献补编》。

后来，黑龙江省社会科学院从大英博物馆找到了《历史文献补编》复制本，由郝建恒等人译为中文。此书所用的是古俄文，翻译难度很大，经过种种努力，最后译成了中文，1989 年由商务印书馆出版。译文注明了俄文版所在的页码，并附录有人名译名对照表、地名译名对照表和职官译名对照表，以便于读者阅读。

《历史文献补编》共有 1800 件档案，所选译的只有 76 件，只是其中的一小部分。尽管如此，《历史文献补编》的中译本，仍是重要的原始资料，学术价值非常高，是研究达斡尔族早期历史必读的参考书。关于在黑龙江以北居住时期，达斡尔人的城堡、村落（乌卢斯）、住房、耕地、农作物品种、部落首领以及语言等等，都有详略不一的记载。在 1641 年 9 月以前，彼得·戈洛文写给沙皇的报告中，提到了在维季姆河和石勒喀河沿岸，居住有使马的达斡尔人。这是已知的关于达斡尔最早的记载，比清代满文档案和《清实录》还要早若干年。

《历史文献补编》关于达斡尔以及其他少数民族记载比较多，应当仔细阅读。除此以外，刘民声、孟宪章、步平编的《十七世纪沙俄侵略黑龙江流域史料》（1998）一书中，也引用了许多俄国档案资料。《历史文献补编》一书印量不多，寻找比较困难。笔者所见到的，是黑龙江省社会科学院历史研究所库藏本。

四、清代民国年间的著作

在清代和民国年间，达斡尔族人学者先后发表了七种著作，即：

1. 花灵阿（又作华灵阿）之《达斡尔索伦源流考》，道光二十七年（1847）著，原文为满文，由瑞永译为汉文，收入《达斡尔资料集》第一集。

2. 郭克兴之《黑龙江乡土录》，民国十五年（1926）著，汉文，有台湾成文出版社铅印本，《达斡尔资料集》第二集有节选本。

3. 孟定恭之《布特哈志略》，汉文，写作时间不详，被金毓黻收入《辽海丛书》第四辑，铅印本，民国二十年（1931）出版。后被收入《达斡尔资料集》第二集。无单行本。

4. 阿勒坦噶塔之《达斡尔蒙古考》，汉文，民国二十二年（1933）奉天关东印书馆铅印，东布特哈八旗筹备办事处发行。被收入《达斡尔资料集》第二集。

5. 钦同普之《达斡尔族志稿》，汉文，撰写时间不详，有人推测撰于民国二十七年（1938），由东布特哈筹备办事处铅印发行。被收入《达斡尔资料集》第二集。

6. 何维荣（何布台）之《达古尔蒙古嫩流志》，撰于1946年，汉文。《达斡尔资料集》第二集收入其节选本。

7. 孟希舜之《达斡尔族志略初稿》，汉文，成稿于1953年，初为油印本，后收入《达斡尔资料集》第二集。

这些作者都是达斡尔族人，搜集了不少资料。然而受历史条件的限制，有些著作的学术观点有些问题。例如花灵阿认为达斡尔来源于唐代的黑水国（即黑水靺鞨），阿勒坦噶塔提出达斡尔即达怛，为蒙古的一支。

何维荣认为达斡尔源于蒙古的"达如花赤",后讹为"达古尔"（即达斡尔）。这些说法都缺乏历史证据,是不能成立的。其中郭克兴学历高,读书多,见识广,他认为达斡尔非索伦、非满洲、非蒙古,出自契丹皇族,是颇有见识的。

他们笔下关于达斡尔氏族、居地、人物和风俗习惯的记述,很有参考价值。本族人记载本族的社会生活,自然会特别的细致全面,远胜于外族人。外族人由于语言不通,采访停留时间短暂,观察不细,其记载往往粗疏,甚至会出现讹误。

达斡尔族人将上述著作称之为古籍,亦未尝不可,因为这是本族学者撰的关于本族的著作。有些学术观点难以成立,也不足为怪。各种不同的学术观点,都可以比较研究,择优而用,可以提高学术水平,未尝不是好事。从这个角度来说,都有参考价值,需仔细阅读。

五、20世纪后期的达斡尔研究著作

新中国成立之初,即20世纪50年代,为了实现地方民族区域自治,毛泽东提出了民族调查民族甄别的问题,动员全国的相关专家学者参与这项工作。陈述、傅乐焕等人,都撰文论证达斡尔的民族属性。陈述先生撰写了《关于达斡尔的来源》、《大辽瓦解以后的契丹人》、《试论达斡尔的族源问题》三篇论文,论证了达斡尔是契丹后裔,是独立的民族。此外,他还撰写了《达呼尔史论证》（草稿）和《达斡尔族史稿》二书,至今尚未出版。陈述先生关于达斡尔为契丹后裔的论证,为越来越多的学者采纳接受,也为达斡尔人所认同,对达斡尔脱离蒙古,确定为独立的民族,产生了重要的影响。傅乐焕撰《关于达呼尔族的民族成分识别问题》、《关于萨吉尔迪汗和根特木耳的资料》二文,对于达斡尔的来源未作说明,只是肯定了达呼尔是独立的民族;他误认为根特木耳是达呼尔人,是不能成立的。其实,根特木耳是索伦人,即鄂温克人,现在已成为学术界的共识。

20世纪50年代对达呼尔族社会历史调查,形成了调查报告,称《达斡尔族社会历史调查》，1984 年由蒙古人民出版社出版发行，2009 年由民族出版社出版了修订本。仲素纯根据在内蒙古莫力达瓦达斡尔族自治旗的语言调查资料，撰写了《达斡尔语简志》，1982 年由民族出版社出版。根据调查资料，还编写了《达斡尔族简史》、《莫力达瓦达斡尔族自治旗概况》二书，最初由内蒙古人民出版社出版（1986），近年由民族出版社出版了修订本（2008）。

20 世纪 90 年代，由孟志东等人组成的调查组，对云南保山地区的"本人"进行了实地调查，发现了契丹文墓志和"本人"的家谱、诰命、绘画等等，大量的事实证明，云南的"本人"是契丹后裔，他们是在元代南征大理时到达这里，此后留在这里永住下来。孟志东根据调查材料撰写了《云南契丹后裔研究》一书，由中国社会科学出版社 1995 年出版。云南的"本人"与达斡尔人，都是契丹后裔，属于有亲缘的兄弟民族，然而不能说是同一个民族。有少数"本人"改称达斡尔族，后被当地政府所阻止了。"本人"与达斡尔人语言不同，居住地不同，生活方式也不同，不能把二者视为同一个民族。

日本人池尻登所著的《达斡尔族》一书，是一重要著作。此人生于中国东北，1935 年曾到莫力达瓦布西产业技术传习所任教，对当地达斡尔进行过实地调查，他对达斡尔人的产业和社会生活比较熟悉，所撰的《达斡尔族》一书很有参考价值。此书于 1943 年出版，1977 年由奥登挂译成中文，内蒙古达斡尔族学会内部印行。后收入《达斡尔资料集》第二集，民族出版社 1998 年出版。

此外，还翻译出版了苏联巴赫鲁申的《哥萨克在黑龙江上》、《阿穆尔州地志博物馆与地志学会论文选辑》等书，其中都有关于达斡尔的资料。

20 世纪 80 年代以后，先后出版了《达汉小词典》（1983 年，恩和巴图编）、《达斡尔语词汇》（1984，恩和巴图编）、《达斡尔哈萨克汉语对照词典》（1985，开英编）、《达斡尔语汉语对照词汇》（1988，呼和编）。语言对于研究达斡尔族历史很重要，这些词典属于工具书，从词汇的变化能够找到历史的演进。

20世纪70—80年代，达斡尔族传统文学和音乐的整理研究渐次展开，出版了《达斡尔族民间故事选》（1979，孟志东编）、《达斡尔族民间故事集》（1981，呼思乐、雪鹰编）、《达斡尔民间故事选》（1987，赛音塔娜编）、《达斡尔民间故事百篇》（1992，娜日斯编）、《达斡尔族神话故事》（1998，苏勇编）。赛音塔娜、托娅合著的《达斡尔族文学史略》是一部重要的研究著作，对于书面文学和口头文学进行了全面系统的研究，1997年内蒙古大学出版社出版。对于达斡尔族的民间音乐，杨士清、何今声进行了整理研究，杨氏撰有《达斡尔族民歌》（1980），何氏撰有《达斡尔族传统民歌选》（1987）。书前有关于达斡尔族民歌的论述。杨、何二氏所著，词曲俱全。另有奥登挂所编《达斡尔民歌选》，只有歌词，未附曲谱。这些都为研究达斡尔族的传统文化提供了资料。

20世纪90年代，莫力达瓦旗古籍办公室主办、乐志德主编的《达斡尔资料集》，出版了第一集（120万字）、第二集（163万字），计划要出版十集，形成达斡尔文库。这是一个宏大的计划，得到了国家民委的支持。为达斡尔族历史和文化的研究，提供了丰富的资料。

六、新世纪初年的达斡尔论著

进入新世纪以来，论著明显增多。《达斡尔族研究》一书由内部印行改为公开出版，自2000年以来共出版了四辑，合计为141万字。所收入的文章范围很广，涉及到历史与现实的各个方面。真实地记录了内蒙古达斡尔族研究的现状（其中少数文章的作者为外地人士），文章的水平有些参差不齐，高低不等。有些是很不错的，如欧南·乌珠尔《关于达斡尔族族称与族源问题》，阿布达札布《在达斡尔语中使用着，而在现代蒙古语中已经消失了的〈蒙古秘史〉词汇》，满都尔图《萨满教与达斡尔族传统文化》，毅松《达斡尔族传统科学技术初探》，吴依桑《达斡尔族教育史述略》，陈志贵等人的《〈蒙古问题〉述评》，赛音塔娜《达斡尔传统萨满教'玛罗经'译注》，孟志东《契丹语与达斡尔语的关系》，赛音塔娜《论达斡尔诗人钦同普》等等。不过恩和巴图《"达斡尔"就是"大夏"》、《达斡尔族不是契丹后裔》、《关于〈黑水国的传说〉和相关的几个问题》、《"哈然达甘汗"与黄帝》诸文所论都是缺乏证据，是接受了朱学渊的错误观点以后形成的，是难以成立的。孟志东《对于达斡尔族族源'大夏说'的质疑》（见第 10 辑），对此文提出了许多批评。

乐志德主编的《达斡尔资料集》，在进入新世纪以来，又续编了八集，总共编辑出版了十集。达斡尔族人的各种论著，几乎都加以收入，包括达斡尔语词典、重要的家谱、民间故事传说、民间音乐作品和《黑龙江将军衙门档案》等等，特别是《黑龙江将军衙门档案》中满文档案的翻译，相当不容易。这是一件功在当代，惠及后人的大事业，受到学术界的广泛关注。

刘金明《黑龙江达斡尔族》，满都尔图《达斡尔族历史的足迹》，郭布勒·巴尔登《新疆达斡尔族》，都是达斡尔族历史专著。《达斡尔族研究论文选》、《齐齐哈尔建城史研究论集》、《达斡尔族与齐齐哈尔城》等等属于论文汇编，收入了许多文章。达斡尔族的非物质文化遗产很受重视，哈库麦勒、乌钦被列入国家非物质文化遗产名录，于是出版了《达斡尔族哈库麦勒（鲁日格勒）歌舞》、《达斡尔族乌钦说唱》二书。

从整体上来看，新世纪初年是达斡尔族历史与文化大研究大发展的盛世，其数量之多是今非昔比。其中虽不乏精品之作，然而也有重复性的作品，缺乏应有的学术含量。

七、提要的由来

"提要"一语，见于唐代。著名文学家韩愈《进学解》一文云："记事者必提其要，纂言者必钩其玄。""提要"一语，是从"提其要"而来。所谓"提其要"，是指要抓住要点重点，作文撰书都应当如此。提醒人们"记事"、"纂言"不能离开重点和中心，这是行文必须遵循的原则。今人常用"离题万里"来形容不会做文章，抓不住文章的要点重点，偏离了主题。

清朝乾隆皇帝提出编《四库全书》，所收集的各种书籍非常之多，给阅读带来许多不便。于是，乾隆皇帝提出还要编《四库全书总目提要》，就是写出每种书的要点。其谕旨称："四库全书处总目于经、史、子、集内，分析应刻、应抄及应存书名三项。各条下俱经撰有提要，将一书原委提举大凡，并详著人世次爵里，可以一览了然。"据此，不仅要写出每种书的要点，还要介绍作者的有关情况：作者的身世和成书的时代。今观《总目提要》，对一些书的版本的优劣，也要评介。这是因为有些典籍时代很早，有许多不同的版本，要提示大家择优而读。由此可知，提要就是书评，属于导读性质的文章，文字要短少，便于阅读。

自此以后，提要渐次流行，不仅著作需要提要，文章也需要提要，于是，提要几乎变成了一种文体。在民国年间，论文前边必须要有目录，目录就是提要。现在的论文也是如此，题下文前必须有提要，只是换了一个说法，称作摘要了。摘要还要有8—10字的关键词，其导读的功能更加明确了。大凡有经验的人，都要仔细阅读摘要，了解论文的要点以后，才能确定是否阅读全文。研究人员都很忙，要读的文献很多，如果不读摘要每见必读全文，常常会造成事（时）倍功半，难以达到预期的目的。

有关达斡尔族的文献很多，有些是专门论述达斡尔的专文专著，有些是只有只言片语的杂书。本书只收录专文专著，那些只有少量记载的论著，属于另类论著，故不收录。有关达斡尔族的专文专著也很多，本书没有全部收录，只是有选择的收录了具有学术价值的论著。这是有原因的。一是有些作品属于内部发表，外人是看不到的，自然无法收录。未读原作品，是不能作评论的。二是好多作品内容重复，与前人的作品内容相同，缺乏新意，没有收录的必要。因此，只能收录若干具有代表性的作品，那些重复性的作品，只好割爱了。还有些公开出版的著作，可能是印量少的原因，在图书馆中没有收藏，检索不到，只好放弃了。有些令人遗憾，却也无可奈何。

达斡尔索伦源流考

清代华凌阿撰。原为满文，由瑞永译为汉文，并加注释。瑞永事迹不详。有1958年3月内蒙古东北少数民族社会历史调查组印本。后收入乐志德主编的《达斡尔资料集》第一辑2—15页，正文加注释合计约21000字。

文末署："道光丁未年月柱尼尔基山之三佐领华凌阿"。丁未年为道光二十七年、公元1847年。"月柱"为"月主"之误，"主"、"柱"音同，故译文音译为"柱"。"月主"指月神，多指嫦娥，见《史记·封禅书》。"月主尼尔基山"是指某月十五日月圆之夜停笔。"尼尔基山"为莫力达瓦（旧称西布特哈，后简称布西）之北山，今莫力达瓦旗驻地尼尔基镇，在尼尔基山之阳。

华凌阿（又译作花灵阿）是达斡尔族莫日登哈拉人，清代隶正黄旗，是道光时人，任布特哈佐领，任内撰此文。其自序云："我想树有根，水有源，无论何时，民族必有其传承下来的历史。而我达斡尔索伦的来源，至今尚未发现比较详细记载的史书，于是童年时代起，我就一心注意昔时历史书籍和现在的档案，专心探讨，同时参照老者之传述，使我对达斡尔索伦的来源，有了概括地认识。我将搜集的资料加以整理，冒昧叙述这一本概史，以供研究。"全文一气呵成，不分章节。其结论是"黑水国即达斡尔索伦的根源，渤海国为金国的根源，他们原来就是两个国家。"这个结论是不能成立的。《金史·世纪》明确记载，渤海源自粟末靺鞨，女真

11

源自黑水靺鞨。作者为了证明达斡尔索伦源自黑水国（黑水靺鞨）之说，便将金国女真人说成是源于渤海，与史实大相径庭，属于移花接木，是不能成立的。华氏认为唐代的黑水国（黑水靺鞨、黑水部）为达斡尔索伦之源，是错误的，今人多指出此说不能成立。没有人相信这种说法。

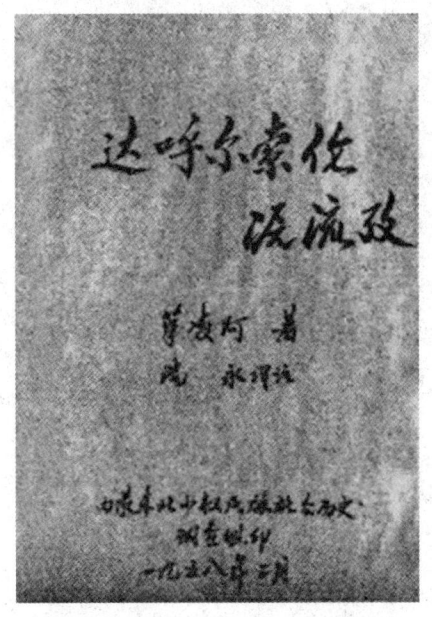

《达斡尔索伦源流考》是达斡尔本族人所撰的最早自述本族历史的文章。成为达斡尔族人士的开篇之作，对后世达斡尔族人产生了一定的影响。

译者瑞永在"译注之言"中称："运用一些有关的史料，加以注解。"不过有些注释不确。例一，原文有："唐玄宗开元十四年，黑水靺鞨遣使来见，以其国为黑水州，仍为置长史以镇。"译者注云："黑水靺鞨当时在流鬼国西南，女真即其遗种，长'史'恐当作长'吏'。"按：《旧唐书》载："开元十三年，安东都护薛泰请于黑水靺鞨内置黑水军，续更以最大部落为黑水府，仍以其首领为都督，诸部刺史隶属焉。中国置长史，就其部落监领之"（校点本5359页）。《新唐书》亦载："开元十年，其酋倪属利稽来朝，玄宗即拜勃利州刺史。于是安东都护薛泰请置黑水府，以部长为都督、刺史，朝廷为置长史监之。"（校点本6178页）"长史"是官名，是唐朝廷派驻的官吏，"长史"不误，如改为"长吏"，则与史实不符。故译者的注释有误。

例二，注释称，女真为流鬼遗种，大误。据唐朝人杜佑《通典》，"流鬼在北海之北，北至夜叉国，余三面皆抵大海，南去莫设靺鞨船行十五日。无城郭，依海岛散居。"（中华书局影印本1084页中栏）由此可知，流鬼应在堪察加半岛，比黑水靺鞨要落后得多，把女真说成是流鬼之后，毫无证据可言。学术界一致认为，女真是黑水靺鞨之后人。

例三，在生女真下注释云："五代时居于混同江（松花江）以北，自哈尔滨以东地方者名生女真，江南者名熟女真。"这种解释也不确。按：辽代时，来流水（今拉林河）以北为生女真，熟女真指辽阳以南的女真，又称曷苏馆女真。完颜部是生女真之一部，居住安出虎水（阿什河）沿岸，适当松花江之南、来流河（拉林河）之北。因此，将松花江以南称作熟女真是不正确的。

译者加注释，是便于读者阅读，必须正确无误。注释不确，会制造混乱，反而不利于阅读，起相反的误导作用。

黑龙江乡土录

又称《黑水方舆氏族沿革志》。郭克兴（1892—?）撰。郭克兴又名郭克为。字起衰、勤宜、兴武，族名克兴额。东布特哈（讷河县）满那屯郭布勒哈拉人。其祖父为江宁将军穆腾阿。光绪末年，肄业于陆军贵胄学堂，民国初年入陆军大学读书。曾在交通部、陆军部任职，被聘为畿辅大学、交通大学教授。辑录各种文献，编纂《黑水郭氏家乘》，于民国十五年（1926）印制成书。内分《黑龙江乡土录》、《世系录》、《世德录》、《扬芳录》、《先茔录》、《旧闻录》、《艺文录》、《济美录》八卷。其中《黑龙江乡土录》由叙例、方舆志、部族志组成。部族志记载了黑龙江各民族的由来和附清的经过，先引证各家之说，然后以按语的形式发表了他自己的看法。其中涉及到达斡尔族、索伦族和鄂伦春族。《达斡尔资料集》第二集节选了部族志。

部族志中有达呼尔记略，称达呼尔"旧作大贺，系出华夏"；"乾隆四十六敕撰《辽金元三史国语解》，以索伦语正《辽史》，始以《八旗满洲氏族通谱》易大贺为达呼尔。又按：大贺本系姓氏，唐时契丹君长为大贺氏，玄宗以后遥辇氏继之，唐末始移于耶律氏。自是以后……各部因所居之地著姓，仍以大贺为部族之号……达呼尔人皆大贺之语转，已彰彰明矣。"他又列举了近代典籍关于达斡尔的不同译音，计有达呼尔、达虎里、达瑚尔、达瑚里、达呼里、打虎儿、打狐黑、红狐里、打户、托火罗、答不也，其中托火罗、答不也非是。他又指出："达呼尔系出契丹，契丹系

14

出鲜卑。"他的结论是：达呼尔辽裔也，达呼尔非索伦也，达呼尔非满洲也，达斡尔非蒙古也。这个结论是正确的，非其他清代、民国达斡尔学者可比。在此基础上，他对契丹民族的故壤及向东北迁徙，对达斡尔人的居境及近代迁徙，依据各种文献进行了描述。

郭克兴依据《八旗满洲氏族通谱》、《黑水先民传》，详细记载了有清一代达斡尔人的姓氏。首姓为达呼尔氏，次为郭博勒氏，对郭博勒氏的由来，详有考证，称："或作郭贝尔、郭布勒、郭博尔、郭尔本、郭博罗、郭普嘎尔、果布勒、果博尔，蒙古语果勒小水也。博勒与贝勒音近，贝勒者部长也。综此数说，郭博勒意为小水部长也。郭博勒屯，滨克拉河小水，其指此耶，今均冠郭姓。"次为莫尔迪音氏，"或作墨尔迪、墨尔丹、孟尔的音、孟尔底音，今多冠莫姓，亦有姓孟者。又有莫尔哲埒氏，疑即此。"次为精奇里氏，"以江得名，意言黄也。"次为苏都礼氏，"或作索多里、索多尔。"次为倭嫩氏，"或作鄂诺、卧诺，按即斡难，斡难者，黑龙江之旧称也。"次为倭勒氏，"或作瓦兰、吴隆、吴蓝、斡郎，今有冠吴姓者。"次为敖拉氏，"或作鄂拉，今多冠敖姓，或姓鄂，疑即倭勒之音转。"次为鄂济氏、额苏里氏，额苏里氏"以江得名"。次为德敦氏，"今多冠杜姓，亦有姓邓者。亦有图克敦氏、德都勒氏，疑即此。"次为克音氏，"一作克殷"。次为呼尔拉特氏，"一作胡拉特尔。"次为扎拉尔氏，"拟即札拉儿"。次为多拉尔氏，"一作杜拉尔、都拉尔，按此氏系出索伦，达斡尔亦有此姓。"以下还有尼尔吉氏、阿勒丹氏、布库尔氏。

在此以前的许多达斡尔人著述，多把博穆博果尔视为达斡尔之人士。郭克兴则不然，他极力辨别博穆博果尔不是达斡尔，而是索伦族。他认为何秋涛《索伦诸部内属述略》所列的博穆博果尔城，与达斡尔无关。郭克兴明确指出，巴尔达齐为达呼尔部长，博穆博果尔为索伦部长，将他们的族属交代很清楚。郭克兴将近代（清代）达斡尔人物列为一长表，彰显他们的社会贡献，共分为忠义、武功、政略、卓识、文学、烈女六类，介绍他们的名字、姓氏、籍贯、战役、勇号、官职、赏恤，涉及到89人。表中将巴尔达齐列为卓识第一名。然而在反清战争中备受民众支持的博穆博果

15

尔，却没有列入表中，显然不属于疏漏，其原因是：郭克兴认为博穆博果尔不是达斡尔人，而是索伦人。即今日所称的鄂温克人。

郭克兴《黑龙江乡土录》的记事，皆注明出处，以事实为准，不引用民间传说故事。因此，此书的记载大多真实可信，与达斡尔其他人士的著述相比，可以看出严肃认真的态度，是最成功的一种，学术价值比较高。这与郭克兴学历高，受过正规的训练，知识面宽，引证资料广泛，阅历丰富有密切的关系，从而避免了主观偏见，减少了行文中的失误，能够取信于读者和学术界。这是优良的学风，应当予以继承和发扬，为达斡尔学者树立了良好的榜样。

达斡尔蒙古考

阿勒坦噶塔著。民国二十二年（1933）奉天关东印书馆印制出版，东布特哈八旗筹备处发行。收入《达斡尔资料集》第二集，民族出版社 1998 年出版，约 4.1 万字。

阿勒坦噶塔（1900 - 1947）意为北斗星或北极星，汉名鄂序元、鄂伯乾，出于达斡尔族鄂嫩哈拉，黑龙江讷河县清河乡开花浅人，1929 年入奉天蒙旗师范学校，后入北平师范学院读历史。此书是在读书期间或毕业之初所撰。

民国政府提出汉、满、蒙、回、藏五族共和，达斡尔不在其中，不被承认。因此，阿勒坦噶塔冒充蒙古族得以考入蒙族师范学校，于是产生了达斡尔应当依附蒙古思想，其撰《达斡尔蒙古考》的动机即在于此。

书前有其同乡德古来（后去台湾，死在美国）之序，称："咱们的历史被旁人著作了，所以才能支配咱们的民族观念。鄂君有鉴于斯，作成这《达斡尔蒙古考》，以解世人之谬见，同时对于我们蒙古的团结上，实在有很大的贡献。"所谓"蒙古的团结"，指的是达斡尔与蒙古的团结，将达斡尔融入蒙古。

撰者自称本书的宗旨是："索史乘之纪译，地理之徒迹，述其鸿爪雪泥，以资证明塔塔儿为达斡尔之渊源也。"他是最早提出达斡尔为蒙古人，对民国年间的达斡尔人士产生了很大的影响。

不过他对达斡尔为蒙古的论证，疏漏甚多，甚至自相矛盾，不能自圆

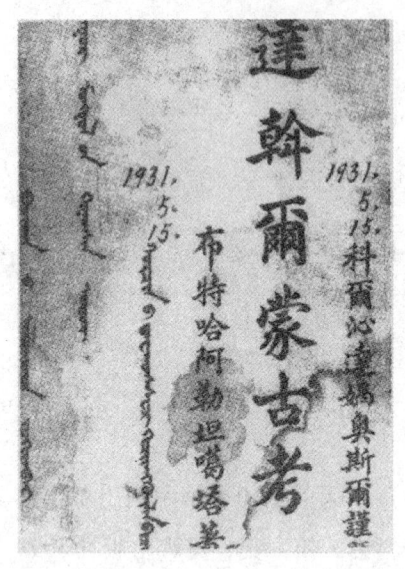

其说，兹举例如次。

1. "兹访得达斡尔蒙古之神话一出，谓昔有一王，名曰萨吉哈尔迪汗，乃达斡尔之唯一独尊神圣皇帝也。"他据此提出："达斡尔传述之萨克哈尔迪汗，即元太祖弟搠只哈儿王也。""由此述语可证达斡尔为塔塔儿之遗部也。"将民间传说视为历史事实，是不科学的不可信的，岂能将传说当成历史？

2. 其绪论称达怛有生熟二种，生达怛又分为黑白二部，铁木真（成吉思汗）为黑达怛。又称塔塔儿为搠只哈儿属部，都是黑鞑靼。然而后面的正文引《蒙鞑备录》："白鞑靼者，容貌稍细，为人恭谨而孝云。审与达斡尔之礼貌，颇为相似……达斡尔蒙古乃白达塔儿之遗部。"前后矛盾不一致，以何为准？其实白达靼是指汪古部，具有突厥血统，故皮肤白净，不是蒙古人。将达斡尔说成是白达靼之后，完全是错误的。

3. 文称："考鬼力（赤）部众游牧之区，乃达斡尔于明季故居之地，故有明鞑靼之号称，即达斡尔之略称，及达怛达塔儿之复号也。"这种说法牵强附会，是不真实的。鬼力赤，波斯史书称作乌鲁克帖木儿，史称他"非元裔"，为瓦剌部人，牧地在甘肃、宁夏边外，后来参与鞑靼内部的斗争，来到蒙古东部，杀死坤帖木儿可汗，其后鬼力赤又被阿鲁台所杀。把达斡尔与鬼力赤联系起来，与史实不合，毫无道理可言。

达斡尔蒙古说在民国年间的达斡尔人士中产生了很大影响。不过当代达斡尔学者，对阿勒坦噶塔提出了广泛的批评。欧南·乌珠尔以达怛、塔塔儿与达斡尔读音的不同，指出了阿勒坦噶塔"达斡尔蒙古"说是不能成立的。他分析了"达斡尔蒙古"产生的政治背景，在辛亥革命以后，民国政府提出了汉、满、蒙、回、藏"五族共和"，达斡尔族被排斥在外。于是达斡尔族上层分子提出了将达斡尔族包括在内的"六族共和"的政治主张，没有得到政府的理睬，在这种情况下，"认为由于地区接壤、语言相近、风俗习惯也有相同点，只要提出几点论据，即可成为蒙古族的一个分支而受欢迎，因为这在'复兴蒙古运动'方面无疑是增添了力量的好事。于是，由阿勒坦噶塔先生撰写的《达斡尔蒙古考》问世了。"他又指出："这部人为地捏造出来的、违反科学、歪曲史实的所谓历史资料——《达斡尔蒙古考》导引达斡尔人民误入歧途。"（见该氏所撰《关于达斡尔族称与族源问题》、《再谈达斡尔族的族源问题》）吴维荣也指出："'达斡尔蒙古'之称，在历史文献上是查不到的，该说纯属二十世纪三十年代出于政治需要的产物。"（《达斡尔族源于契丹的论证》）

布特哈志略

　　孟定恭（？—1943）撰。孟定恭字镜双，族名索米子宏，西布特哈（今莫力达瓦旗）正白旗大墨尔丁屯人。曾就读于布西师范讲习所、黑龙江满蒙师范学校，历充西布特哈骁骑校、佐领、总管署笔帖式。伪满时，在八旗筹办处任科长，又任布西教育局局长、兴安东省科长。民国二十一年（壬申，1932）撰就《布特哈志略》一书，约 5.2 万字。被金毓黻收入《辽海丛书》第七集，又被收入乐志德主编的《达斡尔资料集》第二集。

　　卷首有孟定恭西布特哈同事陈鸿谟序言，称："孟君镜双，辽裔名族，即今呼为达胡尔人也……与同族时彦何鹏字壮飞者，许为布西双杰……余观夫全书六编，以人物一编多取材于《黑水先民传》，余均镜双之自撰耳。"

　　其自叙称："我先民学习满文满艺，游牧渔猎，吟咏歌谣，每值国难，从军效命，卓著武功……值此时势变迁，世运转换，天始欲予吾族以复兴之机乎，则启后原于承先，数典岂可忘祖。此即余之不嫌芜陋，搜集所得，草《布特哈志略》一编之微意也……聊供史家之取材，并以俟同志君子之匡正焉。"是知此志撰于"九一八事变"以后，意在振兴达斡尔之伟业。从"搜集所得"，则知曾进行了调查，这是撰志所必需的准备。本书的范围，包括东、西布特哈，即今黑龙江讷河、内蒙古莫力达瓦等地。

　　全书分为自叙、历代沿革、村落姓氏、人物、古迹、经政六编。认为达斡尔源于契丹大贺氏，"达斡尔接蒙语，系内蒙古之东北边部所谓达呼尔或达虎里者。契丹盛时，中国人以其关外东胡人，尊称曰大胡人，于是本族人亦以大胡人自称。契丹之君号因之曰大贺氏，至清注籍以音致转字误也。"将大贺氏、达斡尔认为来源于"大胡人"，是音转致误，完全出于推测，是不能成立的。

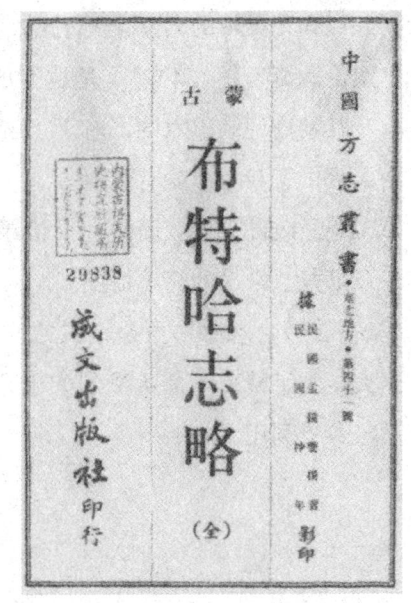

本志最有学术研究价值的是村落姓氏一编，孟氏据实地考察，详细列举了东、西布特哈的达斡尔姓氏及其居住的村屯，计有：鄂嫩氏、敖拉氏、孟尔丁氏、沃勒氏、涂克敦氏、德都拉氏、杜拉尔氏、萨玛西尔氏、倭热氏、郭贝尔氏、吴然氏、博拉木氏、吴力斯氏、苏都里氏、精奇里氏、库尔替氏、纳克塔氏、克勒特西尔氏、卜土氏、阿尔本昌氏、杜拉勒氏，杜拉勒氏与杜拉尔氏应为同一姓氏的不同写法，以上共为 20 个姓氏，算是比较完整的记载。

其人物一项，多来自黄维翰《黑水先民传》，略有补充。重要人物详记其姓氏、官爵、事迹，如博穆博果尔、巴尔达齐、海兰察、长顺、阿那保等等，不过博穆博果尔的族属，还有书中列出的阿克岛属索伦墨尔迪勒氏的族属，都不像是达斡尔人，需要仔细鉴别。志称："最近从政人员，以非志例，不得特书，附列名贯"者有 57 人，其中有德古来（吉尔嘎朗）、郭兴元、孟希舜、孟定恭等等。

古迹一项，记录了金源边堡、墓地和歌谣。金源边堡即金界壕，《金史》记载甚细，黑龙江省博物馆有调查。其贵族墓地有清代者，有民国者，墓地虽毁，墓碑尚存，该志收录了若干墓碑文字，其中有花灵阿（华凌阿）之父富勒户神碑，碑文已漫漶不清，孟定恭"以手摩识，为'黑龙江正黄旗满洲达呼尔公中佐领下孟尔丁氏皇清诰授昭武都尉恭人显孝富勒户神妣精奇里氏之墓道光十一年九月十一日子花灵阿、那灵阿等敬立。'"

据此可知花灵阿的名字是正确的，不宜使用"华凌阿"。花灵阿撰《达斡尔索伦源流考》（满文），是达斡尔最早记述本族历史之人。

其歌谣记录了六则，对于了解当时达斡尔人的耕种、畜牧、狩猎、渔猎，提供了参考，颇有价值。

其经政部分比较简略，只记录了甘南、平阳等不足十个城镇的位置，以及垦荒、采煤的简单情况。

《布特哈志略》虽是个人之作，不过是以调查为基础，材料比较可靠真实，文字精练，是达斡尔人士论著中最成功的一种，学术价值比较高，适于参考利用。

达斡尔族志稿

钦同普撰。钦同普（1880—1938），名庆元，字同普，以字行世，族名乌如恭博迪，布西瓦尔图屯莫日登哈拉人，就读于布西师范讲习所，曾任西布特哈衙门笔帖氏、骁骑校，伪满布特哈旗教育科长。《达斡尔民族志稿》撰于 20 世纪 30 年代初年，未刊行，后收入《达斡尔资料集》第二集。全文约 6 万字。分为绪言、达斡尔归清事迹、归清以后之达斡尔、达斡尔之风俗习惯四编。

钦同普接受了阿勒坦噶塔的"达斡尔蒙古说"，认为达斡尔"非辽之后裔"，而是"鞑靼之种族"；采纳了日本学者箭内《元代经略东北考》之意见，认为达斡尔的原住地为苦烈儿温都尔山，以萨克哈尔的汗传说为据，提出"达斡尔为塔塔儿蒙古之一种枝派者，则似属无疑。"不过他又提出达斡尔与亦乞列思有关。"当时蒙古人以亦乞烈思呼其部名，至明初避兵徙于黑龙江，复得古墟而居，是以改称达斡尔者乎？今以达斡尔之言语及风俗、生活变迁程分揣之，虽为塔塔尔族一派之后裔，然其分离隔别之原始，则谅不在近代之间。"这些说法均无实据，是依据民间传说，猜度、推测的结果，无法取信于人。

关于"达斡尔"族名的来源，他提出："于部名中考之，'达'，系满洲、索伦、达斡尔均以'原'称之'达'；'斡尔'，系达语'所位'也，'居处'也，即'原居处'之谓也。若达斡尔古时游牧于额尔古纳、根、得尔布尔及鄂嫩河等处，后徙居西喇木伦之哈喇木伦河，又避兵归居鄂嫩河，因改称达斡尔族，亦属近理。"

达斡尔做为族名属于专有固定的名词，有如鄂温克、鄂伦春，将族名分解开来解释，是很不科学的。然而这种做法后世的达斡尔学者竞相采用，对"达斡尔"作了不同的解释，缺乏唯一性，即证明了这种"分析法"是不适用的。有些达斡尔族学者（如欧南·乌珠尔）认为，将达斡尔解释成"故址"说，"是令人无法遵从的"。

关于达斡尔在黑龙江以北居住时期的社会组织结构，钦同普有如下的记载："达斡尔在黑龙江时，未有读书识字者，其政治方面又无组织之机关。其所管理者，族长、屯长为单位之官长。至于办理重大事件及族际间事，则大众所举有总管，判其曲直，而无衙署公所，临时视事体而派定之。居民自由生活，无徭役赋税，无稽察之官吏，而夜不闭户，盗贼不生者，良由于风俗敦厚，习惯朴实所致也。"说明当时没有产生阶级和人剥削人的现象。这是研究达斡尔族历史，必须注意的问题。

第二编达斡尔归清事迹，记载较为详细。其依据为《清实录》、《清史稿》、《朔方备乘》、《开国方略》以及《达斡尔蒙古考》。还参考了《布特哈杂记》，此书不知何人所撰，未见刊本，可能是稿本。

第三编归清以后之达斡尔，详细记载了达斡尔人的"扎兰"（犹连队）、"阿巴"（即猎场、围场）、姓氏、村屯。对嫩江两岸、讷谟尔两岸、努敏河两岸以及格尼河、阿伦河、雅鲁河各村屯的名称和居民姓氏都有记载，其中还包括了索伦村屯。"大者数十户、百户；小者十户、二十户。相距十数里、百里不等。"这对于研究民国年间达斡尔人的分布，提供了重要资料。此外，对编旗（编佐）、贡貂、剿贼也有记述。

第四编达斡尔风俗习惯，记载也比较详细。诸如牧养、农业、猎业、渔业、排木、制车、住屋、衣服、饮食、礼俗、祭祀、礼仪，皆有记载。

《达斡尔族志稿》的体例与《布特哈志略》有些不同，各有短长，都为达斡尔族历史研究提供了参考资料。由于没有单独成书出版，虽然收入《达斡尔资料集》，一般读者很难见到，限制了其阅读的范围。应当设法将《布特哈志略》、《达斡尔族志稿》合编成《达斡尔志书两种》，出版单行本，以广流传，有助于达斡尔族历史研究。

达古尔蒙古嫩流志

何维荣（1909—1951）撰。又作何维中，族名何布台。黑龙江齐齐哈尔齐梅里斯区善宝屯何音哈拉人。最初就读于齐齐哈尔蒙旗师范学校，1927年入北平蒙藏学校，1929年、1933年两度留学日本，毕业于广岛高级师范学院史地系。伪满时，先在兴安学院任教，后在兴安东省、兴安总省任股长、科长，同情抗日活动。"八一五"光复以后，曾参与组建达斡尔族的自卫武装，后编入内蒙古人民自卫军第五师。1946年一度被委任为纳文慕仁省省长，不久又被撤销，闲居于齐齐哈尔，《达古尔蒙古嫩流志》系此时所撰。初为手抄本，后由他人刻为油印本。1998年被乐志德收入《达斡尔资料集》第二集。

本书原为五篇，第一篇为史略，第二篇为宗教与教育，第三篇为风俗，第四篇为各地通志，第五篇为结论。《达斡尔资料集》所收为节选本，缺第三编风俗。节选本约5.7万字。

本书接受了阿勒坦噶塔的"达斡尔蒙古"之说，将"达斡尔"改作"达古尔"。阿勒坦噶塔提出达斡尔来源于塔塔儿，何维荣则将达斡尔的起源提前了许多，其结论称："达古尔蒙古乃蒙古开国祖先巴塔赤罕军之第十世代裔孙海都之三子抄真干儿帖该之后裔，及元初成失主兀惕部。"其后避明朝初之兵焚，迁于肯特山以北及鄂嫩河一带游牧，迄明中叶为俄东征，迁至额尔古纳河流域，故渐次发展于黑龙江西北库尔克及尼布楚等地游牧，占有广泛领域，并以元代所遗各氏族于沿世袭官长

（达如花赤）关系，以统辖各部通古斯系之民族。他认为，达古尔（达斡尔），"乃由元朝之'达如花赤'所讹。"又认为，元初之失主兀歹部落，即"今之达古尔曰萨吉格尔惕"。又称："达古尔族，即长官之意，由达鲁古一语所讹"。这些说法均出于推测，无史实根据，是站不住脚，不能成立的。达斡尔族学者也不赞成他的说法，批评他将"达斡尔族传说中的历史人物萨吉哈尔迪，被改成部落名称萨吉格尔惕了。"（见满都尔图主编的《达斡尔族百科词典》，内蒙古文化出版社 2007 年）说明此种说法无学术价值可言。

达斡尔人崇信萨满教一事，前人记载甚多，而关于信仰喇嘛教之事则很少提及。本书与前人不同，有若干处记载了喇嘛教之事。例如："达古尔蒙古，除请闲散种牛痘于一般人民及招请念经逐鬼外，亦信仰佛教之喇嘛。"又载："至于喇嘛教，清廷虽未明令达古尔蒙古信奉，但以与其他蒙古民族风俗习惯大致相同，故于清初喇嘛教盛行以后，亦渐次转入达古尔蒙古民间。如请喇嘛念太平经及医疗疾病，或为小儿种痘等事，时所恒有。因其医术文化长于萨满教是也。且于齐齐哈尔附近五家子之吴氏门小儿，至七岁被接至为活佛之转生等事实，以及达古尔人往泰来等有喇嘛庙之地，愿为出家充当喇嘛者，亦不乏其人。足证喇嘛教渐次流布于达古尔社会之过去事实也。"

关于达斡尔人之性格，其他书籍很少提及，而本书则有详细介绍。称："达人性格：齐齐哈尔一带之达古尔人生活，其多数为永年勤俭劳苦，体力发达，脑力思想迟钝、忠厚，性刚毅粗率，又气短，无忍耐性者多。"又称："布特哈一带之达古尔人，自昔年以来，其一般为一劳永逸生活者多。但一年中为生活要求，亦特别远跋千里，追兽于山林间，故将坚忍耐劳，有毅力、沉着顽强。"这种记述是从生活环境来说明性格的形成，是符合科学要求的。

对达斡尔居住区域，有比较详细的记述。由于何维荣是齐齐哈尔人，故对齐齐哈尔各达斡尔族村屯的分布、形成过程、所居姓氏、产业状况、村屯名字的由来等等事项都有记载，对于今日的达斡尔族历史研究，颇有参考价值。对于布特哈、墨尔根、爱辉、海拉尔、呼兰和兴安东省（今布特哈旗、扎兰屯、阿荣旗、莫力达瓦旗）的村屯也有介绍，然而不如齐齐哈尔详细。

《达古尔蒙古嫩流志》虽有一些不足，仍不失为研究达斡尔族的参考资料。

达斡尔族志略初稿

孟希舜（1901—1968）著。孟希舜字孝闻，西布特哈小莫日登屯莫日根哈拉人。1917 年毕业于布西高等小学校，同年到西布特哈总管公署文书处担任缮写，由于工作勤奋，受到总管金纯德的赏识，后任骁骑校、佐领。1923 年到黑龙江省国语讲习所专门学习汉语。1933 年升任莫力达瓦旗公署事务官。1940 年东渡日本考察。1946 年参加革命，被选为布西旗旗长。在此以后，曾任旗政协副主席、内蒙古政协委员。在此期间他跋山涉水，考察全旗各地，走访了许多老人，在此基础上于 1953 年撰写了《达斡尔族志略初稿》。生前刻有油印本，1998 年收入乐志德主编的《达斡尔资料集》第二集。全书约 2.1 万字。

全书分为民族源流、历史过程、语言文字、宗教信仰、体质面貌特征、生活方式、风俗习惯、山脉河流、气候、物产、遗迹、结语等 12 章。各章篇幅差异甚大，以历史过程、风俗习惯两章篇幅最长；而语言文字、宗教信仰、体质面貌特征、气候、物产、结语各章，内容相当简略。

本书依据民间萨吉哈尔的汗的传说和宣统二年布特哈民族调查档案的记载，认为达斡尔是辽国后裔，在天祚帝之时，迁至黑龙江北格尔必齐河一带居住，达斡尔即契丹语大贺氏之音转，"今日的达斡尔族，便可能是契丹族的孑遗"；契丹分八部，"达族也可能是其中之一部"。

关于萨吉哈尔的汗的民间传说，他认为萨吉哈尔的汗向"北海搬去，

29

其部下人民避乱纷纷移于黑龙江山谷之中……并未附属明朝，云此方留住者，内分几十个姓，择地分屯居处，又设木城……我族之祖先就劳动生息，繁殖在这块土地上。以部族割据黑水，自有部长，不属君主权势……迨至归附满清时代。"看来，孟希舜将萨吉哈尔的汗视为明初人，自明初达斡尔人北迁到黑龙江居住。

关于清代达斡尔的编佐入旗，叙之甚详。关于达斡尔与索伦、鄂伦春的关系，他认为："索伦是定居，以农牧猎为生活，其宗教信仰风俗习惯等方面也都很接近达族，世与达斡尔通婚者多，因而两族之血统混合者有之。"他的这种看法很重要，研究达斡尔历史，不能忽略了这一点。

他记载说，民国年间"汉民迁居者，日益增多，达人的生活方式和风俗习惯与汉人大不相同，因言语隔阂，互相歧视，多有将房屋土地卖出，迁至靠山地区。又有讷河一带和嫩江附近的达斡尔部落，受大汉族主义政治上压迫、经济上的掠夺，有的部落迁徙别处，以求生活便利者不少。因达族人民好劳动与俭朴所在，过去虽然操作落后的生产方式，仍然能够维持生活。"说明民国年间达斡尔族向山区迁移，与汉族的欺诈压迫有密切关系。

莫力达瓦旗本称西布特哈，简称布西，何以改称莫力达瓦？许多人对此都困惑不解。孟希舜对此有说明。他说："布西县改称莫力达瓦，其命名之意义，则九·一八事变时，亲日派郭兴元等，在该莫力达瓦地方，即库如屯之北，有车辆不能遍行之高山，只能骑马过之，译为马道岭，啸聚200余名成立'革命军'，并有委员会之组织。伪满建立分设省旗时，为纪念'革命事迹'，故改命名为莫力达瓦旗。"

关于达斡尔人体质面貌特征，据他的观察有以下记录："躯干较大，肤色较黄，发黑须稀，口大眼黑，鼻平底广，面平方圆，颧骨突出，后脑圆平。男子剃头辫发，妇则结发头顶，女则辫发垂肩。"

关于游艺，他写道："及其妇女，亦于大块烟景之春，烛光月明之夜，邀会数十姐妹和歌共舞，以娱天真，而歌之词，亦颇顺耳。遇有庆贺、节日，则亦有歌舞之举，以表祝贺之忱，及其他跳舞（汉泊、鲁如格勒），以偶为准，式各有名。也有独唱的……但无鼓乐而和其形式。"由此可以看出达斡尔歌舞的特点：歌舞皆为女性，不用鼓乐伴奏。名叫汉泊舞或鲁日格勒舞。孟希舜的记载，是以实地调查访问为基础，比较真实可信，可以用于研究参考。

达斡尔族

　　池尻登撰。池尻登是日本人，出生于中国东北，1935 年至 1939 年在布西产业技术传习所当教师。当时，他曾在布西（莫力达瓦旗）做了大量实地调查，其所附的参考文献中，有他自己所著的《莫力达瓦旗产业调查报告书》、《关于莫力达瓦的气象》、《关于黑龙江上游地方渔业习惯》、《支那毛皮》、《莫力达瓦旗的肥料》、《莫力达瓦乳制品》、《布西附近的雇佣习惯》，说明他对于农牧渔业相当熟悉。他根据自己的调查所得，并参考了稻叶岩吉《满洲发达史》、阿勒坦噶塔《达斡尔蒙古考》等等论著，于 1943 年撰写了这本小册子。有奥登挂 1982 年译本，被收入乐志德主编的《达斡尔资料集》第二集，删掉了前言、后记和诬蔑性文字，所存约 7.2 万字。

　　全书共七章。第一章为达斡尔族概况，第二章为从人类学观察达斡尔族，第三章为达斡尔族在历史上的出现，第四章为一种古代性质的社会，第五章为关于教育和卫生，第六章为从民俗学观察达斡尔族，第七章达斡尔族和产业。

　　池尻登接受了阿勒坦噶塔的说法，认为达斡尔是鞑靼即塔塔尔的后裔，"达斡尔"之名称由"降服或被征服、随从这一词产生的"，其理由是：达斡尔隶属于清朝，其祖先鞑靼隶属于成吉思汗，族名"达斡尔"是隶属于清朝以后才出现的。其实，达斡尔之名在明代就出现了，见《蒙古源流》。因此，池尻登之说是不准确的。

池尻登对达斡尔人的外貌和体质，有详细记述，这与他的专业特长有关。他指出，达斡尔人与蒙古人、朝鲜人、日本人的体质、外貌都有所不同，"妇女和小孩有的几乎没有眉毛"，"身体发育好像比较迟"。

关于达斡尔与清朝和俄国的关系，有详细的描述。特别是达斡尔从编佐入旗直到清朝灭亡的历史，都有所描述。关于达斡尔的社会特点，他认为："他们形成民族之后，大体上还保留了原始生活形态的残余，本能地保持自己的姓氏，共同团结战斗或分化，这种现象曾经有过离合集散变换多移的历史过程。"这种观察分析是比较深刻的。

他又指出，"移住到嫩江以后，和索伦族、鄂伦春族、满洲族异常接近。由于同姓不能嫁娶的戒规，自然就盛行族外婚，开始互相同化。如萨玛格尔等地的姓氏，现在已经很难分辨达斡尔族或索伦族。"又指出："他们聚居的生活方式或同一姓氏的生活方式，大体上维持了封建性因素。一个氏族和他们的亲近在一起，组成血缘集团的莫昆。莫昆的首领叫莫昆达……由同一祖先派生出来的血缘集团叫做毕力格……（在家庭内部）对长者的命令，一般情况下都要绝对服从。"这种观察描述，是真实可信的。

他指出，达斡尔人重视教育，"为了自己孩子的就学，即使是贫寒人家，也做了很大努力。学费不足，或者卖牛卖马，或者向邻舍亲友借贷。"其目的是为了本民族的复兴。

池尻登对达斡尔人的衣食住所、婚丧嫁娶、萨满教、娱乐生活等等，根据他的观察都进行了详细描述。他指出："达斡尔族的起源尚不清楚，大约从200多年以前，已经开始半农半牧和狩猎生活，这是确定的。他们在漫长的岁月里种植谷类和蔬菜，他们的食物比来源于游牧人的吃法要多。这是游牧生活遗留下来的风俗呢？还是受了游牧民族的影响呢？总的来说还表现不出游牧民族的特征。"看来他对阿勒坦噶塔的"达斡尔蒙古"的说法，并不完全认同。

本书对达斡尔的产业，记载特别详细具体，这与他从事产业调查有密切的关系。涉及到狩猎、伐木、耕田和雇庸，有数字、图表和地图，虽然记录的主要是 20 世纪 40 年代的情形，不过对于研究达斡尔历史，仍具有参考价值。

池尻登是日本人，长期在中国东北生活。用异族人的视角来观察达斡尔，会有与中国人不同的独到之处。在某些方面可能会更细致和深入。因此，池尻登的《达斡尔族》一书，具有很高的学术价值，不应当忽视。

试论达斡尔的族源问题

陈述著。刊于《民族研究》1959 年第 8 期。陈述（1911—1992），民国年间在前中央研究院历史语言研究所工作，1949 年以后先后在北京师范大学、燕京大学、中央民族学院、中国科学院民族研究所任教授、研究员，是国内外知名的历史学家。20 世纪 50 年代初，奉命研究中国北方少数民族的起源，此文即为当时所作。全文约 12000 字。

作者称："关于达斡尔的族源问题，过去有过不同的意见：有说达斡尔是成吉思汗子孙的，有说达斡尔是契丹或鞑靼的；也有说元末明初才出现的等说法。根据初步接触的材料和分析研究的结果，认为达斡尔族来源于契丹的说法是正确的（当然不是说达斡尔没有契丹以外的成分）。"又指出："过去的学者，曾有的以达斡尔和契丹大贺氏对音，认为达斡尔来源于契丹大贺氏，但除对音外并没有提出更多的证据，只凭对音的证据是比较薄弱的。"据此可知，陈述先生明确指出，达斡尔族的祖先是多元的，除契丹以外还有别的民族成分；达斡尔与契丹大贺氏的对音，不是确定达斡尔来源于契丹的主要证据。因此，本文从各个方面列举了许多史实，来论证达斡尔与契丹的关系。其中比较重要的有以下几个方面：

语言材料证明达斡尔来源于契丹。有人用"达斡尔语言与蒙古语言无异"，来否定达斡尔源于契丹。作者指出："不过达斡尔语和蒙古语相同的往往和契丹语也同，即三者相同，另有一部分是达斡尔语和契丹语相同，却和蒙古语不同的。现在的契丹语材料不够丰富，但这些材料以及相关的事实，都直接否定了达斡尔不源于契丹的说法。"此后沈汇撰《论契丹小字的创制与解读——兼论达斡尔族的起源》（1980）、刘凤翥撰《从契丹小字解读探达斡尔为东胡之裔》（1982），以契丹语材料证明达斡尔来源于契丹。

达斡尔旧传的生产技术证明达斡尔源于契丹。达斡尔人长久以来有凿冰洞捕鱼的技术，契丹人有凿冰钓鱼的技术，史书中有明确记载。现在达斡尔人凿冰捕鱼的方法，承继了辽代契丹人的传统。

泼水求雨，达斡尔的做法与契丹人完全相同。达斡尔人求雨时，彼此用桶盆取水彼此互相泼水取乐。在辽代契丹人泼水求雨很盛行，朝廷求雨也采用这种方法，称作"瑟瑟仪"。达斡尔人的泼水求雨，继承了契丹人的传统。

达斡尔擅制大轮车，俗称大轱辘车、勒勒车，是甘珠尔庙会上的畅销商品。契丹人很早就掌握了制作大轮车的技术，被称作契丹车或奚车。达斡尔人的大轱辘车，来自契丹大轮车。

本文又指出，达斡尔的经济生活是契丹人的继续。清初的达斡尔人，"还是以氏族组成的村屯为内部组织的中心链条，屯落以内或各屯落间，有自己的大小首领。他们的物质生产决定了他们的社会在这一历史阶段上迈着缓慢的步伐。达斡尔人在清初内迁以前的经济政治生活，基本上是契丹部落生活的继续。"

关于达斡尔族的起源，本文通过相关史实的论证，提出了以下的结论：

达斡尔人主要是契丹后裔，包括辽东、元末北迁的和辽、金、元时代留居鄂嫩河、库烈儿山地带的。在长期历史过程中，不可避免会有新成分渗入；当然也有很多契丹人（包括大辽统治集团内外的），在不同时期中，不同的条件下已经融合于各兄弟民族，特别是汉族和蒙古族。直接承袭契丹人传统最多的一部分，即现在的达斡尔。

陈述先生上述论述，是非常重要的。然而必须注意：其一是肯定达斡尔为契丹后裔，然而不可能是血缘很纯的契丹人，因为契丹人中有别的民族"新成分渗入";其二是达斡尔人是承袭契丹传统最多的一部分,言外之意是说达斡尔人还承袭了别族的传统。他没有具体指出别族是哪些民族,应当是在长期生活中接触比较多的民族,例如蒙古族等等。我们在引用陈述先生此文的论述时,必须实事求是,要符合陈述先生的原意,不能断章取义。

达呼尔史论证（草稿）

陈述先生民国年间撰有《契丹史论证稿》，由北平研究院出版。《达呼尔史论证》仿此。陈先生的论著，多以"稿"字收尾，如《契丹史论证稿》、《契丹社会经济史稿》、《契丹政治史稿》，以示其谦。《达呼尔史论证（草稿）》是书写在红格稿纸上，竖行，但不是一格一字，而是破格书写。全文94页，每页10行，每行约40字，共约37600余字。今见者仅为上编，下编有目录而无文字，说明这是未完之稿。其原计划是撰为一本类似《契丹史论证稿》的专著，因故下编未能完成。

本编共分为七章，即达呼尔族的名称、达呼尔的民族来源、从地理故迹和考古材料看达呼尔、从氏族成分看达呼尔、达呼尔语蒙古语和契丹语三者的关系、从宗教和风俗习惯看达呼尔、结束语。其中以达呼尔族的民族来源篇幅最大，也最为重要。

达呼尔、达斡尔是本族自称的名号，在汉字中其写法很多，不下十余种，如打虎儿、达呼里、打虎力、打狐狸、达古尔等等。陈先生认为："我们细审达呼尔人的自称，确是'斡'字较近，且'尔'字是卷舌音，按明末清初的译音用字，'呼'、'斡'二字有通用的例子，本稿因积习已惯，在没有公布以前，仍用达呼尔三字。"后来，政府征求族人的意见，他们表示愿意以达斡尔作为族名。

关于达斡尔族名的由来，至少有六种不同说法。陈先生认为，达呼尔与讨浯儿（塔兀儿河）有关。这里"就是大贺氏的放牧地区，我们承认达呼尔是因塔兀儿河得名有很大的可能……那么，达呼尔和大贺氏就有了一定的关系。因此，对于达呼尔是大贺氏对音的说法，正是填补了丰富的内容。不过达呼尔人并不完全是大贺人，所以我们对于这个问题暂作这样的提法。"

关于达呼尔族的来源，过去有多种不同的说法，许多人认为达呼尔是蒙古族的一部分，有人甚至提出："达斡尔就是蒙古人，也是属于成吉思汗本系子孙的一支。"陈先生不赞成这种说法，他利用了历史文献、考古学和人类学的大量资料，全方位、多角度地进行研究以后，指出达斡尔人不是蒙古人，而是契丹人的后裔，是一个独立的民族。陈先生这个研究结果，不仅取得了学术界的赞同，也得到了达斡尔人的认可。

达斡尔族史稿

在少数民族甄别和社会历史调查的基础上，国家民委提出要为每个少数民族编写简史简志。为此，陈述先生撰作了《达斡尔族史稿》。

《史稿》稿本分为上、中、下三册，上册为手抄本，写在红格稿纸上，共 120 页，每页 250 字。不过在行间和书眉又补充了许多细小的文字，其字数在 30000 字以上。中册为油印本，共 131 页，每页 250 字，计为 32700 余字。下册为红格稿纸书写，不是一格一字，而是破格连续书写。每页约 400 字，共 40 页，约 16000 字。上、中、下三册总计 291 页，约 78700 余字。上册和下册行间有补充文字，涂抹之处甚多，还夹有许多小纸条，为需要补充的资料。可知陈先生意欲进一步修改补充，因无暇而未能实现。因此，《达斡尔族史稿》属于尚未定稿的稿本。

稿本上册共四章，是记述达斡尔族从部落联盟到内附清廷前期的历史，其下限时间截止于 1840 年。文中附有族姓屯别表、屯族名姓表以及内迁以后分布图，二表是根据大量文献编制的，有很高的参考价值。文末附大事年表，记事始于清太祖天命十一年（1626），截止于道光十二年（1832）。

中册是记述达斡尔族在帝国主义和军阀统治下的历史，其中包括 1840 年以后帝国主义的侵略，反对清廷压迫的独立运动，十月革命对达斡尔革命运动的影响，日伪统治下的斗争和解放。其时间是从 1840 年到 1945 年。达斡尔族所居住地区是 1945 年解放的，属于中国共产党建立的嫩江省，被称作老解放区，这与关内 1949 年以后彻底解放是不同的。中册附有大事年表，始于 1840 年，止于 1945 年。

下册是记述解放初期的民主改革（1945—1949），经济恢复和镇反、三反五反（1949—1952），第一年五年计划时期（1953—1957），以及合作化运动、农业技术改革。末附大事年表，从 1947 至 1958 年。

《达斡尔史稿》篇幅不长，符合简史简志的要求。不过对达斡尔

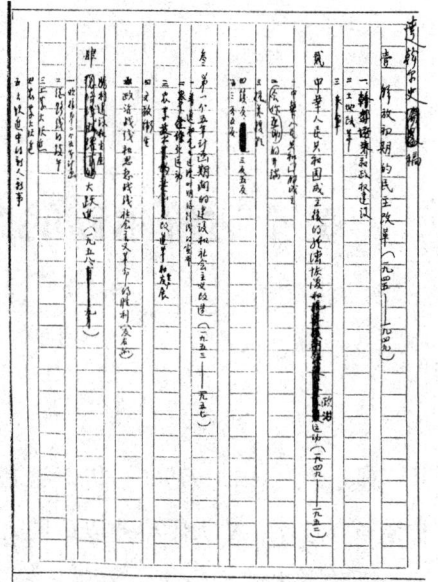

族的历史，却进行了全面系统的记述。虽然当时未能出版，然而今日读来仍有重要参考价值。翔实的资料，准确的记述，有各种附表和年表，可知陈述先生为撰作此书付出了极大的劳动，令人钦佩不已。

关于达斡尔族的民族成分识别问题

傅乐焕（1913—1966）著。他是国民党中央研究院历史语言研究所所长傅斯年之侄，故大学毕业以后即入历史语言所。新中国成立以后，在中国科学院考古研究所、中央民族学院任职，"文革"中受到冲击，投湖自杀。

1953年8—10月，他受指派到黑龙江西部和内蒙古呼纳盟（即呼伦贝尔盟）达斡尔族聚居地区调查，事后撰写了此文。刊载于《中国民族问题研究集刊》第一辑，后收入《辽史丛考》一书。全文约2.8万字。

此文包括基本情况、四点识别、达呼尔应该被承认是一个单一的民族三部分。首先介绍了达呼尔名称的由来，认为"达呼尔"是旧有的名称。他指出从语音来探索达呼尔名称属于"推测"，这是不可靠的。《蒙古源流》中的"达奇鄂尔"是达呼尔名称的最早形式。

关于达呼尔族的历史来源，他介绍说在1953年的实地调查和室内资料搜集中，得到了30件有关萨吉尔迪汗的传说。经过分析，他认为萨吉尔迪汗"是明末清初的人可能性比较大一些。有的传说中具体地指出某时代某个人，那都是有人有意附会上去的。"

他认为达斡尔族来源的黑水国说、契丹说、室韦说、塔塔儿说、蒙古说、乌洛侯说，"都不能成立"。根据《勤勇公纪恩录》（即郭布勒氏阿那保家传）的记载，他推测"约在十五世纪末和十六世纪初年（明武宗正德初年），达呼尔族四大姓之一的'郭贝勒氏'的祖先'萨吉达库'已定居在精奇里江一带。"他提出："我们也曾仔细地考察了各个说法，认为在现有的证据下，还都不能成立。一部科学的达呼尔人民的古代历史，还必须根据可靠的资料重新写起。"

他对当时（20 世纪 50 年代）达斡尔族人口的数量和分布情况，列表加以说明，涉及到黑龙江、内蒙古和新疆，合计约为 4.9 万人。数字来源均注明了出处，是比较可信的。

达呼尔的民族识别，是本文的重点。傅氏从语言、地域、经济、文化四个方面进行分析。他引用了欧南·乌珠尔就达斡尔常用的 2500 个词汇和其他语言的比较结果：达斡尔语中的 30% 和蒙古语相同或相似，约 15% 为融合的外语，达呼尔特有的约为 50%。其结论是："达呼尔语和今日蒙文的关系，已不是方音或方言的差别问题，而是语言的差别问题。它们是不同的语言。"又指出："有人认为达呼尔就是蒙族，他们在语言方面的依据，便是他们从表面上看达呼尔语和蒙语有一定的关系。他们不知道达呼尔语和蒙语已各自发展成了独立的语言。"

傅氏提出："达呼尔的氏族组织'哈拉'（老氏族）'莫昆'（新氏族）的名称，许多是根据黑龙江东岸的达呼尔人原居屯名，或原处的山河名称而来的。"他指出，鄂嫩氏是以黑龙江东岸支流鄂嫩河得名，与蒙古国的鄂嫩河无关。"精奇里江中游以下，黑龙江自漠河县对岸以东，是明末清初达呼尔人最集中的地域。自石勒克河向西南，以至尼布楚一带，也还有达呼尔人的分布，俄国的历史地理名'达呼里亚'反映了这一史实。"

"达呼尔人向单纯农业的发展，只是近几十年间的事。在以前，从居住在黑龙江以北开始，他们是从事农猎兼营牧畜的。一直到清末民初基本上仍是这样。"他引用钦同普《达呼尔民族志略》的记载："朝为农而暮为猎，今日为匠而明朝为渔，善养牲畜，能驯劣马"以后说："很洽当地说明了当时达呼尔人生活的特点。"

对达斡尔人的文化心理状态，指出编入八旗以后，原有氏族机构虽被破坏，其残余的礼俗尚存，如氏族外婚制，同"莫昆"的人不通婚，讲究礼节，爱唱诗歌，喜跳"罕伯舞"，信萨满教等等。这些风俗有的与蒙古

43

相同，有的与蒙古不同，而与索伦、满洲相同。主张达斡尔为蒙古族的人，忽视他们之间风俗上的差别。

通过民族的比较研究可以看出："四百多年来达呼尔和蒙族分别发展的途径是很清楚的，他们的差别是显著的。"因此，达斡尔是一个独立的民族。

对辛亥革命以后，部分达斡尔人积极鼓吹"达呼尔蒙古说"的原因，本文有所分析。

民国提出"五族共和"，达斡尔上层金鹤年、钦同普提出应加上达斡尔族，改为"六族共和"。于是金鹤年等人便自认为是蒙古人了。当时蒙藏学校招生，达斡尔人进不去，只有冒充蒙族才能得以进去，他们自然认为当蒙古人会有好处。还有，郭道甫等人企图团结蒙族搞"蒙古民族复兴"运动，鼓吹"大蒙古主义"，郭道甫甚至想当"大蒙古国"的"总理"，组织"蒙古青年党"，举行"起义"。"九一八事变"以后，少数达斡尔上层为了实现政治野心，阿勒坦噶塔撰《达斡尔蒙古考》，来论证达斡尔是蒙古白鞑靼之后人，进行广泛地宣传，迷惑了一部分人。按：现在达斡尔族的知识分子已明白了"达斡尔蒙古说"的政治目的，执笔撰文进行批判。"达斡尔蒙古说"变成了昙花一现而已。

关于"萨吉尔迪汗"和
"根特木耳"的资料

　　傅乐焕（1913—1966）撰。此文是作者在中央民族学院从事少数民族调查研究时的作品之一。最初发表于《中国民族问题研究集刊》第一辑（1955 年），后收入作者文集《辽史丛考》（中华书局 1984 年），又被收入《达斡尔资料集》第二集（民族出版社 1998 年）。全文约 2.3 万字。萨吉尔迪汗的资料来源于民间传说，根特木耳的资料采自清代档案和俄国人的记载。作者认为根特木耳与萨吉尔迪汗有关，故将二人合为一篇。

　　作者称，他见过的萨吉尔迪汗的传说有 30 件之多。他从萨克尔迪汗的时代和传说的内容两个方面进行了分析。传说中有说萨吉尔迪汗是唐朝人、成吉思汗一家人、明代人、清初人等不同说法。他分析说："在原有的传说里面，萨吉尔迪汗的时代已不能被正确地被记忆了；一些传说者根据自己的判断或愿望把他安排自己所需要的时代。研究萨吉尔迪汗的时代问题，我们应该首先剥去这些后人强加上的'时代'外衣。"他指出，"所谓萨吉尔迪是唐代黑水国王或成吉思汗一家人的说法，是近人附会上去的，它们都没有有力的证据来证明。保存原来面目的传说反映：萨吉尔迪汗可能是元末明初至明末清初人。"并进一步指出："所谓萨吉尔迪汗是成吉思汗一家人各说的产生，都在'九一八'前后至伪满时期这一事实，这时期正是一部分达呼尔上层分子力谋和蒙族结合的时代。这些说法的产生，都不是偶然的。"

他认为这个传说的中心内容是："萨吉尔迪汗是个勇敢善战的人；因了某种原因，他曾从黑龙江的这岸逃到黑龙江的对岸，逃去的方向是在黑龙江上游之西；达呼尔人是被遗留下来的他的部下。"他指出钦同普《达斡尔族民族志稿》所援引传说中的西喇木伦、喀喇木伦，是指精奇里江和黑龙江，不在内蒙古巴林右旗境内。传说中萨吉尔迪汗从冰桥渡河之事，他认为是来自《清太祖实录》卷三天命八月丁巳日的记载，是从满族那来移植过来的。

关于根特木耳的事迹，他援引了《平定罗刹方略》、《黑龙江乡土志》、英国人巴德雷《俄国、蒙古、中国》、拉文施坦《俄国人在黑龙江》和俄国人史禄国《北通古斯的社会组织》的记载，认为萨吉尔迪汗传说的中心内容，和根特木耳的具体事迹是有着共同之点的。根特木耳是达斡尔族首领，不愿意接受俄国的统治，从外贝加尔逃到额尔古纳河东岸的根河、海拉尔河居住，投附了清朝，在清军对呼玛城攻击战时，又投向沙皇俄国。这些活动与萨吉尔迪汗颇相似，于是，他认为根特木耳应是传说中的萨吉尔迪汗。"清朝记载中没有提到根特木耳是什么族人。现在的达呼尔人说他是达呼人，俄国材料有时称他'通古斯人'，有时称他为'达呼尔王子'或'达呼尔酋长'。《内蒙古呼纳盟民族调查报告》记载，今呼伦贝尔盟通古斯族的传说中，曾有一个著名的'基那特根铁木耳酋长'……'基那特根铁木耳'应该就是'根特木耳'。这里也说他是通古斯人。"又称："是不是可以这样推测：便是，十七世纪初年，在黑龙江中上游，达呼尔人居统治地区，而本区基本群众是通古斯系各族人。所以俄国记载，在谈到根特木耳时，就当区人民大众说，称他是通古斯人，就他自己的族别说，称他为达呼尔人。这也还有待更多史料的发现，才能肯定。"

作者这个结论，是不能成立的。他过分重视俄国、英国学者的记载。俄国人初到黑龙江时，最先接触的是达斡尔人，给他们留下了极为深刻的印象。对于达斡尔以外的其他民族，是缺乏辨别能力的，把他们都称作通古斯人或达斡尔人，同清朝将黑龙江上中游的土著都称作索伦一样。其实，通古斯人所指主要是鄂温克人。根特木耳是鄂温克使马部（即纳米雅儿）的酋长，使马部的原住地在石勒喀河，后来受俄国欺压，曾一度迁移到额尔古纳河以东居住，最后又迁回石勒喀河，不过在额尔古纳河以东，又留下了部分遗民，就是现在的鄂温克人。根特木儿是鄂温克人，不是达呼尔人，这是非常明确的。《鄂温克族简史》称根特木耳是鄂温克族酋长，《达斡尔族简史》中没列入根特木耳。陈永龄主编、上海辞书出版社出版的《民族词典》，称"根特木尔，亦作'根特木耳'。清初鄂温克族酋长。"（第887页）这些都表明，将根特木耳说成是达斡尔族首领，没有被学术界接受。萨吉尔迪汗是传说中的人物，根特木耳是真实的人物，傅氏将他们等同为一人，也是缺乏证据，不能成立的，极不可取。传说不等于信史，在历史研究中必须慎重看待民间传说。

新世纪达斡尔族起源研究述评

景爱著。刊于《辽宁工程技术大学学报》（社会科学版）第 14 卷 6 期 561—566 页。2012 年 11 月出版。景爱（1938—）为中国文化遗产研究院研究员。本文对 21 世纪以来关于达斡尔族起源的诸多错误说法发表了评论。

首先指出朱学渊的种种谬说。朱氏提出，"月氏"读"肉支"是不对的，应读作"乌氏"或"讹氏"，就是东北亚"兀者"。本文指出兀者即金代的兀的改，元代称兀的哥、斡拙、吾者，清代称乌德赫，俄国称乌德海，居住在黑龙江下游和库页岛，有野人之称。兀者在东北，月氏在西北，时代不同，是风马牛不相及，反映出作者缺乏历史知识，令人好笑。朱氏又称，乌孙是爱新之转音。乌孙汉代就出现了，爱新是明末清初出现的，乌孙比爱新早 1300 年，二者因时代不同，没有任何接触，乌孙何以变成爱新？朱氏又称，大宛、大夏、吐火罗都是东胡异名达斡尔的别写，在这里把东胡说成是达斡尔，又把达斡尔之名一分为三：既是大宛、又是大夏，还是吐火罗。这简直是在开玩笑，朱氏历史知识之贫乏，令人惊叹不已。其种种说法都与事实不符，在逻辑上自相矛盾，满口胡说，无任何学术价值可言。朱氏之谬说，向人们敲响了警钟：没有史实依据，只凭音近、音变、转音来研究历史，错误是不可避免的。

其次，对莫日根迪对萨吉勒迪汗传说的解释提出了质疑。花灵阿《达斡尔和索伦源流考》记载一则民间传说，达斡尔索伦之主哈冉达哈汗有后裔称萨吉哈勒迪汗，骁勇善战，后来兵败，向格尔必奇河、北海退去，避于黑龙江山谷。这则传说在 20 世纪 50 年代仍相当流行，傅乐焕对此曾进行过研究，认为萨吉哈勒迪汗是明末清初人（见《辽史丛考》）。莫日根迪认为："以我之见，唐代出自遥辇部的痕德堇可汗和鲜质可汗，便是在达斡尔民间传述的哈冉达哈汗和萨吉哈勒迪汗。对于哈冉达哈汗，《布特哈志略》作哈兰德坎汗，与痕德堇可汗在字音上如此相近，绝非偶然的巧合，而是反映了历史上确实有过该人物的问题，鲜质可汗应被理解为萨吉哈勒迪汗的简称。"其实哈兰德坎与痕德堇字音相差很大，并不是什么相近，岂能视为一人？将鲜质可汗视为萨吉哈勒迪汗的简称，有何为证？随意曲解记载，还有什么科学性可言？在民间传说中，哈冉达哈汗与萨吉哈勒罕汗是父子关系，莫日根迪却颠倒过来，变成萨吉勒迪汗为父、哈冉达哈汗为子，其理由是：此传说在民间口传的漫长过程中，"不可能将此二汗的世次传的准确无误。因此，颠倒其世次，这也难免的，不足责怪的事情。"作者要求读者相信他的篡改是"难免的，不足责怪的"，哪有这种道理！说明作者胆大妄为，这样的论述读者谁敢相信？

再次，对巴图宝音的论述也提出了批评。巴图巴音认为，莫日根迪将萨吉哈勒迪汗说成鲜质可汗是不可信的，他提出萨吉哈勒迪汗应是契丹的始祖奇首可汗。他把萨吉哈勒迪这个传说中的人名分成两部分："萨吉"与《辽史》中的"审吉国"谐音，因此，"萨吉"就是"审吉国"。"哈勒"就是达斡尔族的氏族组织哈勒，又称作哈拉。奇首可汗的哈勒名称是萨吉。"萨吉哈勒并非可汗的尊名，而是可汗的大氏族部族名。可汗的尊名是奇首，因为不能有直呼其名，就呼其大氏族部族名为'萨吉迪可汗'，也就是说，奇首是属于萨吉哈勒迪可汗。"在作者的笔下，萨吉哈勒迪汗一会儿是人名，一会儿是国名，一会儿是部族名，可以随意地贴标签，这样读者会相信吗？奇首可汗是契丹传说中的始祖，将萨吉哈勒迪汗说成是奇首可汗，亦即说达斡尔的始祖就是契丹人的始祖，稍有历史知识的人，都不会相信这种说法的。

从事历史研究的学者都知道，民间传说不等于信史。不可以根据民间传说来研究真实的历史，用民间传说写历史，那就变成了民间传说史。莫日根迪、巴图宝音似乎不明白这个道理，把传说中的萨吉哈勒迪汗当成真实的人物，牵强附会加以研究考证，读者是不会相信的。其实是徒劳无益，造成了许多时间上的浪费。

本文对契丹DNA检测结果的不同，发表了意见。中国医学科学院和吉林大学对契丹遗骨DNA检测，出现了两种截然不同结果。前者认为契丹与达斡尔有最近的亲缘关系，达斡尔是契丹后裔；后者则称契丹、达斡尔DNA有较大的差异，"不能得出达斡尔为契丹后裔的结论。"此事在学术界引起很大震动，很多人困惑不解。同为基因DNA检测，为什么会有不同的结果？

本文认为，两种检测报告都称，检测操作按科学要求进行，没有发生人为的污染。事情真的如此，可以排除检测方法的不当。除此以外，可能还有别的原因，DNA取样标本的不同，会影响检测结果。从检测报告看，两次DNA取样是不同的，虽然都是契丹遗骨，然而取样的地点、骨殖的年代是不同的。契丹与外族通婚一直存在，早期与外族通婚少，往后与外族通婚越来越多。因而同是契丹人，其实却有纯血统与混血统的问题，这对DNA基因检测会产生很大影响。其次，与契丹基因相对比分析的达斡尔人、云南契丹后裔（本人）、蒙古人、鄂温克人、鄂伦春人，也有纯血统和混血统的问题。这些因素都会影响到检测的结果，两次DNA检测的不同结果，很可能与上述因素有关。

由于两次契丹DNA检测结果相反，无法确定那次检测准确可信，这就失去了应有的参考价值。其实，确定民族关系的方法很多，史学论证、体质人类学的观察、语言的比较分析等等都是可行的。20世纪50—60年代的民族甄别，采用的就是上述的方法。

对于达斡尔族的来源，以前曾有不同意见，现在主流意见都认为达斡尔是契丹后裔，并得到达斡尔族人的认同。近年有人提出达斡尔源于大宛、大夏、吐火罗，并无确凿的证据，只是臆断而已，没有得到学术界的认同，也没有被达斡尔人所接受。许多人撰文加以批评驳斥，只是昙花一现而已。

学术研究岂能指鹿为马

——评《中国北方诸族的研究》

景爱著。刊于《中国社会科学报》2014 年 9 月 1 日 B2 版"书品"。

本文指出朱学渊（新版）《中国北方诸族的源流》一书（华东师范大学出版社 2010 年版）存在许多错误，分为四个问题进行分析批评。

第一个问题是马扎尔人源于靺鞨说。朱氏称中欧的马扎尔人（即匈牙利人）源于中国东北靺鞨的伯咄部、安东骨部。他认为靺鞨人名乙力支、倪属利稽、实地稽、乞四比羽、舍利乞乞仲像中，"支"、"稽"、"比羽"、"乞乞仲像"，"可能是姓氏尾缀和官称"。实际上古代少数是称名不称姓，在上述人名之后没有尾缀，也没有官称，官称多置于名字之前，如"舍利"是官称，"乞乞仲像"是人名。

唐朝征高丽，伯咄部、安车骨部协助高丽与唐军为战，高丽投降以后，"泊咄、安车骨等皆奔散，寝微无闻焉。"朱氏却断言，此二部"被逼上西迁不归路"，进入欧洲，成为马扎尔人。实际上此二部一部分逃入山林，一部分逃向黑水靺鞨，魏国忠等《渤海国史》对此有详细考证。再说当时的靺鞨二部居松花江流域，西距匈牙利数万公里，其间还盘踞有突厥、回鹘，溃散以后的部族岂能西迁欧洲？显然朱氏在编造故事。

第二个问题是契丹耶律氏源于挹娄氏说。朱氏对契丹历史并不清楚，公然称："取代'大贺氏'的'遥辇氏'，不难看出就是耶律氏，亦即是通古斯系的'挹娄氏'。"为了证明耶律氏来源于挹娄氏，他还伪造说契丹民族包容大量的通古斯部落，"奥衍女直、乙典女直、讹仆括、匿讫唐古、窈瓜、梅只、梅古悉、大蔑孤、小蔑孤、楮特都是通古斯部落"。其实，匿讫唐古、梅古悉是西夏部落，窈瓜、梅只、讹仆括属奚人部落，大蔑孤、小蔑孤、楮特为契丹部落，在《辽史·营卫志》中有明确说明。朱氏对此视而不见，却异想天开贴上通古斯的标签，用以证明他的错误结论："在中国历史上占有重要地位的契丹民族，无论其语言和血缘都融有通古斯成分。"

第三个问题是达斡尔族就是大宛、大夏、吐火罗说。朱氏称："大夏、大宛都是吐火罗和睹货逻的别译"；"大宛是达斡，大夏是达呼，吐火罗是达斡尔"；并说这"应该是非常合理的结论"。朱氏一会儿大宛是达斡，一会儿说大夏是达呼，他竟不知道达斡与达呼是同音异译。大宛、大夏见于《汉书·西域传》，吐火罗是南北朝时见于记载，前后相差数百年。吐火罗居大宛、大夏旧地，却不是同一民族。朱氏对此并不清楚，指鹿为马。朱氏又称，满语蒙语中的"托活洛"是金属中"锡"的意思，吐火罗是蒙古人种的"锡部落"。这是天方夜谭，分明是用谎言来蒙人、唬人。大宛、大夏、吐火罗在中亚，达斡尔在东北，如果其间有渊源关系的话，大宛、大夏、吐火罗是何时东迁的？朱氏无法回答这个问题。

第四个问题是："达怛是蒙古人对通古斯民族的特称"说。朱氏提出此说是以《新五代史》中有"达怛，靺鞨之遗种"之言为据，传教士鲁布吕克听到拔都宫廷书记官说过一句话："他们不愿称作鞑靼人，鞑靼人是另外一个种族。"史书中记载不确切的地方很多，后人校刊时多予以纠正。《新五代史》的这条记载是不准确的。许多人对北方少数民族了解不多，常出现不确的记载。例如清初有索伦部，最初误认为是一族，后来才知道其中包含有达斡尔、鄂温克、鄂伦春不同的民族。

达怛既指阴山达怛（又称白鞑靼、汪古部，属突厥），又指塔塔儿部。塔塔儿是成吉思汗的世仇，以勇敢善战著称，有些非达怛人也以达坦为号，用以壮大威风，增强民族自信心。拔都是成吉思汗之孙，拔都奉命西征，建立了钦察汗国，其宫廷书记官说不愿意称作鞑靼人是有原因的。成吉思汗祖父俺巴孩被塔塔儿捉住，送到金朝被处死；成吉思汗之父也速该把阿秃儿，被塔塔儿人用药酒毒死，于是结下了深仇大恨。成吉思汗打败塔塔儿部以后，下令把车轴高的男子全部杀死。由于彼此世为仇敌，故而蒙古宫廷自称蒙古人，与塔塔儿（达怛）人划清界限，拔都宫廷书记官深知此事，故称"他们不愿称作鞑靼人"，把鞑靼人称作别外一个种族，以示敌视之意。朱氏对此一无所知，竟误信了鲁布吕克之记载，将达怛说成了蒙古对通古斯民族的特称，这是错误的。

朱氏之《中国北方诸族的源流》一书，错误很多，有人称是每页都有毛病，并非夸张之言。朱氏自称是在师范院校学物理出身，当过多年中学教师，在美国某实验室工作，说明他对历史并不熟悉。自称"弃学经商"，大概是挣了一些钱，可以补贴出版，于是从史书中胡乱抄录了一些支言片语，连缀成书，毫无学术价值可言，只能蒙唬那些不懂历史的人，借以自吹、扬名。然而却蒙唬不了专业研究人员的火眼金睛，很容易识破他的骗人之术。

朱氏这类所谓的"著作"很多，污染了图书市场，人们要从中吸取教训，不要上当受骗，要阅读那些严肃的学术著作，才能得到提高和增长知识。

达斡尔族起源不容歪曲

——驳"大宛、大夏、吐火罗就是达斡尔"说

景爱、陈志贵、吴丽华著。刊于《黑龙江社会科学》2014 年第 5 期（总 146 期）。景爱（1938—），中国文化遗产研究院研究员；陈志贵（1936—）、吴丽华（1970—），齐齐哈尔大学教授。

本文对朱学渊《新版中国北方诸族的渊流》（华东师范大学出版社 2010）一书的错误观点提出了严肃的批评。本文指出，达斡尔是契丹后裔，经陈述等许多学者的论证，学术界对此已达成共识，达斡尔族同胞也认同此说。朱学渊在此书中提出"大宛、大夏、吐火罗就是达斡尔"一说严重失实，必须予以纠正。

《源流》为论证"大宛、大夏、吐火罗就是达斡尔"，提出大夏和大宛都是吐火罗和睹货逻的别译为例，引出一段奇谈，称："满、蒙二语中的'托火洛'一字是'锡'的意思，而现代锡伯族有若干与'吐火罗'同音的姓氏，如'托霍罗'等，因此我以为'吐火罗'是蒙古人种的'锡部落'"（155 页）。这种说法全然不是事实。

第一，大夏、大宛都不是吐火罗和睹货逻的别译。根据《新唐书·西域传》的记载，大夏、大宛都是国名，而吐火罗是族名，国名、族名是否能够对译尚难定论，且大宛、大夏与吐火罗、睹货逻的读音也并不相近。第二，满、蒙二语中的"托活洛"是汉语"锡"的意思，锡伯族中有与吐火罗同意的姓氏，就认定吐火罗是蒙古人种的"锡部落"，这种将金属名

称与民族名称相比附，将时隔千年之久的吐火罗与锡伯姓氏相比附的做法极不严肃，纯属牵强附会。

其次，《源流》将肃慎系的锡伯定为东胡系民族，是十分错误的。学术界都知道，锡伯族不是东胡民族，这是常识性问题，朱氏连常识性问题都不清楚，还侈谈什么民族关系，岂非怪事。吐火罗语属于印欧语系，与东胡语没有什么关系，将吐火罗语词与锡伯语词联系起来相比较，是没有道理的事情。锡伯族出现于清代，与中亚的吐火罗没有任何接触和往来，岂能用"吐火罗"为姓氏？这是人所尽知的道理。

第三，《源流》称契丹语为典型的蒙古语，也是错误的。许多语言学家都指出，达斡尔语是阿尔泰语系蒙古语族的一个独立语言，是蒙古语族的一个分支，中国科学院语言研究所早在 20 世纪 50 年代就已经研究清楚了。达斡尔语的某些语汇和蒙古语相同相似，更多的是与契丹语相同相似，契丹小字的解读提供了充足的证据。《源流》作者对此一无所知，其论说之失误是有原因的，与他缺乏语言学知识有直接的关系。

第四，《源流》只是从史书中摘录了若干相同相似的词语来研究民族相同，说明作者不明白民族的异同是由许多因素决定的，语言只是其中的一个因素。最为重要的是从历史事实中去寻找证据。《源流》称达斡尔是大宛、大夏、吐火罗，那么，大宛、大夏、吐火罗是在什么时代、出于什么原因、通过什么途径迁到东北来的？作者恐怕是拿不出证据的。还有民族认同感也很重要。现在达斡尔人有谁承认他们的祖先来自中亚的大宛、大夏、吐火罗？《源流》的种种说法都经不住推敲，是没有人相信的。

最后，《源流》的作者朱氏用虚无主义看待中国传统文化研究，宣称"传统学术只求'知'不求'识'"，"成了一堆垃圾"，是"朽儒"，借此来树立他自己的学术权威，暴露出他狂妄自大、目中无人，其学风很不端正。心术不正，不能成就学问。《源流》一书错误百出，被人称作"垃圾图书"。这位作者大概不知道学术界对他的讥讽和嘲笑，妄自尊大。《源流》一书不但谈不上什么学术创新，反而对中国北方诸族源流的研究，造成了不必要的干扰。因此，对《源流》一书开展学术批评，是很有必要的。

达斡尔族的佛教信仰

景爱著。刊于《黑龙江民族丛刊》2013 年第 1 期（总第 132 期）
109—112 页。景爱（1938—），中国文化遗产研究院研究员。

宗教信仰是社会生活的重要方面，许多民族都崇信各种不同的宗教，
达斡尔族也不例外。然而在具有代表性的达斡尔族历史著作中，例如
《达斡尔族社会历史调查》（1985）、《达斡尔族简史》（1986）、《达斡尔
族》（1991）、《黑龙江达斡尔族》（2002）、《达斡尔族历史的足迹》
（2004）等书，在记述达斡尔族宗教信仰时，均只讲自然崇拜和萨满教
信仰，却不提佛教信仰，仿佛达斡尔人没有接触到佛教。其实并非如此。
只是由于关于佛教的记载比较零散，没有引起学者们的注意而已。作者
专就此问题撰文，提醒人们为达斡尔族撰写历史时，不应忽略了佛教
信仰。

本文首先介绍了达斡尔人信佛的记载。清宣统年间，黄维翰纂修《呼
兰府志》，其卷十《礼俗略》记载，"达斡尔种族，家供铜佛一尊……索
伦、蒙古、锡伯、巴尔虎各种族亦供铜佛。"民国年间，达斡尔人士孟定
恭撰《布特哈志略》（约成书于 1931 年）记载，达斡尔人"信佛教，家供
佛像于西屋西上墙。"民国末年，达斡尔人士何维中（何维荣、何布台）
撰《达古尔蒙古族嫩流志》，在第二篇宗教与教育对达斡尔崇信喇嘛教一
事，记载尤为翔实，称"清初喇嘛教盛行以后，亦渐次传入达古尔蒙古民
间。"他举例说，"如请喇嘛僧念太平经及医疗疾病"，还有"愿为出家充

56

当喇嘛者"。还见有民国十六年（1927）在嫩江莫日根拍摄的一张老照片，在木房中供奉佛像。如此等等，都证明在呼兰、布特哈、嫩江和齐齐哈尔等地，达斡尔人是崇信喇嘛教（藏传佛教）的。

其次，本文根据文献记载，考证了藏传佛教传入达斡尔的途径。从文献记载来看，达斡尔人相信佛教是从清末民国初年开始的。有人提出，达斡尔人是从满族那里学到佛教的，这种说法是缺乏证据的。满族统治者为了加强对蒙古人的统治，在蒙古人中大力提倡喇嘛教，鼓励蒙古人出家当喇嘛。出于团结蒙古的需要，曾在赫图阿拉（今新宾）城外建喇嘛庙，又请蒙古大喇嘛前去念经，然而努尔哈赤不信佛教，皇太极更是如此，崇德二年（1637）皇太极诏曰："喇嘛等以供佛持戒为名，潜肆贪奸，直妄人耳；蒙古诸人信其忏悔超生等语，致有悬转布幡之事，嗣后俱亦禁止云云。是以前我朝之于悉僧，实有禁令。"所谓"以前我朝"，系指努尔哈赤时代。其后，皇太极谕众僧："尔等既奉佛教，务讲明经曲，洁志身心，恪守清规，方为有益。若口宣佛号，身多败行，有玷清规，究何益哉？"清朝修实胜寺、汇宗寺、承德外八庙，都是在政治上团结蒙古和西藏的一种办法。昭梿说："国家崇奉黄僧，并非崇奉其教，以祈福祥也。祗以蒙古诸部敬信黄教已久，故以神道设教，借仗其徒，使其诚心归附，以障藩篱，正《王制》，所谓'易其政，不易其俗'之道也。"此话说的非常明白、非常深刻。清朝宗室贵族，不见有出家当喇嘛的记载，说明清朝廷不相信佛教。

达斡尔人的佛教，是从蒙古传入的。蒙古人信佛，有久远的历史，从元代开始。达斡尔在明代和清初，受蒙古管辖，彼此接触比较多，受其影响相信喇嘛教。在清末民国年间，泰来县的喇嘛教相当兴盛，黑土地（地名）喇嘛庙规模很大，养有活佛、大喇嘛、二喇嘛和小喇嘛多人，香火旺盛，附近的蒙古人、达斡尔人和汉族人，都到这里拜佛祈福。达斡尔人由于相信了喇嘛教，到此剃度出家，当喇嘛、当活佛者有之，何维中《达古尔蒙古嫩流志》对此有详细记载。至于达斡尔人接受喇嘛教的具体时间，由于缺乏记载，难以确定，不妨确定为清末或民国初年。

达斡尔人信仰喇嘛教（藏传佛教、黄教），并不限于齐齐哈尔，在呼兰、呼伦贝尔也有之，只是信徒之数量不及齐齐哈尔多。撰写达斡尔族史书，只记萨满教是不完全的，信奉喇嘛教不应空缺，也必须写入书中，不要留下缺憾。

达斡尔族歌舞的产生和演变

景爱（1938—）著，刊于《东北史地》2014 第 5 期 62—68 页。

达斡尔也同其他少数民族一样能歌善舞。由于达斡尔族没有本民族的文字，其早期的歌舞缺乏记载，现在所能见到的歌舞主要是民国年间（含伪满时期）所遗留者。这种情况为达斡尔族的音乐歌舞研究造成了一定的困难，有些重要问题长期争论不休，很难达成共识。本文根据目前所掌握的资料，试作初步研究探讨。

按照达斡尔人士的传统分类方法，将歌舞分为鲁日格勒、哈库麦勒、扎恩达勒、雅德根依若、乌春调 5 种形式。本文即按此分类法逐一加以研究探讨。

鲁日格勒（lurgiel）是由古代篝火舞演变而来，现在引申为欢乐舞、兴旺舞。通常是在室外的草地或空场上，大家围成圆圈跳舞，舞者为女性，用呼号伴舞，呼号有"信贝"、"罕贝"、"格库"、"哈木"等二、三十种，有人说有四、五十种。呼号没有实际意义，只是用呼号来调整节奏的快慢和增强气势。篝火舞是在原始社会产生的，大家围着篝火烧烤食物，年轻人高兴而起舞，用以表达欢乐的心情。在澳大利亚的原始部落，不久以前尚有篝火舞。达斡尔的先人也曾以狩猎为生，曾有过篝火舞。后来走出森林以农耕为主，篝火舞随之而变成了圆圈舞。不用音乐伴奏，用呼号伴舞，都反映了鲁日格勒舞的原始性。达斡尔是契丹之后裔，辽亡以后，有一部分躲避到呼伦贝尔根河以北的森林中长期以狩猎为生，这部分契丹人就是达斡尔的祖先。

在此期间跳篝火舞是没有什么问题的。元末明初，受当时改朝换代的影响，根河北山的契丹人又迁移到黑龙江以北，后来又南迁到嫩江流域，生活环境的改变，篝火舞变成了圆圈舞，这就是鲁日格勒舞的由来。

鲁日格勒舞盛行于内蒙古莫力达瓦旗，这里是清代布特哈猎区旧地，山区占全旗的74%，环境闭塞，交通不便，与外界接触少，因此，不用音乐伴奏的歌舞有了广阔的天地，得以持续发展。

鲁日格勒在齐齐哈尔称作哈库麦勒（hakumail），简称哈库麦。哈库麦开场以歌为主，以舞为辅；然后转为以舞为主，以歌为辅；最后以呼号配合示意性的打斗结束。有人主张哈库麦就是鲁日格勒，许多人不造成这种说法，其原因有三。一是场地不同，鲁日格勒是在室外举行，哈库麦是在室内举行；二是鲁日格勒无音乐伴奏，哈库麦有音乐伴奏；三是就舞蹈动作而言，鲁日格勒多模仿野生动物，如虎、熊的跳跃捕食，大雁、老鹰的展翅飞翔，还模拟飞雁的鸣叫声。很显然这是与野生动物长期接触，对野生动物的行为有深刻认识的结果。哈库麦虽有模仿野生动物的动作，又增加了如辘轳打水、挤牛奶、摘豆角等与田园生活有关的动作等。这就表明鲁日格勒反映的是狩猎生活，哈库麦反映的是定居田园生活。为什么哈库麦有音乐伴奏呢？民国年间、特别是日伪时期，齐齐哈尔是黑龙江省省会，文化生活先进，有了戏院、电影院，转盘留声机也很流行。这种文化氛围自然会影响到达斡尔人。特别是有文化的达斡尔人士，最先接触到音乐伴舞，他们将音乐引入鲁日格勒以后，鲁日格勒随即变为哈库麦了。由此可知，哈库麦与鲁日格勒既有相同之处，又有不同处；相同处证明二者有内在联系，不同处证明鲁日格勒发展变化，鲁日格勒是哈库麦的前身，哈库麦是由鲁日格勒发展而来。故而哈库麦与鲁日格勒不能画等号。

扎恩达勒（jaandaal）是一种类似山歌、小调的民间歌曲，通常是在田间劳作、草原放牧、伐木放排、骑马赶车、妇女采集以及闺中吟唱的歌曲。其最早的形式是没有歌词，是以衬词来代替歌词，即反复吟唱"呐耶呢耶"之类的虚词感叹词。后来产生了即兴而编的歌词，非常短小，是大众的抒情歌曲。扎恩达勒产生早，是达斡尔族最早的民歌。由于大众文化水平低，没有上学念书的机会，没有歌词和歌词短小都与此有关。有的是即兴而唱，借用已有的曲调，随意填词，这种现象在汉族民歌中也可以见到，这正是民歌的特点，俗称"旧瓶装新醋"。像摇篮曲，就是年轻的母亲信口唱出来的。有一首摇篮曲嘱咐小孩快长大，长大以后杀罗刹，"罗刹"指沙俄侵略者，它可能是时代相当早的民歌，很可能在黑龙江以北居住时的作品。还有闺怨之类民歌，当然也是在愁苦之时吟唱的。现在所见的扎恩达勒，多为民国年间的作品，文人创作的扎恩达勒，多失去原汁原味，变成了应景的作品。古生代的扎恩达勒多已丧失，没有记录下来，很可惜。扎恩达勒是最有代表性的民歌。

雅德根伊若即萨满娱神所唱的神歌，请神送神都要唱歌。萨满神衣上要镶嵌若干铜镜、铜铃，在其前仰后合、左右摇摆时，会发出叮当的声响，有人称之为打击乐器，起造势的作用。其实铜镜、铜铃被当作避邪的法物。古人认为妖魔鬼怪是在黑暗、安静的环境作祟，危害人类，特别害怕阳光和声响，古代用灯笼火把、爆竹驱鬼就是这个道理。门前放置"照妖镜"也是为了驱鬼，辽代佛塔、墓葬多放置铜镜，都是为了驱鬼。这种风气至今在城镇农村中仍可以见到，只不过是用玻璃镜代替了铜镜。萨满作法打击手鼓，也是驱鬼的作用。萨满唱的娱神歌，有的从其师傅那里学来的，有的是自己编造出来的。为了娱神，除了萨满主唱以外，有时还请人帮唱。雅德根伊若与扎恩达勒、哈库麦相似，也有许多衬词，如杭海罗、沃屯蝉、哲格米等等，都是没有实际意义的虚词。有的萨满歌从头到尾都是唱衬词，"神"不食人间香火，只要曲调好听也可以达到娱神的目的，有词无词都可以。"雅德根"来自蒙语，雅德根伊若受蒙古影响大。"伊若"在达斡语中指歌曲而言。

乌春调是一种说唱艺术，"乌春"指的是纪事诗，以敖拉昌兴的创作最早。乌春诗最初用于吟诵，如果配上曲调就变成了乌春调。乌春调多由民间艺人演唱，有时配上四胡琴，胡瑞宝、胡海轩、二布库、那音太是著名的乌春调演唱者。乌春调中没有呼号、衬词，与哈库麦不同，与扎恩达勒有些相似。其曲调短小，反复吟唱，从头唱到尾，是其明显的特点。

有关达斡尔语的系属

　　欧南·乌珠尔著。刊于何文钧、杨优臣主编《达斡尔族与齐齐哈尔城》（2000 年 10 月内部版），又见于巴图宝音等人编的《达斡尔源于契丹论》一书（中国社会科学出版社出版，2011 年）。

　　欧南·乌珠尔（1922—2000），黑龙江省龙江县人，达斡尔族，属鄂嫩哈拉。20 世纪 50 年代初，曾参与达斡尔语言调查，是达斡尔族著名语言学家，著有《达斡尔语》。

　　长期以来人们对达斡尔语的系属缺乏深刻的研究，或认为达斡尔语属于满洲通古斯语，或认为是蒙古语的方言。甚至认为达斡尔语是满蒙混合语。语言是人种和民族的重要标志，是甄别民族性质的重要依据。故而有些人提出，达斡尔语既然属于蒙古语族，达斡尔族就应当是蒙古族。因此，科学、准确的明确达斡尔语的系属问题，对于达斡尔民族的研究是很重要的。

　　本文提出，1955 年、1956 年，我国少数民族语言调查队的调研结果证实，达斡尔语既不是满—通古斯语族，又不是蒙古语的地方分支，而是一个独立的语言。从基本词汇、语法构造来看，与同语族的蒙古语存有显著的差别。这主要是由于达斡尔族，很早以来与其他同语族的蒙古语集团分隔开来，在不同的地域，在经济、文化生活方面很少来往，沿着另一条单独发展的道路长期发展的结果。他引用斯大林的话说："要了解某种语言及其发展的规律，只有密切联系社会发展的历史，去进行研究都有可能。"

所谓达语是蒙语的一个方言说法，只是肯定它们的亲缘关系，没有明确指出它们的真正关系。这种关系，正如我国科学院语言研究所的分类，达语与蒙语是横的支与支的关系。早在 20 世纪 50 年代初，中国科学院语言研究所，为识别达斡尔民族成分问题，在组织专家调查达语和蒙语的基础上，提出了结论性的意见，并在 1954 年《中国语文》3 月号上刊出。分类情况如下：

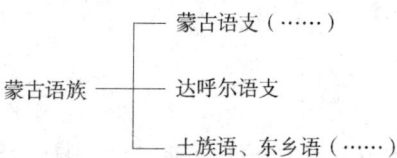

由此可见，"达语不是蒙古语的一个地方方言，而是与蒙语并列的契丹语支的一个语言。""这样，阿尔泰语系东胡蒙古语族，现世可有两个语支，按出世之先后，即契丹语支、蒙古语支。"

契丹语支，有两个独立语言：1. 达斡尔语；2. 云南契丹后裔语。

欧南·乌珠尔将阿尔泰语系蒙古语族的各个语言分支，梳理很清楚。达斡尔语是与蒙古语平行的两个分支，达斡尔语与契丹语属于同一个语支，在契丹语支之下，现有的语言有达斡尔语和云南契丹后裔语。从而纠正了达斡尔语为蒙古语方言的错误说法，同时也纠正了达斡尔族为蒙古族的误解。

此文很重要，研究达斡尔族历史，应当读一读欧南·乌珠尔的这篇文章。

契丹语与达斡尔语的关系

孟志东著。刊于《达斡尔源于契丹论》（中国社会科学出版社 2011 年 7 月版），又见于《达斡尔族研究》第十辑（2011 年 12 月内部版）。孟志东（1934—），内蒙古莫力达瓦旗生人，达斡尔族，内蒙古社会科学院研究员。

本文从《辽史》有关记载、云南契丹后裔语词和契丹小字解读三个方面，揭示契丹语与达斡尔的关系。

本文从《辽史》、《契丹国志》和《燕北杂记》中找到了"兴盛"、"繁衍"、"辅佐"、"百"、"母亲"、"大力士"、"侍卫"、"洗劫"、"掌礼"、"猎鹰"、"铁"、"月亮"、"好"、"请"、"偷"、"兔子"、"五"、"月"、"犬"、"农田"、"不要脸"、"雄威"等 22 个语词，以列表的形式相互对照注音，分析达斡尔语与契丹语、蒙古书面语读音的同异，发现达斡尔语与契丹语相同或相近的，要多于蒙古语。

又从云南契丹后裔语中找到"衣服"、"鞋"、"耳坠"、"脸"、"宾客"、"蝴蝶"、"布谷鸟"、"（肉类）香"、"坟"、"兔"、"经常"、"好好地"、"过分"、"大家"、"现在就"、"全部"、"以后"、"看得起"、"（天）晴"、"捻"、"抢"、"夏"、"（河）湾"、"各种"、"（马）生格子"、"赊"、"吻"、"几个"、"地方"、"许多"、"兵"、"刺猬"、"真的"、"背"、"肚子"、"儿子"等 36 个词语，列表与达斡尔语、蒙古书面语的读音对比，可以发现两个问题。"一是契丹后裔语、达斡尔语、蒙古语三者之间有着相同或相近的特点；二是契丹后裔语与达斡尔语之间，相同相近的成分显然比蒙古语多得多。在语音和音节结尾方面，彼此有所不同，有的辅音脱落，有的元音消失，有的辅音结尾词变成复合元音结尾词，这些都是不足为奇的语言变化现象。"

此外，又以云南契丹后裔语单音节基本完整型词例（计11个）、多音节简略型词例（11个）、前音节保留型词例（11个）、后音节保留型词例（6个）和儿语词例（11个）与达斡尔语列表对比研究，也得出了同样的结果。特别是云南契丹后裔的儿语与达斡尔族儿语是相同的，只是在长短元音上有些不同。

特别重要的是从目前已经解读的契丹小字中，找到了22个语词（词义为"百"、"母亲"、"五"、"兔"、"露"、"夜"、"书"、"大力士"、"乌鸦"、"中间"、"弟"、"马"、"太阳"、"等级"、"犬"、"蛇"、"春"、"秋"、"命令"、"人"、"冬"、"季节"），列表与达斡尔语、蒙古书面语对比其读音，发现"有的词是契丹语、达斡尔语、蒙古语三者相同或相近。而与蒙古语不相同的契丹语，则与达斡尔语相同。"

本文通过上述三个方面的对比研究，得出了以下结论：

契丹语与达斡尔语之间，确实存在着最为亲近的亲缘关系。云南契丹后裔保留的民族语词，与达斡尔语词相同相近，其主要原因在于同属契丹后裔。过去由于语言材料极为缺乏，语言研究者们对于契丹语属于哪一语支问题，始终未能作出回答。现在根据已有的语言材料，不但可以认为契丹语属于阿尔泰语系蒙古语族中与蒙古语支平行的契丹语支，而且达斡尔语应该归属契丹语支。从以上三个方面谈到的契丹语与达斡尔语的关系来看，完全从语言的角度，证实了达斡尔族源于契丹。

这篇文章很重要。语言是断定民族之间亲缘关系的重要证据，以前的研究人员在判断达斡尔族与其他民族之间的亲疏关系都是从这里开始，不过仅凭感觉来认定，是不科学的。只有从语言学的高度，从语音、语法、词汇进行比较分析，才能得到科学、正确的结论。本文正是从这个角度，填补了达斡尔族研究的空白。研究达斡尔族历史的学者，应当认真阅读孟志东先生的这篇文章。

云南契丹后裔研究

　　孟志东著。中国社会科学出版社 1995 年 3 月出版。精装 32 开本，正文 223 页，19.4 万字。卷首附云南契丹后裔图片 39 种 41 幅，其中彩色照片 11 幅。

　　孟志东，达斡尔族，又名莫日根迪，内蒙古莫力达瓦达斡尔自治旗人。著此书时为内蒙古社会科学院副研究员、民族研究所所长，今为研究员。

　　20 世纪 50 年代初，在中央民族学院（今中央民族大学）执教的陈述教授（1911—1992），从本院职工蒋家骅处得知云南省保山地区龙陵县有辽代耶律氏后裔，并写入了《大辽瓦解以后的契丹人》一文中（刊于《中国民族问题研究集刊》第五辑，1956 年），指出："中央民族学院研究部蒋家骅同志（云南人），根据他们的家谱所载，先世耶律氏，显然是从军著籍云南的。"孟志东根据这个线索，于 1990—1992 年，到云南保山地区进行了两次实地调查，参加调查的还有毅松（达斡尔族）、蒋蔚复、杨毓骧、蒋文智（此三人为云南契丹后裔耶律氏），事后撰写了《云南契丹后裔调查报告》，《报告》共八个部分，本书是在《报告》的基础上撰写而成，见本书前言。

　　本书的资料性比较强。全书共六章，即：云南后裔的现状、云南契丹后裔的姓氏、云南契丹后裔的来源、云南契丹后裔的简史、云南契丹后裔的语言、云南发现的契丹小字。书末有附录三种：碑文，族谱，词汇。书中第16至17页之间，还附有明代长官司族谱中的"青牛白马相遇图"。这些实物资料非常重要，为研究云南保山地区的契丹后裔，提供了直接的可靠的证据。

据实地调查的结果，云南契丹后裔当时有15万人，而同期达斡尔族人口，据1990年全国第四次人口调查，只有121463人（见《中国达斡尔族人口》一书第54页）。他们的姓氏主要是阿、莽、蒋、杨、李、赵六大姓，此外还有荣、郭、何等姓。

关于云南契丹遗民的族属问题，调查材料提供了许多证据。史书记载，契丹人为青牛白马部落之后人。明代施甸长官司族谱有"青牛白马相遇国"，恰与此记载相合，互为印证。施甸县蒋氏宗祠大门上有盈联："耶律庭前千株树，莽蒋祠内一堂春。"耶律为辽朝国姓，皇族之姓，盈联将莽蒋氏对应耶律氏，证明他们同为一姓之人、同为一族之人。在施甸县、昌宁县、保山市的契丹后裔21处祖墓中，于墓碑中发现了契丹小字，墓碑为明、清所建，说明此时契丹文字仍在使用，证明墓主为契丹贵族之后。语言是确定族属的重要依据，云南契丹语与达斡尔语有不少相同，例如号（喇叭）、剑（军刀）、镞、坟墓、衣服、耳坠、鞋、脸、背、颅（后脑勺）、胸脯、胃、客、儿子、戒子、刨子、刺猬、兔子、蝴蝶、布谷鸟的读音基本相同。一些家族谱，也追溯其祖先源自辽代皇族。例如《猛板蒋氏家谱》序言称："忆我先祖，籍镇南京。姓耶律氏，字阿保机。先宋而登帝位于辽，位传九世，被金人所克，后裔改为莽姓……后至大明洪武中……仍袭土职。后数代，改为蒋姓。"

关于云南契丹后裔的由来，陈述先生早已指出，他们是在元代随同忽必烈南征大理到达云南，由于镇抚的需要，有一部分耶律氏契丹人留居此地，世代相传，至于今日。

契丹后裔所填报的民族，有汉族、彝族、布朗族、佤族、德昂族、基诺族、傣族、景颇族、莽族、本族（本人族），这是依附于其他民族的结果。有人主张，云南的契丹后裔应改称达斡尔族（据说已有少数人改称达斡尔族了）。云南的契丹后裔和达斡尔族族来源相同，不过他们分别居住

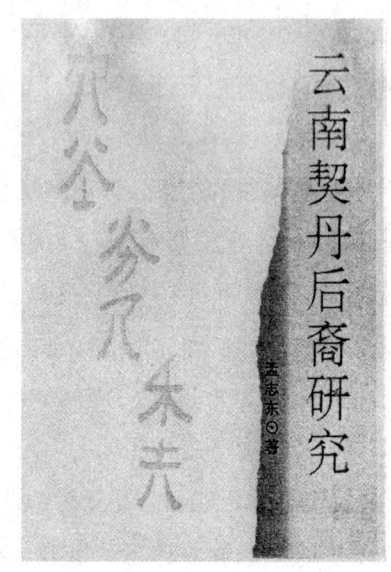

在南、北两个不同地区，其发展的途径、语言和生活方式都有所不同，说他们是近亲的兄弟民族是可以的；若是都改称达斡尔族，那就有问题了，不符合今日的民族政策，还是慎重为好。

《云南契丹后裔研究》扩大了契丹族的研究范围，也扩大了达斡尔族的研究范围。是一部资料性、学术性很强的著作，开阔了人们的视野。不过不能就此止步，在此基础上还应加深研究。

达斡尔族社会历史调查

　　本书由珠荣嘎（蒙古族）、满都尔图（达斡尔族）主编，1985年内蒙古人民出版社初版，2009年由民族出版社再版。再版时稍加修订，增加了一些新的内容，篇幅为46.3万字。

　　毛泽东在新中国成立以前曾提出，中国是多民族国家，要提倡民族平等，实现少数民族区域自治。要实现这一计划，必须对各少数民族的居住地区、人口数量、语言文字和生活状况有清楚地了解。因此，根据毛泽东的指示，20世纪50年代由全国人大民族委员会主持少数民族调查，后改为国家民族事务委员会主持。

　　关于达斡尔族历史语言的调查，始于1953年，由中央民族学院研究部师生对黑龙江西部和内蒙古呼纳盟达斡尔聚居地区进行调查，由傅乐焕为组长，陈述先生为配合此项调查也进行了达斡尔族历史研究。他们所撰写的论文和调查报告，都早已发表，产生了广泛地影响。

　　在此基础上，1956年8月成立了内蒙古东北少数民族调查组。最初由全国人大民族委员会主持全国的民族调查，后改由国务院民委（即国家民委）主持，在内蒙古东北调查组以下设达斡尔族分组，由珠荣嘎（蒙古族）、额尔登泰（达斡尔族）为正、副组长，组员有满都尔图、包鹤亭。

　　达斡尔族调查分组的调查结果，形成了莫力达瓦旗调查、海拉尔南屯调查、坤河屯调查、哈布奇屯调查、哈拉屯调查、金和台屯调查六种调查报告。20世纪80年代，国家民委决定编辑出版民族问题五种丛书，调查报告是其中的一种。《达斡尔族社会历史调查》由珠荣嘎、满都尔图主编，它是在以前六种调查的基础上形成的，其内容相同，只是文字更加精炼，全书为 44.3 万字。修订本增补了 1990 年、2000 年人口普查的新数据，对海拉尔南屯调查增加了牧业、农业内容，第九章、十章、十一章、十四章也增加了一些内容，其他各章依旧，"保留原始面貌"。

本书共 15 章。第一章为一般情况介绍，包括人口、自然环境、语言文字和解放以后面貌。第二章为历史概况，包括历史沿革、历史传说。历史沿革主要取材于清代文献，历史传说来自华灵阿《达斡尔索伦源流考》、郭克兴《黑龙江乡土录》、孟定恭《布特哈志略》、阿勒坦噶塔《达斡尔蒙古考》、庆同普《达斡尔民族志稿》、佚名（后来查明作者为何维荣）《达斡尔蒙古嫩流志》、孟希舜《达斡尔族民族志稿》。这两章不见于调查资料。

第三章为莫力达瓦旗经济，第四章为齐齐哈尔郊区哈拉屯经济，第五章为齐齐哈尔市郊全和太屯经济，第六章为爱辉县坤河屯经济，第七章为海拉尔南屯经济，第八章为新疆塔城经济。这六章是以实地调查为主，分地区加以记述。

第九章为物质生活，包括饮食、居住、服饰、交通。以调查资料为

主。第十章为社会组织，主要记述哈拉和莫昆，其中既有调查资料，又有文献资料。

第十一章为生活习俗，包括婚姻、丧葬、节庆、礼仪、禁忌。第十二章为宗教信仰，包括自然崇拜和萨满教（本书称诸神、雅德根）。第十三章为教育，包括清代、民国和伪满的教育。第十四章为文学艺术，包括神话、故事、诗歌、音乐、舞蹈（鲁日格勒）、游艺。第十五章为民间体育，包括曲棍珠、射

箭、赛马、摔跤、扳棍、颈力、猎旗、围棋。

　　本书的内容很丰富，涵盖了社会生活的各个方面。不过也有遗漏，民国年间达斡尔人还崇信喇嘛教，在黄维翰《呼兰府志》、孟定恭《布特哈志略》、何维中《达斡尔蒙古嫩流志》诸书中都有明确记载，在齐齐哈尔、呼伦贝尔很流行，是从蒙古人那里传入的（详见拙文《达斡尔族的佛教信仰》、《黑龙江民族丛刊》2013 年第 1 期）。《达斡尔族社会历史调查》，无喇嘛教记载。

　　《达斡尔族社会历史调查》出版以后，甚受学术界重视。《达斡尔族简史》、《达斡尔族》等书的许多资料，即来自于本书，只是没有注明出处，读者不得而知。

达斡尔语简志

仲素纯著。作者是中国社会科学院民族研究所研究员。1963 年在内蒙古莫力达瓦达斡尔族自治旗腾克人民公社进行过语言调查，本书是在实地调查的基础上所撰写。1982 年由民族出版社出版，7.4 万字。是国家民委民族问题五种丛书之一中国少数民族语言简志丛书中的一种。

本书内容分为概况、语言、词汇、语法、词汇附录五个部分。概况称，达斡尔语属于阿尔泰语系蒙古语族。蒙古语族除蒙古语以外，还有东部裕固语、土族语、东乡语和保安语。在同语族的各语言之间，达斡尔语和蒙古语比较接近。

达斡尔族居地分散，但语言内部比较一致，不同地区的人彼此通话没有什么困难。在语音、词汇、语法方面差别不大。"从已掌握的材料看，可以把达斡尔语划分为布特哈土语、齐齐哈尔土语。布特哈土语主要分布在呼伦贝尔盟莫力达瓦达斡尔族自治旗、鄂温克族自治旗和爱辉、嫩江、讷河、甘南等地。齐齐哈尔土语主要分布在齐齐哈尔市、龙江县、富裕县和呼伦贝尔盟布特哈旗、阿荣旗等地。"

达斡尔语有 23 个单辅音，11 个腭化辅音，12 个唇化辅音，47 个复辅音。元音共有 22 个，其中有 14 个单元音、8 个复元音。其音节分为四种类型，即：1. 元音单独构成音节，2. 辅音 + 元音，3. 元音 + 辅音，4. 辅音 + 元音 + 辅音。重音落在一个词的第一音节上，无论是长元音、复元音、短元音，发音都是清晰的，比其他音节的元音强度大。元音和谐已受到某种程度破坏，识别元音的阴、阳、中性已有一定困难。

关于词的来源，本书指出：突厥、蒙古、满—通古斯三个语族之间，在词汇上既有相同的，又有不同的。"凡是三个语族互不同源的词，达斡尔语往往和蒙古语族内的各种语言同源，这样的词汇在达斡尔语中占了很大比重。这一事实，从词汇方面证明达斡尔语属于蒙古语族是无可怀疑的。"此外，达斡尔语中有满语、汉语、藏语、

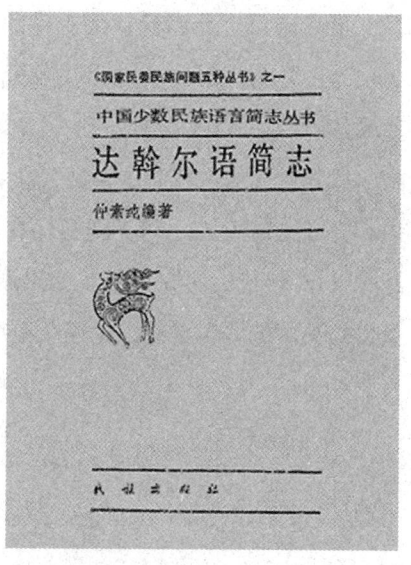

俄语借词。按：这种现象表明，达斡尔与其他民族有程度不同的社会交往。由于同满族、汉族交往最多，故满语、汉语借词数数量多。汉语借词又分为早期和近期两类，早期借词如灯、尺、取灯（火柴）、胰子（肥皂），近期借词如革命、党员、土地、人民公社。借词在使用上，"完全服从达斡尔语的语法规律，可以加各种粘附成分，表示不同的语法意义。"有些词在借入以后，"与其固有词一样，有构成新词的能力。"反映畜牧业、狩猎业、渔业等生产活动的词，具有浓厚的民族色彩。词的结构表明，有非派生词和派生词之别。非派生词即原生词，由单一词素构成的词，以单音节、双音节为多，其中很多能作为词根，即根词。派生词是在词根后加各种附加成分构成的。

达斡尔语是一种粘着语，有丰富的粘附成分，一个粘着成分在一定场合只表示一种语法意义。当一个词进入句子表示多种语法意义时，就要增加多个粘附成分，其出现的次序要依照语法规则，不能颠倒。达斡尔语有元音和谐律，词干和相当多的附加成分（不是所有的附加成分）之间要发生元音和谐关系，粘附成分的元音由词干的元音来决定。达斡尔语的词，可分为名词、形容词、数词、代词、动词、副词、后置词、助词、连词、语气词、叹词、模拟词12种。

最后附录有典型性、代表性的常用词 656 个，都是名词、动词。

本书是第一部关于达斡尔族语言的学术著作，是根据实地调查所撰，对达斡尔语的基本情况作了记述，学术价值比较高。然而作者所调查的范围有限，故其论述的内容有些窄狭，新疆塔城的土语未能提及。另外，布特哈土语和齐齐哈尔土语之间，到底存在什么差别，也未及提到。它反映了 20 世纪 50—60 年代的研究水平。如果调查范围扩大到呼伦贝尔和新疆，那末会获得到更多的语言材料，论述会更加全面深刻。

达斡尔族简史

　　国家民委主持的全国性少数民族调查结束以后，决定编辑出版《民族问题五种丛书》，包括《中国少数民族》、《中国少数民族简史》、《中国少数民族自治地方概况》、《中国少数民族语言简志》、《中国少数民族社会历史调查资料》，分别由中央和地方有关科研院所编辑出版。《达斡尔族简史》就是《中国少数民族简史》中的一种。

　　《达斡尔族简史》有初版和修订版两种不同版本。其初版于 1986 年 7 月，由内蒙古人民出版社出版。据后记，此书是集体编著。"编写组成员是孟志东、乌力吉图、巴雅尔"。乌力吉图赴呼伦贝尔盟和黑龙江省齐齐哈尔市搜集了有关文字资料，巴雅尔赴新疆搜集达斡尔的文字和图片资料。执笔人为孟志东、巴雅尔，由孟志东统纂。为慎重起见，在 1985 年、1986 年先后对稿本进行两次讨论修改，参加人有：满都尔图、巴图宝音、卜林、吴维荣、巴达荣嘎、王海山、珠荣嘎、克尔伦、苏和、额尔很巴雅尔、鄂长禄、斯尔古楞、呼思乐、恩和巴图、那顺保、凯英等许多人。最后指定孟志东根据大家的意见最后修改，由珠荣嘎、满都尔图审查定稿。故《达斡尔族百

75

科词典》称：此书是"孟志东主笔，珠荣嘎、满都尔图审修。"

《达斡尔族简史》初版共七章，依次为族称与族源、元明两代的达斡尔族、清代的达斡尔族（上、下）、中华民国时期的达斡尔族、伪满洲国时期的达斡尔族、解放战争时期的达斡尔族，外加序言、后记、大事年表，还有地图二、人口分布表一、图片十九、主要参考文献目录，按版面计算约 11 万字。

新世纪初年，国家民委决定对《民族问题五种丛书》进行修订再版，修订的原则是："适当修订，适量续修。"《达斡尔族简史》修订本编写组，由孟志东、毅松（均为达斡尔族）、谷文双（回族）、那晓波（鄂温克族）4 人组成，由谷文双执笔补充了第八章新中国成立以来的达斡尔族，共 4 节，记述了政治生活、经济、文学艺术、社会事业情况，使全书的篇幅增加到 16 万字，由民族出版社 2008 年 12 月出版。初版的地图、图片被删除了。

本书认为，达斡尔族来源于契丹族的大贺氏，大贺部的全称是"大贺尔"，即由洮儿河的古称所得，由部落名称变成了民族名称。本书认为达斡尔为蒙古分支说是不能成立的，一些达斡尔知识分子提出达斡尔族属于古代蒙古族，是"在大汉族主义者掌握国家政权的民国时期，人口很少的达斡尔族不被承认为单一民族"的结果。根据陈述的研究成果，论证了达斡尔族源于契丹族，表达了广大达斡尔族人的意愿和心声。

清代官方对达斡尔人的记载比较多，因而清代达斡尔族记述比较详细，分为上、下两章，是全书的重点所在。这个时期，从达斡尔归附清朝、抗击沙皇侵略，到编入新满洲八旗、远徙呼伦贝尔、新疆塔城，是达斡尔族发展壮大的重要时期。中华民国、伪满洲、解放战争的记述比较单薄。建国以后的达斡尔族，涉及到一些政治敏感问题，因而初版时执笔人难以动笔。"文革"以后，"十一届三中全会"澄清了以前的一些模糊的、错误的认识，实现了"拨乱反正"，在此条件下续写第八章新中国以后的达斡尔族，条件已经成熟，完全能够续写出来。

《达斡尔族简史》的撰写和修订，内蒙古和黑龙江省高度重视，抽调了许多专家学者执笔，对书稿反复讨论研究，尽到了最大的努力，应当说是比较成功的。不过对达斡尔起源的论证，尚需进一步加深；重要的第一手资料使用上，仍嫌不足；漏掉了喇嘛教的传入，是一大缺欠。这种情况可能由于篇幅太小而割爱，也可能是由于认识模糊而不敢涉笔。

达斡尔族在历史上是卓有贡献的少数民族，是一个人才辈出的伟大民族。由于缺乏本民族的文字，缺乏历史记载，为其撰史确实有一定的困难。不过充分进行实地考察，深入挖掘家族谱和满文档案，历史资料会丰富起来。以前都认为"达斡尔"的名字出现于康熙六年（1667），而满文档案则见于顺治五年（1648）就是例证。

达斡尔族

满都尔图（1934. 10—2007. 7）编。满都尔图是达斡尔族鄂嫩哈拉人，出生于内蒙古莫力达瓦达斡尔族自治旗特莫呼珠屯。曾在内蒙古师范大学就读，毕业后参加内蒙古少数民族调查，终生致力于民族学研究，著作甚多，生前是中国社会科学院民族研究所研究员，享受国务院特殊津贴。

《达斡尔族》是民族出版社在 20 世纪末推出的"民族知识丛书"中的一种，32 开本，正文 115 页，9.3 万字，有照片 3 幅，1991 年 10 月出版，印刷了 2000 册。全书共 12 章 32 节，全面地介绍了达斡尔族的人口、族源、开发北疆、八旗劲旅、抗俄斗争、经济发展、古代遗迹、生活习俗、萨满教、教育、文学艺术、曲棍珠等各方面的知识，力图使读者对达斡尔族有全面的了解认识。

本书是科普读物，文字通俗简洁，颇具可读性。对一些读者难懂的名词术语，稍作解释。例如达斡尔人将嫩江称作"纳文慕如"，以前有过呼纳盟，不少人不知为何意，其实"呼"指呼伦湖，"纳"指纳文慕如（即嫩江）。又如达斡尔族将齐齐哈尔居住者，称作"霍通达斡尔"，"霍通"在女真语中指"城"而言，《金史》有"火鲁火疃谋克"，霍通即火疃的不同写法，"霍通达斡尔"指齐齐哈尔城边的达斡尔人。

达斡尔族的起源，是达斡尔族史中的重要问题，每部达斡尔族的史书，都介绍这个问题，是无法回避的，只能说法不同而已。本书采用达斡尔来源于契丹大贺氏之说，不赞成达斡尔与蒙古同源说。他对"达斡尔蒙古说"的产生进行了说明，民国建立以后，达斡尔的民族成分"根本不被承认"，"近代史上，共同的命运把达斡尔和蒙古族人民联系在一起，达斡尔和蒙古族的先进分子一道参加反帝反封建的革命斗争，也只有以蒙古族的身份出现于当时的政治舞台上……苦于民族出路的历史背景下写成的《达斡尔族蒙古考》"。

达斡尔族南迁嫩江以后的贡献，本书记载比较详细，称他们是"嫩江流域最早的农垦者"，又称乾隆中，黑龙江将军所辖八旗有 237 佐领，其中达斡尔 68 佐，占三分之一以上；布特哈八旗人口约 1.5 万人，其中达斡尔约占一半以上，他们成为开发嫩江流域的一支重要力量。在清代达斡尔族产生了 10 名将军、近 20 名都统、50 余名副都统和城守尉、统领。

书中有些记载不甚准确，今举数例说明。

其一，本书认为："1125 年辽王朝被金推翻以后，达斡尔族自西拉木伦河、洮儿河一带北迁黑龙江流域"（第 10 页）。实际上当时达斡尔族尚未形成，北迁的是契丹人，他们是从呼伦贝尔北迁，不是从西拉木伦河北迁。

其二，本书认为："齐齐哈尔城始建于 1683 年（康熙二十二年）"（第 15 页）这个说法不准确。根据中国第一历史档案馆的《锡伯族档案史料》，齐齐哈尔城建立于康熙三十年（1691 年），谭延翘曾两次撰文考证这个问题，见杨优臣主编的《齐齐哈尔建城史研究论集》145—161 页，民族出版社 2011 年出版。

其三，书称："索伦部，原为地理名称，清初对分布在黑龙江中游地区达斡尔、鄂温克族地区的统称。后来，将布特哈和呼伦贝尔地区的鄂温克人也误称为索伦人"（第 32 页）。将鄂温克人称作索伦人，是学术界的共识，鄂温克族自治旗本作索伦旗。这不是"误称"，是正确的认定。

其四，本书两次将明末清初的博穆博果尔称作是达斡尔人的首领（第 18 页），是不准确的。其实博穆博果尔是索伦人，即鄂温克人。郭克兴在《黑龙江乡土录》一书中，曾详加辨别其族属。

其五，本书称："布特哈八旗兵原来是不脱产的义务兵，没有兵饷，而且自筹兵马和兵器"（第 29 页）。实际上国家要给布特哈八旗兵提供马牛资助其生活，可以折合成银两发放。最初布特哈兵丁无俸，乾隆二十五年（1760）起，布特哈兵丁有了半个薪俸，于每年 5 月楚勒罕盟会上支付，见富僧阿乾隆二十九年六月二十二日奏折。

《达斡尔族》一书虽然稍有瑕疵，不过就整体来看还是成功的。仍不失为一部可读的科普著作。

达斡尔族历史足迹

　　达斡尔族学者满都尔图（1934—2007）著。其后记称："《达斡尔族历史的足迹》这本小册子，是《达斡尔族文化丛书》的一个分册，是应内蒙古人民出版社之约赶写而成，成稿于 1999 年 8 月，2000 年 11 月至 12 月中旬对初稿作了修改补充。由于经费方面的原因，'达斡尔族文化丛书'的出版已搁浅时，幸而达斡尔资料编委会将这部拙稿收入《达斡尔资料集》第五集，使之能够保存下来，特此致谢。2003 年 8 月 10 日于北京芙蓉里。"《达斡尔资料集》第五集由民族出版社 2004 年 3 月出版，本书排在515 至 599 页，按版面计算约 11.6 万字，其篇幅比其所撰《达斡尔族》一书稍大一些。

　　此书的内容与《达斡尔族》一书大体相同，观点一致，只是在某些问题上详略有所不同而已。

　　本书对达斡尔民族的形成叙述比较详细，认为在黑龙江以北居住时期，已有了共同的地域、共同的语言、共同的经济生活、民族认同和凝聚力，标志着 17 世纪时达斡尔族已形成单一民族。

　　关于达斡尔的民族识别，记述比较详细。1952 年 8 月成立龙江县卧牛吐达呼尔族自治区（乡级），1954 年 3 月新疆塔城建立瓜尔本设达斡尔族自治区（乡级）。然而 1954 年下半年国家确认的 38 个少数民族中竟没有达斡尔族。针对这种情况，1953 年 8—10 月，由中央民族学院派出的达斡尔识别调查小组，对内蒙古和黑龙江的达斡尔人进行调查研究，经陈述、傅乐焕、王静如的论证，"达斡尔和蒙古族分别发展的途径是清楚的，他们的差别是显著的"，达斡尔是一个单一的民族。据此，1956 年 4 月，国务院正式确认达斡尔族为单一的少数民族，此后确定用"达斡尔"作为唯一的族名，1957 年颁布。

本书提出，达斡尔人的社会组织分为三种，即哈拉、莫昆、贝功。哈拉即姓氏，达斡尔的哈拉旧说有 18 个，本书提出有 20 个。哈拉属于古老的父系氏族。莫昆是新分化出的氏族组织。莫昆以下有贝功，贝功是父系大家庭，有祖孙四代 50 人的大家庭。家长称"贝功达"。哈拉、莫昆没有组织生产的经济职能，贝功组织生产，具有经济职能。

本书对民国初年齐齐哈尔少郎、岱夫的起义斗争出现的历史背景有详细分析；对 20 世纪 30 年代莫力达瓦山的起义斗争始末，有仔细记载；对"八一五"光复以后达斡尔人的革命斗争，予以详尽说明。

特别是对达斡尔的区域自治，作了重点介绍。指出在左倾路线干扰的年代，"人们的正当要求被诬为'右派言行'、'地方民族主义'，遭到批判，乃至诉诸行政手段加以惩处。1957 年至 1958 年'反右派'和'反对地方民族主义'斗争中，内蒙古和黑龙江省各界干部中，因要求建立达斡尔自治州而被打成'极左分子'的有 9 名，'民族右派分子' 29 名，受错误处分者 19 名，其中处级以上干部不下十名。（第 577 页）。"

对历史人物，介绍了博穆博果尔、巴尔达齐、孟格德、玛布岱、奇三、图瓦强阿、郭道甫、凌升和现代的乌如喜业勒图，所用的篇幅比较大，多达 1000—1500 字。对郭道甫的介绍，多达 3 页多，约有 5000 字。对乌如喜业勒图的介绍也比较详细，乌如喜业勒图（1922—1970）又名讷成章，莫力达瓦旗西哈力浅村讷迪哈拉人。1945 年加入共产党，曾任纳文慕仁盟盟长，莫力达瓦旗旗委书记。由于反映建立民族自治州的要求和创立民族文字，被诬为搞地方民族主义，撤销党内外职务，取消中共八大代表；"文革"中被诬为"内人党党魁"、"日本特务"、"民族分裂主义分子"，最后含冤而死。

《达斡尔族历史的足迹》，有些内容是《达斡尔族》一书所没有的，他不赞成将巴尔达齐称作"民族英雄",不赞成将博穆博果尔称作"卖国贼",认为"这是不公正的"(第517页)。本书的学术性比较强,与《达斡尔族》一书是不同的,对达斡尔族历史研究来说,参考价值比较高,非《达斡尔族》一书可比。

新疆达斡尔族

　　郭布罗·巴尔登著。巴尔登（1933.9—），新疆塔城市郭布罗哈拉人，毕业于新疆维吾尔自治区党校，曾任塔城地区电影公司经理，民间文学工作者。他在本职工作之余，就达斡尔族的历史进行调查研究，撰写了《新疆达斡尔族》一书。初版为哈萨克文，1998 年 9 月由（北京）民族出版社出版，1999 年 9 月荣获第四届中国少数民族图书二等奖。后来由作者之女郭白玲翻译成汉文，2005 年 9 月由天马出版社出版。32 开本，186 页，15 万字。前有民族出版社撰写之序、作者前言，后有译者郭白玲后记。

　　达斡尔族以内蒙古、黑龙江居多，在新疆居住者很少。故而有关达斡尔族的记述，多半以内蒙古、黑龙江为主，新疆达斡尔族的记述非常零散，缺乏全面系统的介绍。此书填补了这个空白，比较全面系统的记述了新疆的达斡尔族，是很值得称道的作品。

　　本书所用的资料，除《清实录》、《军机处奏则》、《新疆识略》、《筹办夷务始末》的记载以外，比较多的参考了萨勒嘎苏《史记》、《新疆达斡尔族社会历史调查》。萨勒嘎苏为达斡尔族人，清代后期任索伦营笔帖式（即文书官），就其亲自闻见撰有《史记》，记录了达斡尔族在新疆的史事，非常重要。稿本为满文，现在下落不明。《新疆达斡尔族社会历史调查报告》尚未出版，外地人很难见到。本书大量援引《史记》和《调查报告》，无疑增强了本书的学术价值。

本书共八章二十五节。重点是记述乾隆年间布特哈达斡尔人的西迁、新疆内乱时流亡俄国、回归祖国重建索伦营。民间年间的达斡尔族记述比较少。以政治军事为主，社会组织和文化，内容比较简单。

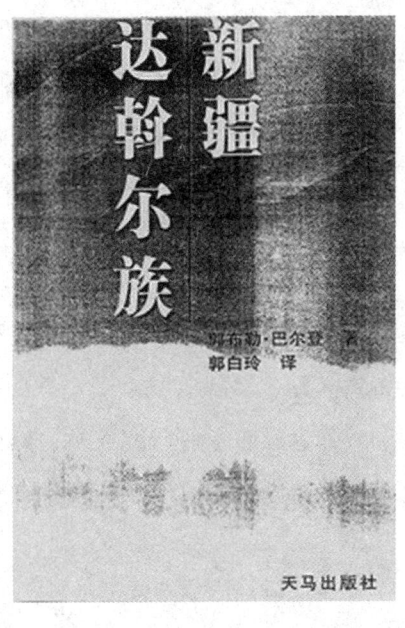

对达斡尔族西迁新疆时走的路线和途中的艰苦生活，本书有详细描述。乾隆二十八年春天第一批西迁 500 名官兵，由总管诺斤察带领，经喀尔喀河、乌里雅苏台，在阿尔泰布尔滚过冬，次年春经古尔班通古特沙漠、玛纳斯到达伊犁，时为乾隆二十九年四月十八日。第二批由副总管色尔默勒图带领，经嘉峪关、巴里坤、古城到达玛纳斯，在此过冬休整，乾隆三十年春末到达伊犁。不过也有人（如吴元丰）具有不同看法。

同治三年发生了回民起义，一直持续到同治四年，索伦营死伤严重，达斡尔以及鄂温克、锡伯、满、蒙 5000 余人逃亡到俄国，受尽俄国的欺压，于同治八年八月又回归祖国。本书对达斡尔族的这段曲折的经历，有详细记述，为其他著述所少见。

索伦营的初建和复建，在本书中有仔细的记述。指出索伦营初置设防时，"各族内的部落组织也没有分散，按照氏族划分的。其原因便于各方面的管理和和睦相处，有助于管理军政事务。"并绘制图表标示索伦营牛录的驻地、旗色、户数、兵丁数、族别，其中右翼有 4 旗为达斡尔族，计 325 户、547 丁，相当于左翼（由鄂温克、锡伯组成）两倍以上（见第 30 页），反映出索伦营当时是以达斡尔族为主力。

逃亡以后重建的索伦营，有 271 户、1221 人，比逃亡前有所增多。其驻防地有改变，从前的驻防地划给了俄国。新索伦营新建了塔尔巴哈台新城，从光绪十五年到十七年完工，仍命名为绥靖城。这是达斡尔、鄂温克、锡伯各族人民共同建造的结果。

书中对达斡尔族将领图瓦强阿（1824—1909）有详细介绍。他曾任总管、领队大臣、代理参赞大臣、副都统，赏"巴得让阿·巴图鲁"名号，授二品顶戴。萨勒嘎苏在《史记》中，对图瓦强阿的生平事迹记载翔实。

书中附有塔城达斡尔族哈勒莫昆一览表（第153—154页），可知塔城有鄂嫩、敖拉、郭布勒、沃热、莫尔登、苏都尔、金克勒、德都勒、托木等九个姓氏（氏族）和三十九个莫昆。为研究其氏族组织，提供了重要的资料。

作者虽非专业研究人员，然而悉心搜索资料，苦心研究，结出硕果，这种执著顽强的精神，是值得赞赏和学习的。

达斡尔族村屯录

卜林主编。卜林（1923—1995），又名卜永郅、色尔格楞，黑龙江齐齐哈尔市梅里斯区敖包卜古勒哈拉人。此书为集体编写，执笔者有卜林、孟志东、满都尔图、奥登挂、毅松、陈志贵等等30人，大部分是达斡尔人。1993年12月内部出版，小32开本，正文254页，26万字。

本书共收录达斡尔族地名469个，其中黑龙江省281个，内蒙古177个，新疆11个。先列汉字地名，后附达斡尔语记音符号，以体现其民族特点。

书前的编辑说明称：

1. 本书收入的，是清代以来达斡尔族由黑龙江北岸南迁后辟建的村屯。2. 本书所记村屯均以现行政区划分，按省（区）、市（盟）、县（旗）区隶属关系排列。3. 村屯立条均按现在正式使用名称，部分村屯同时将达斡尔族语称附于后面的括号内。已消失的村屯，则依照原民族名称立条记述。

每个村屯条目，一般都介绍其地理位置地理环境，村屯出现的时间和村屯名的含意，居民隶属的哈拉、莫昆，比较大的村屯还注明了历史沿革以及本村屯出现的重要人物。因此，各村屯条目的说明文字多少不一，多者1500余字，少者只有50—60字。

今以讷河为例，以见一斑（文字有精减）：

讷河（博尔多），在讷莫尔河北岸。清代为布特哈总管所在地，清光绪三十三年改讷河直隶厅，民国二年改为县。讷河一称，由讷莫尔河取名；博尔多来自江北郭布勒河左岸布尔多屯得名。光绪年间，先后放荒61913 余垧。伪满初达斡尔人纷纷迁到嫩江以西落户，农业合作化以后，原东布特哈（按：即讷河县）达斡尔族农民，全部迁到莫旗定居。有郭布勒哈拉贵族家族，自乾隆以来，这里涌现了 5 名将军，副都统以上官员近40 名，还有末代皇后 1 名（按：指婉容）及伪满宫内大臣 1 名（按：指婉容之弟）。民国间设有小学，由巴金保、钦同普任教。从以上文字，可以简要了解到讷河（博尔多）的主要情况，已不局限于对地名本身的解释。对读者而言，提供了更丰富的信息。

书末有附录 10 种，计有：《对达斡尔族几个重要村屯的看法》、《新疆

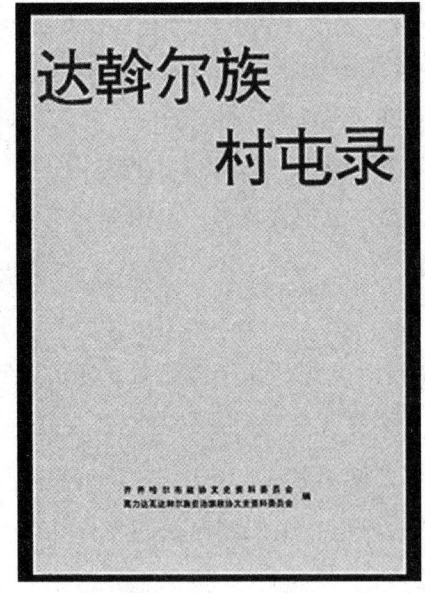

达斡尔族村屯简述》、《齐齐哈尔地区待查的村屯》、《齐齐哈尔地区达斡尔族村屯源流简析》、《解放初期牙克石一带达斡尔族移民建村概况》、《齐齐哈尔村的建立和发展》、《额尔门沁屯的建立与外延》、《莽乃屯》、《本书收录村屯统计》和附图。这些文章从不同的角度，对达斡尔族村屯的产生、演变进行了研究探讨，对读者了解达斡尔族村屯地名的一般规律，是大有裨益的。

所附地图共有 11 幅，即：齐齐哈尔市辖县区达斡尔族村屯示意图、莫力达瓦旗达斡尔族村屯分布示意图、嫩江德都两县达斡尔族村屯示意图、原海拉尔达斡尔族古老村屯分布示意图、牙克石市达斡尔族移民村分布示意图、鄂温克旗达斡尔族村屯分布示意图、兴安盟科右前旗移民莫日根村分布示意图、扎兰屯市萨马街移民示意图、扎兰屯市达斡尔乡乡址位置图、阿荣旗鄂温克村达斡尔族移民分布示意图、阿荣旗音河民族乡达斡尔族移民村屯示意图。这些示意性地图，

不仅展示了达斡尔族村屯的空间分布，而且对晚近达斡尔族的移民研究，也提供了重要资料。

如果能把黑龙江以北，即今俄国境内的达斡尔族村屯城堡也纳入村屯录中，会更加完善一些。如果能修订再版的话，不仿再多做一些调查研究，将本书列为"待查"的村屯地名搞清楚，会使本书的内容会更加充实。

聚落、村屯、城镇的出现，是人类社会发展的重要标志。也是科学研究的重要对象。达斡尔是少数民族，其村屯、城镇的出现和发展，对于该族政治、军事、经济和文化的研究，具有很重要的价值。特别是晚近频繁的迁移，更令人特别关注，每新到一处都要辟地种田，形成村屯，开发建设了新的荒原，对社会是一种重要的贡献。

黑龙江达斡尔族

　　黑龙江自古以来就是多民族地区，这些民族对黑龙江地区的开发建设都卓有贡献，他们的后裔至今仍在这里居住生活。新世纪伊始，哈尔滨出版社率先推出编辑出版"黑龙江流域民族历史与文化丛书"，得到了各方面的响应。这套丛书共计有 11 种，分别为黑龙江省境内的赫哲、鄂伦春、回族、锡伯、柯尔克孜、蒙古、蒙古部落、鄂温克、达斡尔、满族、朝鲜等，各撰一书，用以记述各族的历史与文化。这是继干志耿、孙秀仁《黑龙江民族史纲》以后，又一地区性民族历史著作。《黑龙江的达斡尔族》，便是其中的一部分。

　　作者刘金明（1956—）系汉族，山东乐陵人，时为黑龙江民族研究所研究员。本书由哈尔滨出版社 2002 年 4 月出版，32 开本，290 页，23.9 万字。书前有费孝通作的总序和刘东辉（中共黑龙江省委副书记）撰的《研究黑龙江流域文明，弘扬黑龙江流域文明》一文（代总序）。正文共十二章四十四节，书末有附录三件，为主要历史人物、历史大事年表和主要参考文献资料目录。

　　关于达斡尔族的起源、南迁前的达斡尔、南迁后的达斡尔、民国年间和民主改革时期达斡尔和社会主义时期达斡尔，记述比较简单，一共只有80 页；关于民族经济、民族教育、文化艺术、风俗礼仪、宗教信仰、达斡尔族现代化战略研究记述比较详细，约占全书篇幅的三分之二，体现了"厚今薄古"的指导思想。

　　第一章第二节记述达斡尔族早年的地理分布时，提出在早年达斡尔族形成了三大部落联盟，即以博穆博果尔为首的索伦部，以巴尔达奇为首的萨哈尔察部，以根特木尔为首的额尔古纳河流域部（第6—7页）。这种划分是有问题的。首先博穆博果尔不是达斡尔族，郭克兴在《黑龙江乡土录》中，极力分辨博穆博果尔不是达斡尔人，而是索伦人，即今鄂温克人。作者认为博穆博果尔是达斡尔人的主要根据是："博穆博果尔居住地是典型的达斡尔居住区"。这个根据是不充分的。在黑龙江北，鄂温克人与达斡尔人是居住在一起，是你中有

我、我中有你，很难区分。从地理上来区别博穆博果尔的族属，是很困难的，缺乏说服力的。

其次，将根特木尔为首的集团说成是达斡尔人，是完全错误的。著名的学者吕光天早就指出，十七世纪初（明末清初）黑龙江上中游的鄂温克人共分成三支。一支居住在贝加尔湖西北的使鹿部，被称作"喀木尼堪"或"索伦别部"；第二支在贝加尔湖以东的使马部，又称"纳米雅儿"或"那妹他"，"其中一个氏族酋长叫根特木耳"；第三支在黑龙江以北精奇里河一带，即索伦本部，酋长叫博穆博果尔。（见《北方文物》1984年第3期《清朝初期的鄂温克族》）也把根特木儿称是鄂温克族的"氏族酋长"。鄂温克族学者朝克《中国鄂温克族》（宁夏人民出版社2013年）一书也是如此。博穆博果尔和根特木耳，是明末清初的重要历史人物，其族属必须慎重对待，以免影响民族感情。

本书第十一章宗教信仰，只介绍达斡尔族的萨满教，这是不完全的。其实，达斡尔族在晚近还信仰喇嘛教，在齐齐哈尔相当兴盛，这在达斡尔族学者孟定恭《布特哈志略》、何维中《达古尔蒙古嫩流志》和黄维翰

《呼兰府志》诸书中，均有明确记载。近年出版的有关达斡尔族的著作，都漏掉了此事，本书也不例外。这种令人不解的怪事，不知是出于什么原因，竟如此忌讳喇嘛教。对于达斡尔族的宗教信仰来说，喇嘛教是后来接受的，其影响不如萨满教，然而是不能或缺的，应当提及，不能视而不见，要据实而书。

地区性的民族介绍，近年不断出版。以达斡尔族而言，除本书以外，还有郭布勒·巴尔登的《新疆达斡尔族》。这些都有助于人们对达斡尔族的了解和认知，对于增强民族团结来说，是有所裨益的，值得提倡的。因为同一民族在不同地区具有不同的特点，可以增进读者的全面了解。

中国达斡尔族人口

沈斌华、高建纲合著。内蒙古大学出版社 1998 年 8 月出版。32 开本，260 页，20.3 万字。作者为内蒙古大学经济管理学院教师。后记称，他们曾将内蒙古自治区的蒙古族、达斡尔族、鄂温克族和鄂伦春族的人口经济状况，作为研究方向，先后出版了《鄂伦春族人口概况》（1989 年）、《鄂温克族人口概况》（1991 年）、《中国蒙古族人口》（1997 年）和《中国达斡尔族人口》（1998 年），获得了内蒙古大学学术著作出版基金的资助。

本书共十六章五十九节。涉及到族源和特征、民族迁徙、历史人口、人口分布、婚姻家庭、身体素质、思想文化素质、年龄结构、寿命、生育状况、职业构成等等许多方面。记述比较详细，附有许多统计表。著者称，假期多次实地调查研究，得到了莫力达瓦旗计划生育委员会的支持和帮助，统计数字比较准确。

本书根据佳木斯医学院、内蒙古医学院的调查资料，对达斡尔人的体态容貌有详细的描述，结论是"达斡尔族具有典型的黄种人特征。"体态容貌的描述，在一般的著作中很难见到，本书则填补了这个空白。

本书对达斡尔族与鄂温克族、鄂伦春族以及蒙族、满族、汉族等异族通婚现象，有仔细记述。特别是与鄂温克族通婚相当普通。阿荣旗有个鄂温克族杜姓的家庭，奶奶、母亲、婶子、妻子、嫂子和弟媳、妹夫都是达斡尔人。"达斡尔人与鄂温克人婚配，也要遵循同一哈拉不能通婚的原则。如达斡尔族敖拉哈拉与鄂温克人的白格勒等氏族不通婚，因

为后者属敖拉姓氏。同样道理，达斡尔族的沃热哈拉与鄂温克族的沃热氏族也不能通婚。有的地方不同哈拉之间也不准通婚，如格尼河地区，达斡尔人的敖拉氏与鄂温克的那哈氏族，郭博勒哈拉与鄂温克的杜拉尔氏族不准通婚。上世纪末，南屯（今鄂温克族自治旗巴彦托海镇）郭博勒哈拉满那莫昆的福康，娶鄂温克族杜拉尔的南肯为妻，就曾受到社会舆论的反对。"（第19页）上述资料应来自实地调查所得，真实可信。那么，达斡尔族和鄂温克族之间不同的氏族，何以不能通婚？这个问题需要深入研究，显然是与血缘有关，很有可能是为了防止民间所说的"骨血倒流"。

本书提出，"土地在达斡尔人的意识中并不很重要，始终没有形成严格的私有观念。凡有畜力者均可以开垦新荒地，在其耕种期间占为己有，一旦抛荒，仍归莫昆公有。牲畜对于达斡尔人则是极其重要的私有财产，衡量一个家庭的贫富，主要以其占有牲畜的多少为依据，而不论其占有多少土地。"（第22页）很显然，在很长时期内，土地是公有的，这是贫富不明显，私有制不发达所致。

本书提出，达斡尔族南迁嫩江流域以后，有了家庭奴隶，"主人可以买卖奴隶，但没有杀死的权力……占有奴隶只是少数家庭，按屯子为单位看，有的屯子里有两三家有奴隶，有的屯子则没有一家蓄养奴隶的……其主人对奴隶的待遇，具有较为温和的色彩。"（第23页）上述资料可能也是来自实地调查，是比较可信的。

受政治因素的影响，达斡尔族多次迁徙。本书对迁徙一事，记述比较具体。部落的迁徙，造成了人口的大规模流动，对人口的变化和新居住地的开发建设，产生了深远的影响，直接关系到达斡尔族人口的分布。

关于达斡尔族人口数量，本书认为 18 世纪 60 年代总人口约 4 万人。1883 年黑龙江达斡尔人口为 2.9 万人，加上新疆总计约 3 万余人。解放前夕，全国达斡尔人口约 4 万人。这个时期达斡尔族人口不增反降，与战争有密切关系，戍边和战争中，达斡尔族人伤亡相当严重。直到新中国成立以后，达斡尔族的人口才迅速增长，分布的范围也在扩大，形成了大分散、小集中的局面。

人力资源是社会经济发展的重要条件。本书可以为地方政府经济决策参考，也为达斡尔族历史研究提供了科学的信息。

达斡尔语言与社会文化

丁石庆著。中央民族大学出版社 1998 年 7 月出版。小 32 开本，正文 327 页，22.5 万字。

书前有张公瑾序，称："语言是一种文化现象。一方面，语言本身就是文化，是文化总体的重要组成部分；另一方面，语言又包含着丰富的文化内容，是体现文化和认识文化的一个信息系统。"

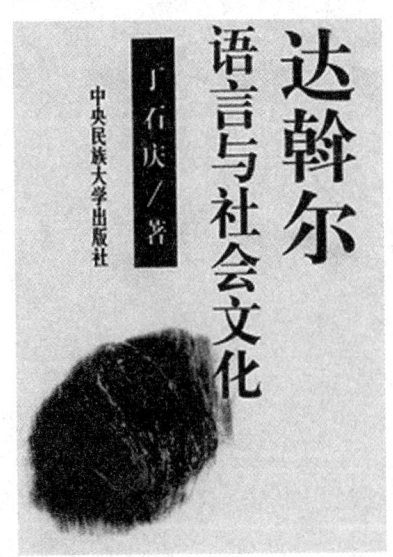

在中国用现代科学观点和方法研究语言文化的学者，首推罗常培，1950 年出版了《语言与文化》一书，通过语言材料来研究社会文化。近年语言文化渐被学术界所重视，纷纷著书立说，本书即为其中之一。

本书共分为八章四十节，介绍了达斡尔族语言概况、基本词汇、宗教词语、姓名、地名、达斡尔语与外来语的关系，以见达斡尔语的文化内涵。

本书对国内外学术界研究达斡尔语的概况进行了介绍，指出俄国学者 19 世纪末就开始对达斡尔语进行调查研究，伊凡诺夫斯基、鲁德涅夫、鲍培以及 20 世纪 50 年代桑席耶夫、托达叶娃，都是很有成就的学者。桑席耶夫发现达斡尔语保留了 13—14 世纪蒙古语的特征，其他蒙古语族此后都失掉了这些特征。托达叶娃确认了达斡尔语是蒙古语族中的独立语言，它有一个特殊的复数词尾－sui，现在、将来时有附加成分－bi，过去时有附加成分－san。自 20 世纪 50 年代起，中国的语言学家对达斡尔语进行调查研究，1956 年仲素纯发表了《达斡尔语概说》，1980 年又发表了《达斡尔语的元音和谐》，1982 年又出版了《达斡尔语简志》；1981 年欧南·乌珠尔编写了《达斡尔语言》教材。

本书从语音、语法、词汇三个方面，对达斡尔语进行了简单的介绍，认为达斡尔语分为布特哈方言、齐齐哈尔方言、海拉尔方言和新疆方言的四个方言区，对这四种方言的区别，却未作说明。

本书认为，达斡尔语中反映渔业、猎业、畜牧业的词汇比较丰富，语义也比较细腻。"相对来说，畜牧业词汇数量较大，渔、猎业词汇比较古老"（第 33 页），这一点很重要，它反映出达斡尔族经历了早期的渔猎生活和中期的畜牧生活，后期转为农耕生活。

本书对达斡尔族的姓氏进行研究以后，提出在古代文化时期（即南迁嫩江以前），"人名尚未姓氏化"（第 40 页），"十七世纪居住在于黑龙江上、中游两岸及精奇里江地区的达斡尔族若干部落首领或酋长的名字也都有名无姓……这种有名无姓的情况大致延续至清康熙年间……从达斡尔族作为一个民族的名称出现于明末清初的历史文献至清乾隆以前，是达斡尔族无姓氏期间。"（第 139 页）

本书认为，达斡尔族的哈拉、莫昆的名称，"是集地名或部落名、氏族名、族姓等多种内容为一体的符号，实际上还没有完全具备像汉族的姓氏所早已具有的严格意义的姓氏功能。在表现形式上也多以多音节即哈拉或莫昆的全称形式出现在文献记载中，而且习惯上并不把它们作于称呼词，冠于人名之前或置于人名之后。一般只称名不称姓。这种现象在达斡尔族中一直延续到清末。"（第 140—141 页）

本书指出，达斡尔语中外语借词约占 30% 左右。达斡尔语中最古老的借词，是鄂温克、鄂伦春语言中有关狩猎的词语，"达斡尔族早在居住于黑龙江中上游及精奇里江地区的古代文化发展时期，就已与鄂温克、鄂伦春等民族发生接触,并主要在物质文化领域以猎业为重点互换有无。"(第 42—43 页)"其中最有趣的是借自鄂温克 banar(小姨子、小舅子之概称),它从一定程度上反映了达斡尔族与鄂温克族之间历史上的'亲属关系'"。

由此可知,深入解读达斡尔族的语言词汇,不仅有助于对达斡尔族语言文化的认识,也可以为研究达斡尔族的历史,增添了新的资料,是值得重视的。我们不赞成用史实无据的"对音"、"音转"来研究历史,然而通过大量语言词汇来分析历史现象,寻找消失的历史,却是可行的方法。

达斡尔族萨满文化遗存调查

　　是文日焕主编的萨满文化丛书之一种。由丁石庆、赛音塔娜编著。丁石庆，达斡尔族，新疆塔城人，中央民族大学语言文学院教授；赛音塔娜，达斡尔族，女，黑龙江讷河县人，内蒙古社会科学院民族研究所研究员。本书列入中央民族大学中国少数民族非物质文化遗产研究系列。民族出版社 2011 年 6 月出版，小 16 开本，337 页，30 万字。定价 60 元。

　　其前言称："本课题系中央民族大学'985 工程'中国少数民族非物质文化遗产研究系列成果暨中国萨满文化遗存研究的子课题之一"，是在对内蒙古鄂温克族自治旗南屯达斡尔族萨满斯琴桂、莫力达瓦达斡尔族自治旗尼尔基镇达斡尔族萨满沃菊芬采访研究基础上写成的，"本书稿是实证和文献有机结合的成果……部分引用和吸纳了达斡尔族资深学者奥登桂先生、满都尔图先生、鄂·苏日台先生及孟和先生等学者的观点和相关调查资料。"

　　本书正文共八章二十七节，记述了萨满文化背景、历史上的萨满及其宗教活动、历史上的萨满教观念及其崇拜对象、萨满教与达斡尔民俗、萨满教与达斡尔族文学艺术、达斡尔族萨满传承人斯琴挂和沃菊芬、萨满伊若文本实录。

　　本书对萨满文化的记述十分详尽，是达斡尔族萨满教论著中最为详细的一种。特别是对萨满传承人（现代萨满）斯琴挂和沃菊芬的采访记述，使人们对古老的萨满教活动有了生动直观的认识和了解，提供了鲜活的资料，无疑是有助于加深达斡尔族萨满教的研究。由于达斡尔族没有本民族

的文字，本民族的历史缺乏直接的记载，而萨满所唱的娱神歌曲（达斡尔语称作"伊若"）歌词中，尚保留有历史的回忆，提到山名、河名、哈拉名、莫昆名和迁徙的过程，反映出人们对家乡故土的眷恋之情。

关于达斡尔萨满教的产生，本书追溯到公元 17 世纪，与环境的封闭性有关，"使达斡尔民间的萨满教形态始终以保守性与排外性，保持一定的原始和稳定性，而一些侵入的人为宗教却一直未能在达斡尔地区站住脚。"实际上达斡尔族的萨满教信仰来源于契丹人。达斡尔族为契丹后裔，是学术界的主流观点，近年朱学渊的达斡尔为大宛、大夏、吐火罗说，是没有根据的臆断，遭到学术界的批判（见《中国社会科学报》、《黑龙江社会科学》），是不能成立的。契丹人信奉萨满教，日本学者鸟居龙藏和陈述先生均有记述，达斡尔继承契丹萨满教，是自然而然的事情。达斡尔族封闭的地理环境，与外界接触少，是使萨满教强化的客观原因。《辽史》记载，太巫在祭山时，"偶植二树，以为神门。"太巫就是萨满。达斡尔族萨满祭神时，也要立树做为标志物（见本书第 62 页和第 64 页卜林的口述），与契丹萨满祭神的仪式不谋而合，这是意味深长的。契丹萨马祭祀时，是用青牛白马为祭品，达斡尔族的萨满祭祀是用红牛、白羊为祭品（见本书第 292 页照片、第 279 页照片），也是相似的。用红牛、白羊代替青牛、白马，大概与青牛、白马不易寻找、售价高有关，然而其思想相同。由此不难看出，达斡尔族的萨满祭祀与契丹人是一致的，恐非偶然，它们之间有承继的关系。

本书接受了"宗教是一种社会文化形式"的观点，批评"宗教是政治意识形态"是极"左"观点（第 9 页）。这个问题需要深思，不可以遽下断语。宗教是依附于政权的，历代宗教都是统治人民的思想工具，马克思说："宗教是人民的鸦片"。宗教确实有文化的形式，通过各种文化形式达到易于传播的目的。萨满教的唱歌跳舞只是一种文化形式，其真正的意图是让人们相信神灵，祈福于神灵，回避现实。统治阶级正是利用了这一点，让它为统治服务。辽朝便是如此。随着科学的普及，很少有人生病不上医院，而去找萨满跳神治疗。然而其文化的形式会保留下来，变成非物质文化遗产。研究人员一定要分清宗教的本质和其形式的不同，宛如手工织绣可以列入非物质文化遗产，但是织绣属于手工劳动的性质是无法改变的。

本书作者丁石庆教授与赛音塔娜教授
（2007年9月于呼和浩特市）

赛音塔娜、丁石庆与斯琴挂萨满
（2008年6月于长春中国萨满文化遗存学术研讨会）

达斡尔族研究论文选

杨优臣、何文钧主编。哈尔滨出版社于 2009 年 7 月出版，32 开本，572 页，49 万字。

本书共收入各种论文 50 篇。其前言称："本选集主要选录了见于国内各类刊物发表的论文和内部出版的较有价值的论文，并侧重选录了历史、文化等方面的论文。"

本书的论文可以分为六组。第一组是达斡尔族的族称和族源问题，满都尔图、陈志贵、欧南·乌珠尔、孟祥义、何光岳的论文，是以族称、族源研究为主，支持赞成达斡尔为契丹后裔说。对达斡尔族源于蒙古说，欧南·乌珠尔在《关于达斡尔族族称与族源问题》一文中，通过语言的分析，进行了有力的驳斥。他指出，达斡尔语是属于阿尔泰语系蒙古语族中的一个独立语言。"属于同一语族的人，不能认为他们是同一民族。"他在《有关达斡尔语的系属》一文中指出："达语无论在语音方面，还是词汇和语法方面，比起同语族的蒙古语都有显著的差别，在蒙古诸语言中，还是占有比较特殊的地位。"作者曾参加了少数民族语言调查，深谙达斡尔语的特点，他的意见具有一定的权威性。

第二组是对达斡尔族在黑龙江以北的居住地问题。苏钦、古清尧的论文，专门论证这方面的问题。苏钦的文章对雅克萨、阿萨津、铎陈、多金、兀库尔、吴鲁苏穆丹、戈博尔、得都尔、额苏里、博和里、噶尔达苏、乌尔堪、多科等城屯的具体位置进行了考定。古清尧认为达斡尔族精奇里氏居住在精奇里江沿岸，巴尔达齐所居住的多科屯（城），在精奇里江左岸，即俄国人所记的"七湖城址"。

第三组是对南迁嫩江以后达斡尔人的居住开发和齐齐哈尔城的修建。谭彦翘提出齐齐哈尔城修建于乾隆三十年，其地点为卜奎驿站，卜奎是达斡尔的头领，卜奎与庞葛城无关。吴雪娟《达斡尔首领卜魁考述》一文，通过满文档案指出，卜魁是达斡尔人，康熙四年任索伦总管，康熙三十年因病致仕。

第四组为民国年间的达斡尔族。杨优臣、莫德尔图、陈志贵等人的文章，从不同的角度论述了这方面的问题。杨优臣的文章记述了1945以后达斡尔人起义、筹建蒙政厅、成立蒙古大队、蒙古合作社等等活动。莫德尔图之文专门记述达斡尔族在解放战争中的贡献。陈志贵之文专门记载达斡尔人的爱国主义传统，以民国年间为重点，以鄂序元、孟汇元、海瑞、色尔古冷四人为例，详作说明。

第五组是对郭道甫的评论。杨优臣、陈志贵、何文钧、陶玉坤等人撰文，从不同角度对郭道甫进行评价。指出郭道甫1923年撰的《蒙古问题》一书，是"呼唤民族觉醒、救国救民的时代杰作"。"疾呼中华民国政府应正确对待蒙古民族的自决自治权，以五族共和之精神确定对蒙古民族的政策。"郭道甫重视民族教育，创建内蒙古人民革命党，提出民族自治理论，是有历史贡献的。

第六组是关于达斡尔族文化的文章，数量比较多，涉及到达斡尔族的传统文化、伦理思想、法制变迁、心理素质、文学、传统音乐、教育史等等许多方面。作者有九月、丁石庆、吴兰、高虹、托娅、杨士清、陈烨、熊坤新、吕劭男、苏钦、陈志贵、何云鹏、毅松、何喜庆、杨优臣、刘金明、孙东方、谢兰荣等等十余人。其中丁石庆《达斡尔族狩猎文化之成因分析》，毅松《达斡尔族民俗在现代的传承与发展》，谢兰荣《达斡尔族教育史述略》比较有深度，特别是《达斡尔族教育史述略》一文，比较系统全面，条理清晰，给人留下比较深刻的印象。

论文发表在许多期刊杂志上，又是研究工作中最受重视的文献。然而检索起来比较困难，很麻烦、很费时间。因此，将分散的论文编辑成册，由出版社公开出版发行，是最理想的办法。不过搜集起来相当不容易，论文集是各出版社最不愿意出版的图书，因为印量小，销售难。《达斡尔族研究论文选》，是由黑龙江省达斡尔学会和齐齐哈尔市达斡尔学会共同编辑出版的，其编辑之艰辛、出版之不易，是可想而知的。

达斡尔族源于契丹论

巴图宝音（1933—2014）、孟志东、杜兴华主编。中国社会科学出版社 2011 年 7 月出版。小 16 开本，正文 252 页，27.6 万字。

本书分论文和摘录两部分，计收录有论文 17 篇、论著摘录 21 篇。绝大多数是已经发表的论文和论著摘录，只有孟东志《契丹语与达斡尔语的关系》和（德国）瑶百舸（Joerg Baecker）的论文少数几篇属于原创的新作品。

论文部分有陈述、王咏曦、欧南·乌珠尔、吴维荣、陈志贵、莫日根迪、瑶百舸等等学者的论文。

陈述先生的《试论达斡尔的族源问题》一文指出："过去的学者，曾有以达斡尔和契丹大贺氏对音，认为达斡尔来源于契丹大贺氏，但除对音以外并没有提出更多的证据，只凭对音的证据是比较薄弱。"有鉴于此，本文提出了很多的证据和理由。

根据元朝人许谦《白云集》和黄缙《金华文集》记载，契丹遗人库烈儿不肯降金，率领部众北迁根河、黑龙江地带，从事牧猎，为研究达斡尔族源，"提供了有力的证据"。前人有否认达斡尔源于契丹者，多以"达斡尔语言与蒙古语言无甚异"（钦同普）、"契丹蒙古二族语言容貌多相似"（剌失德）、"达斡尔语多类蒙古"（西清）为依据。陈先生指出："不过达斡尔语和蒙古语相同的往往和契丹语也同，即三者相同，另有一部分是达斡尔语和契丹语相同，却和蒙古语不同的。"又指出："契丹语的语序和达

105

斡尔语的语序相同","契丹语词汇包括数词和达斡尔语也是相同的","契丹人用自己的语言所取的名字和达斡尔人名也有相同的"。

陈先生指出,达斡尔人凿冰取鱼,承继了契丹人的达鲁河钩鱼。达斡尔人泼水求雨,来源于契丹人的瑟瑟仪。达斡尔人的勒勒车,与契丹人的大轮车形制相同。生产技术的传承,看出了达斡尔族是契丹族的后裔。除此以外,陈先生还从地理、组织制度、宗教、风俗习惯、族名等等许多方面,论证了达斡尔族来源于契丹。科学、准确地解决了达斡尔的族源问题。本书其他与达斡尔族源有关的论述,都继承了陈述先生的思路和方法,从不同的角度加以补充、延伸和扩大。

孟志东《契丹语与达斡尔语的关系》一文,从《辽史》、《契丹国志》、《燕北杂记》、《新五代史》中找到了 22 个契丹语词,与达斡尔语、蒙古语相比较的结果,证实了"契丹语与达斡尔语相同或相近的,要多于蒙古语。"又从云南契丹语中找出了 32 个语词与达斡尔语、蒙古语相比较的结果,"契丹后裔语与达斡尔语之间,相同相近的成分,显然比蒙古语多得多。"又从契丹小字中找到 22 个语词与达斡尔语、蒙古语相比较的结果,"有的词是契丹语、达斡尔语、蒙古语三者相同或相近,而与蒙古语

不相同的契丹语,则与达斡尔语相同。"通过上述比较所得到的结论是:"达斡尔人沿用着很多古代契丹语词。契丹语与达斡尔语之间,确实存在着最为亲近的亲缘关系。"

欧南·乌珠尔有两篇论文阐述达斡尔语言与蒙古语的关系问题。他援引王静如的调查研究结论:在词汇方面,达斡尔语与蒙古语有 40% 至 50% 的差异;在语音方面,蒙语长短七元音对应达语的长短五元音;在语法方面,共同母语东胡语第三人们代词 jin

（他）、aan（他们），只在达语中保存，蒙语则丧失了主格形式。根据中国科学院语言研究所的研究，蒙古语族中分为蒙古语支、达呼尔语支、土族语和东乡话，因此，达呼尔语与蒙古语是平行的语支，"说达呼尔语属于蒙古语族是对的，说它是属于蒙古语支是错误的。"

在论著摘录部分，沈汇《论契丹小字的创制与解读——兼论达斡尔族的族源》比较重要，此文发表于 1980 年，是最早从契丹小字来探讨达斡尔族与契丹族关系的文章，应全文发表为好。孟志东《云南契丹后裔研究》云南契丹语言第四节《契丹后裔语词的启示》，也很重要。

本书各文都是以达斡尔族的起源为中心，所收入的论文比较有代表性，它们从不同角度加以论证，是很有说服力的。

满都尔图民族学文集

满都尔图著。民族出版社 2006 年 12 月出版。32 开本，340 页，28 万字。

满都尔图（1934—2007），达斡尔族，内蒙古莫力达瓦达斡尔族自治旗莫呼珠屯鄂嫩哈拉人。中国社会科学院民族学与人类学研究所研究员。

著者在卷首语中称，其研究经历了三个阶段。1956—1987 年研究中国少数民族的原始形态，此后从事国家重点项目"中国各民族原始宗教资料集成"，负责主编达斡尔、鄂伦春、赫哲、锡伯、满六个民族，1992 年以后主持"中国少数民族现状与发展调查"。"本文集收入的各篇，正是以上三个领域的文章。"

本书是著者自编自选的文集，共收入 21 篇文章。其中涉及到达斡尔族的文章共有 6 篇，即《略略达斡尔族的氏族制度》、《内蒙古少数民族社会历史调查回忆》、《达斡尔族萨满教述略》、《博穆博果尔与巴尔达齐》、《民族民主革命的斗士（郭道甫生平述略）》、《达斡尔族与兴建齐齐哈尔城考述》。

作者认为，哈拉是达斡尔原生的父系氏族，即同一男性祖先的后裔组成的血缘集团。17世纪中叶的达斡尔早已跨出了氏族社会，这时的哈拉，"已经不是初生形态的氏族组织，而是几经分化的社会组织了"；"达斡尔人的哈拉的职能主要是社会性的，而且同典型父系氏族的职能相比，哈拉的职能又是部分，例如它没有哈拉的首领和公众会议制度"；"至20世纪三四十年代，达斡尔人的哈拉还保持其社会职能。"莫昆是正在形成中的女儿氏族，"是具有父系氏族的雏形的血缘共同体。""有莫昆首领和议事会"。贝功是父系大家庭，"对外都是独立的经济单位，对内则是共同生产和消费的整体。"著者认为，"达斡尔人是否曾因内部贫富分化而出现过家庭奴隶，已无从稽考。"在哈拉、莫昆内禁止通婚，"说明莫昆还没有最终取代氏族的全部职能"。

著者认为，玛布岱是兴建齐齐哈尔城的首倡者和城修的主持者。齐齐哈尔城是达斡尔人修筑的，始建于康熙三十年（1691），康熙三十一年已初具规模，康熙三十二年竣工。"齐齐哈尔"城名，来源齐齐哈尔村名，出自达斡尔语。齐齐哈尔又名"卜奎"，来自达斡尔人名。清代设有卜奎驿站，齐齐哈尔城是在驿站旧址修建的，故又称卜奎城。

著者认，达斡尔族的萨满教信仰产生，与地理环境有关，"高山丘陵为主的地理环境，以渔猎经济为主，辅之以牧业以及后来的农业生产，是达斡尔族萨满教形成发展和延续的自然基础。"萨满教崇拜"以自然神为主"、"早期供祭的神"，"是集体的神……是一个众多的神灵汇聚的群体……可谓是集自然崇拜和人物崇拜之大成。"又认为："神灵、祭祀活动和萨满"有"血缘性"，"达斡尔族神灵的血缘性表现得更为明显"。例如以"霍列力神"来说，"除敖拉哈拉等氏族的若干莫昆

目　录

的全部成员祭祀以外，其余郭贝勒、鄂嫩等氏族的人们并不供祭它。"萨满教血缘性产生的原因很重要，这种现象的产生与达斡尔族各哈拉、莫昆为山河所阻，彼此独立的生活，彼此很少交往的态势有直接的关系。

清末民初的郭道甫（1894—?），是呼伦贝尔青年党和内蒙古人民党的创始人之一，然而人们对他的评价并不一致。著者认为，郭道甫的一生活动，给后人留下了不屈不挠的革命精神，艰苦探索的进取精神，提倡民族团结的爱国精神，兴办教育、培养人才的务实精神。

著者认为，明末清初的博穆博果尔是达斡尔族人，不是"索伦部鄂温克族最大酋长"。然而他未能拿出可靠的证据来。因此，他的说法是不能成立的。至于他充分肯定博穆博博果尔抗击清军，不畏强暴的民族精神，倒是可取的。

著者卷首语强调："科学研究是一项探索性的工作。要求每项成果都要有新的材料或新的思想观点，即所说的新意。"从本书关于达斡尔族的论述来看，满都尔图践行了自己的主张，是值得称赞的。

北方渔猎民族研究

王咏曦著。天津社会科学出版社 2012 年 1 月出版。32 开本，289 页，21 万字。王氏祖籍山东莱州，民国间其先人移居黑龙江。本是学自然科学出身，长期从事测量、水文、水利工作。由于工作之便，得以接触到北方诸多少数民族。工作之余查阅相关资料，对这些少数民族进行探索研究，发表了许多文章，在学术界产生了一定的影响。

本书是其研究成果的汇集。所谓"北方渔猎民族"是指达斡尔、鄂温克、鄂伦春而言。本书共汇集了已发表和未发表的 32 篇文章，其中 17 篇写达斡尔，10 篇写鄂温克，5 篇写鄂伦春，写达斡尔的文章占一半以上。

与达斡尔有关的文章，涉及到达斡尔起源于契丹、达斡尔的氏族、达斡尔居住地、扎兰与阿巴设置、饮食文化、民间文学、曲棍球、人物和达斡尔族人的著述等各个方面。论皆有据，实事求是，给人以启示。

关于达斡尔起源于契丹，作者提出："达斡尔族这个元朝以后才出现的民族，其源流主要源于契丹是不容置疑的。"（第 11 页）作者"通过多年民众调查和考证，认为达斡尔族主流源于契丹不容

置疑。"（第20页）

达斡尔、鄂温克、鄂伦春南迁以后，在嫩江沿岸设置布特哈猎区供他们狩猎，即"打牲处"。这些少数民族按氏族划分居住地和猎场，在此基础上设佐领加以管理，形成了"扎兰"（连队）和"阿巴"（猎场）。后人对当时"扎兰"和"阿巴"的具体位置多不清楚。本书《清代布特哈的扎兰与阿巴设置》一文，根据实地考查和文献记载，对此事有详细考证，并以图表的形式注明了聚落名称、曾叫名称、地名语种及其含意、居住民族、姓氏、建立时间并有备注说明，涉及到达斡尔、鄂温克、鄂伦春各族。图表是按扎兰、阿巴为单位，包括有讷莫日扎兰、莫日登扎兰、都伯浅扎兰、阿尔拉阿巴、涂克敦阿巴、雅鲁阿巴、济沁阿巴，托信阿巴多事游猎，其聚落随时变动，故未列入。图表生动直观，易于阅读。实为良法，值得推广。

郭博勒氏是达斡尔的大氏族，南迁以后人丁兴旺，出现了不少高官重臣，深受清朝廷的重视，末代皇后婉容就是郭博勒氏。《清代达斡尔族中的郭博勒氏》一文，详记了从乾隆到光绪年间郭博勒氏的兴衰，很有代表性。另有《奇三与齐齐哈尔楚勒罕贡貂案》一文，专就郭博勒氏奇三在任布特哈副总管期间，为抗议官府勒索貂皮到热河木兰围拦驾上书、为民请命的义举，做了详细说明。

《婉容新考》对婉容的家世和悲惨的命运有详细记述。曾祖父长顺任吉林将军，在其任上主修《吉林通志》。祖父西林布，官至宫内侍卫。父亲荣源，光绪间为内务府总管大臣，伪满时任宫内府顾问。婉容是荣源继配爱新觉罗·恒香所生。1922年12月1日与溥仪结婚，成为末代皇后。当日本人强行将溥仪夫妇迁到长春（新京）以后，受到日本人的监视，受到溥仪的冷遇。1945年8月11日随日本关东军逃至临江县大栗子沟，1946年6月20日早5时许，病死于延吉，年40岁。死后埋葬于铁道南冒儿山下南山根。从而纠正了婉容死在敦化、葬处不明的讹传。又对婉容之弟润麒的生平事迹作了介绍。

《阿勒坦嘎塔小传》，对《达斡尔蒙古考》的作者阿勒坦嘎塔（鄂序元）的生平事迹有详细介绍。对他所撰写此书的历史背景有所分析。后来他参加了共产党领导的地下活动，1948年1月在阿拉善旗巴彦浩特被敌人杀害，年48岁。文中提到了一些不为外人所知的细节。

据后记，此书是在1990年《北方渔猎民族丛考》的基础上修改补充形成的。我手中有《北方渔猎民族丛考》一书，系作者所赠予，由秋浦（中国社会科学院民族研究所研究员、著名的民族学家）题签书名。两相比较，发现新增补了不少文章，说明作者的治学大有增进，思路更加成熟，令人高兴。

书前有张泰湘的旧序，称作者"发前人之未发，填补了嫩江流域民族史和民族学研究中的许多空白。"此言甚为中肯，并非夸张。

关于族源及达斡尔民族的形成

满都尔图著。初刊《嫩水达斡尔文集》（2004 年），后收入杨优臣、何文钧主编《达斡尔族研究论文选》1—11 页，哈尔滨出版社 2009 年 7 月出版。

本文认为，达斡尔族和蒙古族语言相近，在狩猎、牧业、生活习俗有共同之处，都信仰萨满教这只是问题的一个方面。不过从成吉思汗统一蒙古出现于历史记载起，"人们还很难找到达斡尔人与蒙古人为同一族体的史料依据，反倒还有一些在明末清初蒙古统治者攻打达斡尔部落，虏其人口，甚至被努尔哈赤利用攻打达斡尔族首领的记载。近世出现的'达斡尔蒙古'说，是当时特定的政治环境的产物。其实所谓的'蒙古分支说'，并没有回答达斡尔族来源问题。因为统一前的蒙古各部又源于哪一个族体呢？当蒙古兴起前雄踞我国北方两个多世纪的契丹族与后来的蒙古族也许有着某种关系。因此，我认为与其主张'蒙古分支说'，倒不如认为'蒙古同源说'，也许还有值得探讨的学术味道。"

本文认为，达斡尔是辽代契丹族后裔之说，由来已久，在学术界和达斡尔族民间流行很广。"目前能够解读的契丹文和文献记载的契丹语词汇中，有不少是与达斡尔语相同或相近的。例如铁、孝服、兴旺、猎鹰、长者（或首领）、兔、乌鸦、马、山羊、蛇、狗等单词的发音与含义。"

"在几个世纪以前，分布在黑龙江上中游地区的蒙古、鄂温克、鄂伦春以及赫哲等民族中，达斡尔族是惟一从事农业生产，过定居生活的民族。他们的这种物质文化，研究者认为是辽代契丹族文化的延续和发展……契丹人因农业生产者的需要而举行的求雨仪式，在《辽史》中有不少记载……这种求雨仪式，惟有在达斡尔族中流传至今，成为他们传统的祭祀仪式。"

此外，擅长捕鱼是达斡尔人区别于当地其他民族的一个显著特点。契丹人凿冰网鱼的独特的捕鱼方法，只有达斡尔人继承下来。培训特种的野鹰（海东青），用以捕猎野鸡或野兔，是契丹人的喜好，达斡尔人也是如此。打曲棍球是辽代契丹人盛行的体育活动，称作"击鞠"。达斡尔继承至今。DNA 检测结果，证明达斡尔人具有与契丹最近的遗传关系，为契丹后裔。

综上所述，作者认为达斡尔源于契丹，不是蒙古分支。"认为达斡尔是契丹的后裔是对的，反过来说契丹就是达斡尔族，那就错了。从辽代契丹族的一支，到达斡尔的形成，有一个历史发展的过程。"（第 7 页）澄清了将契丹视为达斡尔的模糊认识。

本文认为，达斡尔在 17 世纪黑龙江北居住时期，就已形成了单一的民族。因为这时达斡尔人有了共同的地域、共同的语言、共同的经济生活和民族认同的凝聚力。沙俄的哥萨克描述 17 世纪黑龙江以北的达斡尔人，他们有自己的语言，与库尔茨克语和通古斯语不一样。他们从事农业耕种，有定居的"乌卢斯"（即村庄），都自称是达斡尔人。在反抗后金和沙俄的战争中，他们"一致对外"，表明"达斡尔人不仅具有同一民族的认同意识，而且具有生死与共的凝聚力。"（第 9 页）

从实际情况来看，对后金的反抗斗争并不是一致的，以巴尔达奇为首的七屯人作壁上观，这种事实说明了什么问题？尚需仔细、认真的分析。陈述先生指出："达斡尔人在清初内迁以前的经济政治生活，基本上是契丹部落生活的继承。"（见《试论达斡尔的族源问题》、《民族研究》1959年第 8 期）部落与民族是两个不同的概念，部落经过部落联盟才能成为民族。在黑龙江以北时期，达斡尔人的屯落属于氏族，是以血缘为纽带的哈拉、莫昆，他们分散的居住，还没有形成部落联盟，当然不会是统一的民族。

因此，达斡尔人究竟何时形成为民族共同体，仍需深入研究，必须要有充足的证据，才能令人信服。

略论达斡尔族的氏族制度

满都尔图著。初刊于《社会科学战线》1985年第2期，后收入《满都尔图民族学论集》，民族出版社2006年版136—149页。满都尔图（1934—2007），内蒙古莫力达瓦达斡尔族自治旗莫呼珠屯鄂嫩哈拉人。中国社会科学院民族学与人类学研究所研究员，长期从事民族学研究。

本文记述了达斡尔族的哈拉、莫昆、贝功等社会组织。

本文认为，哈拉是原生的父系氏族，是同一男性祖先的后裔组成的血缘集团。其祖先不是传说中的人物，而是见于族谱记载的始祖。至20世纪40年代，各哈拉的族谱已有16代至17代，其始祖的生年当在16世纪末或17世纪初。17世纪中叶的达斡尔族早已跨出了氏族社会，作为哈拉的父系氏族，已不是初生形态的氏族组织，而是几经分化的社会组织了。

哈拉的社会功能有七。一是具有共同的地域，哈拉的名称与所居住地的山名河名相一致；二是禁止哈拉内部通婚，它是氏族赖以形成和存在的基本原则；三是缮修族谱，每隔20年左右举行一次；四是处理哈拉内的重大事件；五是举行集体狩猎活动；六是举行全哈拉的射箭比赛活动；七是吊祭长者。

莫昆是正在形成中的女儿氏族，是具有父系氏族雏形的血缘共同体，其社会功能有八。一是具有共同的地域，组成自然村落，四周以山河确定大致界线；二是有莫昆首领和莫昆会议制度，莫昆首领称莫昆达，主持召开莫昆会议；三是严禁莫昆内部通婚；四是有莫昆共同财产，如渔场、牧场、打草场、柳条林；五是批准收养养子；六是有财产继承权和相互帮助的义务；七是有共同的祖神（霍卓尔·巴尔肯）和集体祭祀活动；八是有共同的墓地。

在莫昆的下面有贝功，贝功是父系大家庭。大家庭人口多在 20 人左右，有的大家庭多到 30 口人、甚至 50 人，形成三代同堂、四代同堂，聚居在三间、五间的房子里，如果容纳不下，还可以建厢房。每个大家庭都有家长，称贝功达。家长有明显的特权，通常由长辈担任。

本文提出，在黑龙江北居住时期，17 世纪达斡尔族在同外族斗争中，出现了部落组织，被称作毕尔吉或爱马。

本文认为，达斡尔族的哈拉、莫昆后来成为编制布特哈八旗的基础。"清初理藩院在布特哈地区编制八旗时，不是拆散他们原有的氏族组织和破坏他们聚族而居的特点，而是利用它作为八旗组织的基础。""在整个清代，达斡尔族旗民不仅不能擅自离开其原来的旗佐迁往他处，而且八旗兵外出不得超百里之外，以保障按照参加军事操练和随时应征参战。因而他们始终保持聚族而居的传统，为氏族组织的延续提供了条件。"

本文认为，在莫昆、贝功之间还有一种社会组织。名叫"莫音"。"莫音"意为"部分"，是氏族的分支。每个莫音包括有若干大家庭，按血缘辈数，其范围不超过五六代，"莫音实际上是家族，是随着人口的繁衍和家庭的分化而来的，因而还没有形成它独自的职能，只是同一个莫音内部相互互助的传统保留得更为深厚而已。"

本文认为在黑龙江以北时期，达斡尔出现了部落，恐难以成立。提出此说的依据，本文列了两条。一是 17 世纪中叶，抵抗后金的征服和沙俄的侵略时，"当时民族内部还没有行政机构的达斡尔族，如果没有比氏族、胞族的范围更为扩大的部落乃至部落联盟的某种组织，要动员和组织几乎全民族的力量，似乎是不可能的。"这里所指的是博穆博果尔的抗清战争，本文作者认为博穆博果尔是达斡尔人（见其文《博穆博果尔与巴尔达齐》，刊《北方民族》1989 年 1 期），这是不能成立的，郭克兴在《黑龙江乡土录》中，极力辨别博穆博果尔不是达斡尔人，而是索伦（鄂温克）人。巴尔达齐是达斡尔人，他作壁上观，跟随他的只有 7 个村屯，显然不是部落联盟长。二是《清太宗实录》记载巴尔达齐为"黑龙江头目"，似为部落联盟长，这也不可据。当时称"头目"的人很多，只要带领若干人到朝廷贡貂贡物，都被视作头目，村屯之长都可称作头目，头目不是部落联盟长。从现在掌握的资料看，在江北时期达斡尔族没有形成部落和部落联盟。博穆博果尔统领许多村屯抗清，只是一种临时性的军事联合，也难说是部落联盟，部落联盟是固定的组织，不是临时的联合。陈述先生指出："清初的达斡尔人……还是以氏族组成的屯落为内部统一的中心链条，屯落以内或各屯落之间，有自己的大小首领。"这种大大小小的首领很多，就是《清实录》中所称的"头目"。

达斡尔族与兴建齐齐哈尔城考述

满都尔图、杨优臣合著。刊《民族研究》2001 年第 4 期，后收入《满都尔图民族学文集》326—334 页。满都尔图（1934—2007），达斡尔族人，中国社会科学院民族学与人类学研究所研究员；杨优臣（1951—），黑龙江省齐齐哈尔市梅里斯区莽格吐乡三间房村毕日杨哈拉人，齐齐哈尔市政协台港澳华侨联络和民族宗教委员会主任。

本文记述了玛布岱修建齐齐哈尔城的始末和齐齐哈尔城名的由来。

齐齐哈尔是黑龙江省最初的省会。1954 年黑龙江省与松江省合并，仍称黑龙江省，省会迁往哈尔滨，不过齐齐哈尔仍是我国北方重镇。关于齐齐哈尔城的由来，清代文献中有零散的记载。本文全面系统记述了齐齐哈尔城修建与达斡尔人玛布岱有直接的关系，玛布岱是最早上书建议修建齐齐哈尔城和主持修建齐齐哈尔城的官员。

康熙二十七年（1688）发生了蒙古准噶尔部与喀尔喀部之战乱，时任齐齐哈尔总管的玛布岱上书理藩院，陈述修建城池以防战乱的必要性。其后玛布岱又与黑龙江将军萨布素联名上书申请筑城，于康熙三十年（1691）获准，同年于嫩江东岸卜奎驿站地方动工修筑，所用人力为达斡尔农民，主持施工的是副都统衔总管玛布岱。

玛布岱（又作马补代），是达斡尔族苏都尔哈拉人，参与《尼布楚条约》谈判的孟格德之侄，曾任京城侍卫，后来出京调任为齐齐哈尔总管。齐齐哈尔城属于"民筑"之城，木城墙内夹土，又称"木城"。凡砍伐木料、施工修筑之事，均由当地达斡尔族人担当。内城 1030 步，高 18 尺，外城方 10 里，"甃以土垡"，工程量很大，民工都是玛布岱动员来的。齐齐哈尔城的修筑始于康熙三十年（1691），康熙三十二年竣工，是达斡尔族人的巨大历史贡献。

齐齐哈尔城修建完成以后，这里便成为黑龙江将军的驻地，康熙三十八年（1699）黑龙江将军正式开府于此，作为黑龙江省省会，前后持续了 250 余年。

关于齐齐哈尔城名的由来，英和《卜奎纪略》提出，是以"邻近齐齐哈尔村，即以为名。"今人则称，嫩江西岸齐齐哈尔屯为火器营参领驻守之地，由于隔江不便，"改今卜奎地，仍以齐齐哈尔名城"（见《齐齐哈尔市志资料》）。本文指出上述说法不准确。实际上齐齐哈尔村"不仅是火器营的驻在地，更重要的是齐齐哈尔总管衙门的所在地。康熙十五年（1676）从尼布楚前往北京的俄国使团记载的他们所见到的中国境内的第一个城市——脑温城，其实就是齐齐哈尔村。"关于"齐齐哈尔"的语意和由来，旧说多有不确，徐宗亮《黑龙江述略》称："齐齐哈尔本站名，距今城十五里，站移今城，名亦因之。"（李兴盛、张杰点校本第 24 页）实际上驿站在嫩江东岸，称卜奎站。齐齐哈尔村本在嫩江以西，其语义本文认为："'齐齐哈尔'为达斡尔语，是'边疆'或'天然牧场'之意。"将齐齐哈尔释为"边疆"，似不够准确。齐齐哈尔城是在内地，不在国境线上，岂能释作"边疆"？这里地近嫩江之滨，洪泛之际河水外溢，有滋润土地作用，野草繁茂，适于放牧，将齐齐哈尔之义释为"天然牧场"或"天然草场"，会更准确一些。

齐齐哈尔别名"卜魁"，"卜魁"以何得名？本文援引方式济《龙沙纪略》之言："卜魁，站名……或曰大力人为布枯，曾有布枯居此，故名。今曰卜魁，误也。或曰有达呼里人名卜魁，耕于此。"作者的结论是："达斡尔族确有名布库者，玛布岱之先曾任齐齐哈尔总管。"这种解释也不准确，由于"布库"、"布枯"音近，将二者视为一人。

吴雪娟撰《达斡尔首领卜魁考述》一文，根据黑龙江将军衙门满文档案中卜魁的自述，指出卜魁确有其人，为达斡尔族布拉穆氏，康熙四年任索伦总管，康熙二十三年加黑龙江副都统衔，康熙三十年因病休仕。其父德布勒，封达尔汉。其长兄名叫呼尔和郭勒，承袭达尔汉。其次兄名布雷，为索伦副总管（见《黑龙江民族丛刊》2005 年第 4 期）。其实，《龙沙纪略》所称的"布枯"就是卜魁，方式济也没有搞明白。不知本文所提到的"布库"，是否指卜魁？

达斡尔族族源研究的几个问题

——纪念陈述先生诞辰一百周年

杨优臣著。见《纪念陈述先生百年诞辰学术研讨会论文集》203—206页，中国社会科学院民族学与人类学研究所编印，2011年10月。杨优臣（1951—），黑龙江省齐齐哈尔市梅里斯达斡尔区莽格吐乡三间房村毕日杨哈拉人，齐齐哈尔市政协台港澳华侨联络和民族宗教委员会主任、黑龙江省达斡尔族学会会长。

本文指出，陈述先生不仅是辽金史研究的一代宗师，是辽金史研究的里程碑式人物，同时也是达斡尔族族源研究的里程碑式人物。他关于达斡尔族是契丹后裔的论述，不仅得到史学界的认同，而且也受到了达斡尔族绝大部分知识分子、民族史学研究者和达斡尔族学术团体的认同。其意义非常重大。

第一，说明了契丹民族在文化意义上没有消失，契丹文化以其独立性还有延续。第二，明确了达斡尔族族源为契丹，对契丹民族"流"的认识才具有完整性，契丹民族的历史才是一个完整的历史。第三，整合了几百年契丹说的论证，并以马克思主义理论，系统而完整，从全方位的视角论证了达斡尔族族源问题，是研究达斡尔族历史的一座里程碑。第四，为最终确认达斡尔为独立民族至关重要，如果达斡尔族族源为契丹后裔不能被认同，达斡尔可能至今还要冠以"达呼尔蒙古"的民族成分。因此，陈述先生在达斡尔族历史上是不可忘记的人物。

纪念陈述先生百年诞辰学术研讨会

论文集

中国社会科学院民族学与人类学研究所　主办
北京　2011年10月

本文回顾了陈述先生以后的达斡尔族研究成绩以后，提出了当前达斡尔族研究值得关注的问题。计有：形成达斡尔族民族共同体的契丹民族中有无契丹化的其他民族成分，达斡尔族的始源有无其他民族成分，达斡尔族传统文化与契丹文化有哪些差异等等。

本文认为，陈述先生关于达斡尔族族源为契丹的论证，有几点值得学习和借鉴。一是把达斡尔族族源的探索与契丹民族的流向紧密结合在一起，科学地阐明了契丹民族的流向与达斡尔民族共同体始源的关系。二是严格把握与达斡尔族源研究中运用民族学与人类学的细微差异，指出："民族不是血缘集团，而是历史上形成的人们共同体。同一来源的在发展的过程中，可以形成为不同的民族；相反的，任何一个民族，也不会是单纯一系的血统团体。""当然不是说辽代契丹全部发展成为现代的达斡尔，也不是说达斡尔没有契丹以外的成分。"表明陈述先生严格把握了"民族共同体"这个概念的界定，排除了个体的单一的或某一文化现象渊源联系的干扰，为达斡尔族族源研究奠定了非常好的基础。三是论证系统完整，核心突出。他写到："过去的学者，曾以达斡尔和契丹大贺氏对音，认为达斡尔来源于契丹大贺氏，但在对音以外没有提出更多的证据，只凭对音的证据是比较薄弱的。"于是，陈述先生从十二个方面加以论证，涵盖了经济生活、社会制度、语言、风俗习惯、宗教信仰等民族共同体的基本要素，是系统的完整的。

本文还提出："关于达斡尔族源研究和民间认同上，还有两个倾向值得注意和引导。一是，有意无意把'契丹民族'和'达斡尔族'之间画等号，认为今天的达斡尔族就是历史上的契丹族，这种简单的链接缺少科学的严肃性；二是脱离'民族'这一概念，把达斡尔族传统文化中的某一现象与古代的某一文化链接，甚至不惜孤证也要'独善其身'。因此学习和宣传马克思主义的民族理论非常重要。"作者提出上述倾向是十分必要的，有些论著常常在这方面出现失误。例如有人把辽史写进了达斡尔族历史，就是最典型的例证。这种现象的产生，既与有些人缺乏历史知识、特别是关于民族共同体知识有关，同时也与某些人思想理念的偏差有关。误认为把达斡尔历史前提

达斡尔族族源研究的几个问题
——纪念陈述先生诞辰一百周年

（摘要）

杨优臣
（齐齐哈尔市政协）

一、陈述先生在达斡尔族族源研究中的地位

陈述先生不仅是辽金史研究的一代宗师，是辽金史研究的里程碑式人物，同时也是达斡尔族族源研究的里程碑式人物。

达斡尔族族源的研究，是达斡尔族历史研究中涉及最早的课题之一，也是历史研究中延续时间最长的课题。如果从乾隆年间钦定《辽金元三史通解》时，将《辽史》卷三十二的"大贺"改为"达呼尔"算起，已有二百余年的时间，在这二百余年间，除"契丹后裔说"以外，还出现了"蒙古分支说"、"蒙古同源说"、"东胡说"、"室韦说"、"大夏说"等。但是，"契丹说"始终占有主导地位。"契丹说"之所以始终能够占有主导地位，除了"契丹说"提出的历史较长影响较大以外，与陈述先生的研究成果有直接的关系。

1. 陈述先生关于达斡尔族是契丹后裔的论述，不仅得到了史学界的认同，而且也受到了达斡尔族绝大部分知识分子、民族史学研究者和达斡尔族学术团体的认同。陈述先生关于达斡尔族族源为契丹后裔的研究成果，其意义非常重大。第一、陈述先生的达斡尔族族源为契丹说，说明了契丹民族在文化意义上并没有完全消失，契丹文化具有独立性还有延续性。第二、陈述先生明确了达斡尔族族源为契丹，对契丹民族"流"的认识才具有完整性，契丹民族的历史才是一个完整的历史；第三、陈述先生的达斡尔族族源为契丹说，整合了几百年契丹说的论述，并以马克思主义民族理论，系统而完整，从全方位的视觉论证了达斡尔族族源的问题，是研究达斡尔历史的一座里程碑；第四、陈述先生的达斡尔族族源为契丹说，为最终确认达斡尔族为独立民族奠定关键基础。中华人民共和国成立以后，于1952年在黑龙江成立了龙江县达呼尔族自治区，是经政务院批准成立的第一个达斡尔族人民政权。1954年新疆成立了塔城县瓜尔本达呼尔达呼尔族自治县，从客观现实，中央和黑龙江、新疆已经承认了达斡尔为独立民族，是由于内有蒙古地区"达呼尔蒙古"的民族成分和"蒙古分支说"。"蒙古同源说"的影响，于1954年成立调查组予以识别。如果达斡尔族族源为契丹后裔不能被认同，达斡尔可能至今还要冠以"达呼尔蒙古"的民族成分。而且，黑龙江、新疆已经成立的达呼尔

203

一些、延长一些，会给达斡尔民众带来益处。这种做法与阿勒坦噶塔提出"达斡尔蒙古"如出一辙，其危害性很大，大家应当深入思考其产生的社会原因，努力予以纠正。要从中反思，吸取教训。

达斡尔族是嫩江流域的世居民族

陈志贵撰，收入杨优臣主编的《齐齐哈尔建城史研究文集》3—25 页，民族出版社 2011 年 7 月出版。陈志贵（1936—），汉族。齐齐哈尔大学历史系教授，原齐齐哈尔市历史学会理事长。

全文约 1.7 万字。全面论述了达斡尔族对嫩江流域的开发建设。本文首先介绍达斡尔族从黑龙江以北向嫩江流域迁徙的过程。据文献记述和达斡尔人的自述，达斡尔人由黑龙江北向嫩江流域的迁徙，主要有两次。第一次是在后金到清朝初期，崇德年间（1636—1643），敖拉氏的始祖呼力尔肯率领其宗族迁到嫩江中游，建立了多金等屯落。崇德五年（1640），达斡尔 8 牛禄 337 户迁居昂昂溪一带；顺治六年（1649）精奇里氏达尔达齐和郭博勒氏乌莫迪，落屯于纳莫尔河畔。从 17 世纪 50 年代至 60 年代，为达斡尔族向嫩江迁徙的第二阶段。规模最大的是顺治十一年（1654）以后清廷有组织的内迁，迁移到嫩江及其支流甘河、诺敏河、阿伦河、讷莫尔河、雅鲁河、济沁河沿岸。其活动范围，北起大兴安以南，东到乌裕尔河，西止大兴安岭东南，西南

止于雅鲁雅鲁河、济沁河与科尔沁属的札赉特部为界，西南与杜尔伯特及后郭尔罗斯驻牧地为界。先后建立村屯四百余个，以墨尔根（今嫩江县）、博尔多（今讷河县）、齐齐哈尔居住最多。

迁徙到齐齐哈尔地区的达斡尔族，大约是顺治十年（1653）开始建立屯落的，沿嫩江两岸建立了29个屯子，其中江西17屯，江东7屯，江南5屯。这29屯，"是齐齐哈尔达斡尔人在嫩江流域建立的最早村落，也是齐齐哈尔的历史上出现的最早村落。"

齐齐哈尔人迁来嫩江以后，仍以黑龙江地区的江河、城屯之名，命名各自哈拉、莫昆和村落。现在达斡尔族的鄂、金、郭、德、孟等姓，是由昔居鄂嫩河、精奇里河和郭博勒阿彦、德都尔屯、莫尔登屯而来的；克音、海楞、卡尔特兹、阿协金等莫昆之称，均由当时的克殷屯、海伦屯、噶尔达苏屯、阿萨津城而命名的；多金、果尼、雅尔斯之类屯名，也是保存了当时的多金城、固浓屯、雅克萨城的称呼（莫日根迪语）。

达斡尔人初迁到嫩江流域时，当地还没有农业，是达斡尔人开创了当地农业生产的历史。《黑龙江》一书曾指出，龙江县"农业之创始由来已久……1652年自黑龙江北岸迁来之达呼尔人，为本县最初之耕作者。"《清世宗实录》萨布素奏折中，也有达呼尔"赴额苏里耕种"的记载。到了光绪年间放垦时，为旗人保留了"生计地"，其中包括有达斡尔人的"生计地"。达斡尔人除耕种以外，还有畜牧业，以牛马为多，是定居放牧，与蒙古人有所不同。此外，达斡尔人还经营多种副业，如狩猎、放木排、采伐柳条通、捕鱼、采药及采集野菜柳蒿芽。

达斡尔族的手工业，如制造大轮车、鞍具、弓箭、靴鞋、盔甲、帽子、内衣等，也颇为可观，所造的大轮车，是同蒙古人交易的重要商品，年年都要到甘珠尔庙（寿宁寺，在新巴尔虎左旗）庙会上，用大轮车交换蒙古人的马牛。达斡尔人的商业活动主要是在"楚勒罕"、北关集，以盟会的形式进行。"楚勒罕"和"北关集"，都是在齐齐哈尔远近郊区举行。

在达斡尔族居住地区，先后建立了瑷珲城（在黑龙江右岸，称新瑷珲）、墨尔根城（今嫩江县城）和齐齐哈尔城。齐齐哈尔城为乾隆三十年

（1691）由达斡尔族人玛布岱主持修建，成为黑龙江将军驻地，后来成为黑龙江省城。以齐齐哈尔为中心，各城之间设有驿站，用于官吏往返和传递公文。

自公元 17 世纪以来，达斡尔族由黑龙江北岸逐渐迁徙到嫩江流域，以辛勤的劳动开发建设了嫩江流域，在空旷的荒野上开辟了农田，建立了村落，修建了重要的城池，使这里变成了富庶的地方，在历史上有卓越的贡献。于是，嫩江流域成为达斡尔族的世居之地，后来他们又迁往呼伦贝尔戍边，迁往新疆戍边，不过呼伦贝尔和新疆达斡尔人，都以嫩江流域为其故乡。这并非是偶然的。

达斡尔族的"哈勒"和"莫昆"

卜林著。刊于乐志德主编《达斡尔资料集》第二集 671—680 页，民族出版社 1998 年 7 月出版。卜林（1923—1995），又名卜永郅、色尔格楞，黑龙江省齐齐哈尔市梅里斯达斡尔族区敖包屯卜古勒哈拉人。伪满洲国建国大学肄业，曾任黑龙江省达斡尔学会理事长，主编《中国达斡尔族人物录》、《达斡尔族村屯录》。

本文称，哈勒又作哈拉，莫昆又作谋克、谋昆，毕喇尔又作毕尔吉、毕喇，三者是完整地表述祖姓的全称。哈勒来源于哈力，哈力为河谷或山沟。一个哈勒的地盘占据一个哈力或几个哈力的幅员，哈勒源于哈力的说法，值得考虑。莫昆原为女真的行政组织谋昆或谋克。古代达斡尔人，大氏族部落用过"爱门"一词，后用哈勒所代替。《明史》、《黑龙江志稿》有"爱门"的称呼。

本文认为，哈勒借用黑龙江北山川为号，共有十九个，南迁以后有的放弃哈勒，由其莫昆改称哈勒的有二例，如索都尔、色布克。由外族改为达斡尔哈勒的有三例，如扎拉日（张）、祁布祁白（祁）、瓜尔察（关）。失传的有一例，如达呼尔。实有哈勒二十五种。

达斡尔族把哈勒当做祖姓的为多。对于莫昆的保持，以齐齐哈尔较普遍，都保留黑龙江北岸时期祖传的莫昆。在布特哈则不同，只有少数人通晓祖传的莫昆。"今日齐齐哈尔地区和布特哈地区所使用的莫昆概念有所不同，前者以祖先居住的部落为莫昆，后者是以嫩水一带近祖居住部落为莫昆。譬如敖拉哈勒的莫昆，齐齐哈尔地区分为敖拉、雅尔赛、多金、索都尔、克尔哲等五个莫昆，而布特哈地区分为奎力浅、库热浅、拉力浅、登特科、巴衣格日等五个莫昆。毕喇格早已失传，唯独讷莫尔一带的讷莫尔达斡尔保留至今。"

黑龙江上中游达斡尔族哈勒莫昆分布

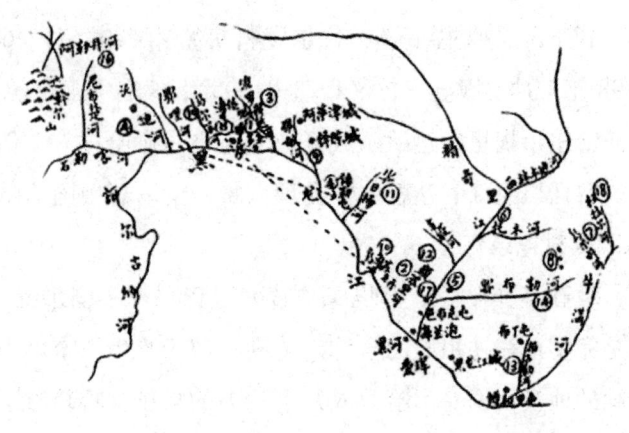

①敖拉　②额苏尔　③莫尔登　④袄日　⑤郭布勒　⑥托木　⑦苏都日　⑧额彻勒、都松、喝日达苏　⑨鄂嫩　⑩乌力斯　⑪毕日扬　⑫克默　⑬卜古勒　⑭华力斯　⑮郭鄂特　⑯阿勒丹　⑰精克日　⑱杜拉尔　⑲讷迪(不详)　⑳索都尔(不详)
630

本文所附的"哈勒、莫昆名称表"，列出了二十五个哈勒和四十三年莫昆的名称、起因和借用的汉姓，起因一项注释比较详细，摘录若干如下：

敖拉。远离江畔近山居住者，为敖拉莫昆。

额斯日。以额苏里河名为号……额苏里河是黑龙江中游左岸一个支流，位于瑷珲城西北九十里。

莫日登。莫日登本意为河流悬崖处或是河水弯流处。以莫日登河为号，地图记为波罗穆达河，这是译文不准确之故，本名为德热莫日登河。莫日登河是一条小河,位于雅克萨城以东鄂嫩河以西,离瑷珲城西北约一千里。

鄂嫩。以鄂嫩河名为号,鄂嫩河是黑龙江上游左岸一条小河,原是黑龙江上游斡难河入江口,后因河岸填平割断上源。后人仍是鄂嫩或斡难之称命名,位于雅克萨城以东二百余里处。

乌力斯。以乌力斯河名为号,史籍为乌尔苏或乌尔木河,是石勒喀北岸的一条小河,位于雅克萨城以西数里处。因早期部落战争频繁,由西东移至黑龙江左岸的乌鲁苏木丹一带,左岸北的小河,史籍记为乌鲁苏河,位于瑷珲城西北三百二十里处。

沃日。沃日本意为上源,日迪河为号,史籍为乌勒尔喜河,是汉译文有误之故,是石勒喀河北的一支小川,位于雅克萨城以西数百里处。沃日哈勒又因早期部落战争,由西移向东即黑龙江中游左岸一带,另位倭勒等部落。

苏都日。以苏都尔河为号,苏都尔河是牛满河(布列亚河)上游右岸的一条小河,位于瑷珲以东二百余里处。

阿勒丹。以阿勒丹河名为号,阿勒丹哈勒分布在达呼尔山(雅布诺维山)东侧。阿尔丹河发源于达呼尔山的北岭阿尔坦山,往北流入勒拿河,史籍为阿尔丹氏。

卜林为达斡尔人,精通达斡尔语,他对山河地名的解释比较可信。不过关于鄂嫩河的解释,似可仔细斟酌。斡难河为石勒喀河上源之一,在外贝加尔尼布楚(涅尔琴斯克)之南,将小河鄂嫩河说成是斡难河入江口,恐无此可能,因为彼此相距太远,一在外贝加尔,一在黑龙江北,或许是把石勒喀误作斡难河了。石勒喀河会入黑龙江在洛古河附近,与黑龙江北的小河鄂嫩河之间,还隔有南入黑龙江的沃日迪河、鄂哩河、乌尔苏河、波罗穆河(见作者所绘的黑龙江上中游达斡尔族哈勒莫昆分布图)。所谓"河岸填平割断上源"之说,不知所据为何?令人疑虑重重,或行文中有误字否。

此文所述,特别是文后所附的哈勒莫昆分布图,对于探索达斡尔族哈勒莫昆的产生和迁移,具有重要的参考价值。

关于达斡尔的社会组织中的哈拉莫昆等方面的构成及对发展变化的分析探讨

敖拉·乐志德著。刊于《达斡尔资料集》第二集 657—670 页。乐志德（1935—2015），内蒙古莫力达瓦达斡尔族自治旗登特科屯敖拉哈拉人，《达斡尔资料集》主编。

本文列表统计内蒙古、黑龙江、新疆三地达斡尔族的哈拉、莫昆的名称、所住屯址、分布地区和简姓。据统计表所载，共有 30 个哈拉，即敖拉、鄂嫩、孟日登、郭贝勒、苏都尔、鄂斯尔、陶木、德都勒、沃热、精奇日、杜拉尔（多拉尔）、讷迪、吴然、索都尔、乌力斯、阿尔丹、鄂尔特、都尔拉斯（特）、卜图尔（布库尔）、何音（克音）、毕力杨、何勒图、尼尔登、萨玛格尔、达呼尔、瓜尔住、扎拉尔、墨尔哲、鄂济、武廷音。另称黑河市坤河乡有瓦兰哈拉十几户，简姓为王，与齐齐哈尔陶木哈拉之瓦兰莫昆是否同姓，有待进一步研究考查。

与鄂温克族相同的姓氏有 9 个，即敖拉日、郭卜日、杜拉日、武里斯、沃尔勒、何勒特日、萨玛伊日、多阿纳、卜勒伊日。作者称两族姓氏相同，"充分说明达斡尔与鄂温克几百年来睦邻相处，互融相亲的很重要因素……两族互相借姓也是存在的。但是，哪个姓氏是借代的，还有待于更充足的史料弄清。"

达斡尔与满族相同的姓氏有 4 个，即瓜尔佳、扎拉尔、墨尔哲、鄂济。现在已无踪迹了，作者认为其去向，一是融于达斡尔的其他姓氏之中了，如墨尔哲即莫尔登氏；二是也许借用了汉姓，如白、邵、富、刘；三是融汇于其他民族的姓氏之中。

作者认为，"哈拉"原为部落联盟，有的"哈拉"是部族。"哈拉"即汉族称之姓。"莫昆"即部落、氏族。"爱瞒"即部族，似蒙古之爱马克，原兼有军事组织形式。"莫音"为小氏族，莫音内原来弟兄各家人口增多，形成各自的莫因。"斡尔阔"是莫昆内的部分，一个莫昆可能分为几个斡尔阔，一个或几个莫音被称作一个斡尔阔，一个斡尔阔可能不会出九代之外，九代之内设一"穆恩安"（即墓地），一个或几个斡尔阔可能为一屯（爱里）。几代以外的氏族便是"爱里"，"爱里"即"莫昆"分出的自然屯。一个"莫昆"可能是一个或几个"爱里"。表中还有"毕尔吉"，"毕尔吉"是"哈拉"分出来的，是为建屯而分的那部分。

达斡尔之哈拉，乃姓氏之意。

哈拉，原为部落联盟，而有的哈拉即是部族。

"哈拉"的命名，多以三百年前达斡尔人居于黑龙江北、额尔古纳河两岸、或有的居于黑龙江南岸时，根据山川地势之名而命名的。如：

敖拉哈拉，就是按照"山"而起的姓；

金奇里哈拉，均以精奇里江而命名的；

郭贝勒哈拉，即以郭贝勒阿彦而得名；

鄂嫩哈拉，是以小鄂嫩河为姓氏的……

达斡尔族哈拉之地域，在清初的分布是比较固定的，然而随着披甲驻防、频频被征调戍边，致使分布地域比较分散了，因此对哈拉也有所影响。今将哈拉列表于下。

一、达斡尔哈拉

哈 拉	莫 昆	屯 址	毕尔吉	分　布　区	简 姓	原莫昆
1. 敖拉	多金	多金	乌力斯	布特哈、墨尔根、齐齐哈尔	敖、多	多金
敖拉	宜斯坎	宜斯坎	乌力斯	布特哈		多金
敖拉	哈列尔图	哈列尔图	乌力斯	布特哈		多金
敖拉	拉力浅	拉力浅	乌力斯	布特哈、新疆	敖	多金
敖拉	奎力浅	奎力浅	乌力斯	布特哈、新疆		多金
敖拉	果尼	果尼	乌力斯	布特哈、新疆		多金
敖拉	库图如	奎力浅	乌力斯			
敖拉	多格浅	多格浅	乌力斯	布特哈		多金
哈 拉	莫 昆	屯 址	毕尔吉	分　布　区	简 姓	原莫昆
敖拉	库热浅	库热浅	乌力斯	布特哈、新疆		多金
敖拉	登特科	登特科	乌力斯	布特哈、新疆、海拉尔		多金
敖拉	登特科	都西根	乌力斯	布特哈		多金

本文关于"哈拉"、"莫昆"的性质,与满都尔图、孟志东的看法是不一致的。这些问题仍需要深入研究探讨。

本文对达斡尔族借用的汉姓有所统计,有敖、山、单、多、闫、索、鄂、于、孟、莫、苍、郭、勾、苏、陶、乔、德、沃、吴、金、纪、杜、讷、安、胡、康、卜、何、杨、宁、祁、关、张、白、邵、富、刘、徐、田、陈、李、赵等42姓。

为了有助于对姓氏的说明,本文对《百家姓》、《续百家姓》和《古今姓氏麦》中所收的汉姓进行了分析研究。

本文所收集的姓氏资料比较丰富,对于研究达斡尔族的"哈拉"、"莫昆"、"毕尔吉"、"斡尔阔"、"爱满"、"莫音",值得参考和引用。

明末清初分布在黑龙江
中上游的达斡尔诸城屯

苏钦著。刊于《中央民族学院学报》1982年第4期，后收入杨优臣、何文钧《达斡尔族研究论文选》。作者为中央民族学院（今中央民族大学）教授。

本文根据文献记载、达斡尔姓氏、苏联发现的古城遗址，对黑龙江中上游（含精奇里江沿岸）的达斡尔族20个城屯进行了一番考察。结果如次。

有确切位置可考的城屯有13处：

1. 雅克萨城。即今阿尔巴津。城西有明代的木河卫，城东南有卜鲁丹河卫。为博穆博果尔属人所居。1651年俄国人占领此城，改称阿尔巴津。1688年索额图奏折，说明"雅克萨系达浯尔总管倍勒尔古墟"。达斡尔敖拉哈拉有雅尔斯莫昆，雅尔斯即雅克萨。

2. 阿萨津城。今俄国库涅克稍北，城北有卜鲁丹河卫。城南有万山卫，东南有阿剌山卫。为博穆博果尔属人所居。达斡尔鄂嫩哈拉有阿协金莫昆，阿协金即阿萨津，阿萨津城为鄂嫩氏原居地。

3. 铎陈城。又作铎辰，在察罕颜峰稍西，城稍南有鄂诺河。其故址在俄国涅佐沃稍南，大概是鄂嫩哈拉居住的城屯。

4. 多金城。又作多锦城。即今呼玛县盘古河口东南，明代在此设卜鲁丹河卫。达斡尔敖拉哈拉有多金莫昆，多金城为敖拉氏原居地。按：盘古河与卜鲁丹河音近，疑盘古河为卜鲁丹河之讹。

5. 兀库尔城。又作乌库勒、伍库尔、厄库尔。在今呼玛县城西北绥安站附近。此城可能为鄂温克人所居，达斡尔姓氏不可考。

6. 吴鲁苏穆丹城。又作吴鲁苏屯。今俄国库玛拉稍南喀尔沙科沃村黑龙江河湾内。城北有出万山卫。东北有阿剌山卫。博穆博果尔曾据此城。吴鲁苏穆丹城为达斡尔莫尔丁（孟氏）所住地。即达乌尔斯基所称的"萨莫顿"城。

7. 戈博尔屯。即郭博勒屯。是达斡尔郭博勒氏原居地，又称郭贝勒阿彦屯。可能是达乌尔斯基所记的伊丹诺夫区特罗依茨克古城址。

8. 得都尔屯。又作德都勒屯、德都尔屯。在精奇里江支流倍屯河南岸。为达斡尔德笃勒哈拉所居。

9. 额苏里屯。其东北有阿剌山卫，正北有出万山卫，南有哈剌察卫。在俄国谢尔盖耶夫科村之南。为达斡尔鄂斯尔哈拉原住地。

10. 博和里屯。在托摩河入精奇里江口北岸，当俄国托木河口诃雷舍沃东南卡赞卡。此屯可能为女真人所居，清初曾附博穆博果尔，后归附清朝，成为新满洲。按：博穆博果尔为索伦（鄂温克）人，此屯与达斡尔无关。

11. 噶尔达苏屯。又作噶尔达逊屯。《战迹图》标在精奇里江布迪音河（布东达河）北岸。其达斡尔姓名不可考。

12. 乌尔堪屯。又作兀喇喀屯。屯北有兀纳卫。在今俄国结雅河上游乌尔堪河口南岸。清初曾附博穆博果尔，后归清朝。达斡尔苏都尔哈拉有乌尔科屯，郭博勒哈拉有瓦勒喀莫昆，"都是乌尔堪的异译，当是从江北内迁的乌尔堪屯人的遗裔。"

13. 多科屯。作者据俄国人达乌尔斯基的记载，推断多科城应为从托木河口至结雅河口途中谢米奥杰尔卡村附近的古城址。"这个城址极有可能即巴尔达齐的多科屯址"。

本文又提出"无确定位置，与达斡尔姓氏对音的城屯"7 处。

1. 额尔土屯（额尔图屯）与郭博勒哈拉额尔根浅莫昆有关，"或即此屯人遗裔"。

2. 塞布奇屯（色布奇）与金奇里哈拉泽布昆莫昆有关。

3. 阿里岱村与阿尔丹哈拉有关，"阿尔丹哈拉、汉译作安，当即阿里岱屯人的后裔"。

4. 克殷屯与克音哈拉有关，克音哈拉、克音莫昆"当即克殷屯人的后裔"。

5. 固浓屯与托莫哈拉固荣莫昆有关，此哈拉莫昆"当即固浓屯人的后裔"。

6. 兀木讷克屯与苏都尔哈拉有关，苏都尔哈拉"疑即兀木讷克屯人的后裔"。

7. 都逊屯与德都勒哈拉都松莫昆有关，都逊屯"为都松莫昆的原住地"。

本文对明末清初黑龙江中上游城屯的考证用力甚深，查阅了许多资料。不过对城屯与达斡尔有关哈拉、莫昆关系的认定，有些推测的成分，缺乏足够的证据。例如博和里屯、噶尔达苏屯即与达斡尔无关。多科屯的遗址，恐难确认。因此，在此基础上仍可加深研究，尚有许多的研究空间。地理考证是实实在在的学问，要凭证据说话，推测容易产生失误。

嫩江流域达斡尔族早期村屯的建立

吴维荣著。撰于 1986 年，收入杨优臣主编《齐齐哈尔建城研究文集》86—98 页，民族出版社 2011 年 7 月出版。吴维荣（1923—1998），黑龙江省齐齐哈尔市梅里斯区奈门沁屯吴力斯哈拉人。曾任梅里斯达斡尔区副区长、政协副主席。

本文记述了齐齐哈尔地区和布特哈地区达斡尔族建立的早期村屯，涉及到今梅里斯区、富拉尔基区、昂昂溪区、嫩江县、讷河县、富裕县、莫力达瓦旗等。在齐齐哈尔附近，嫩江出现了大折屈，故当地有江东、江西、江南、江北之说。本文沿用此说，来划分齐齐哈尔达斡尔族村屯的分布范围，不用行政区划。本文共记述了 149 处达斡尔村屯的名称、由来、居民姓氏以及相关的名人、古迹。

达斡尔族人有哈拉（氏族）、莫昆（新氏族）之别，同一哈拉即为同一姓氏，多聚居在同一村屯中，在黑龙江北及南迁嫩江以后都是如此。本文记述的许多村屯，即来源于氏族名。例如江北的敖乃屯，是由敖勒哈拉族人所建；讷河市的德都尔屯，为德都哈拉族人所建；都拉尔屯，为杜拉尔哈拉族人所建。

有些村屯是以地理特征命名，用达斡尔语。例如江北有斡诺尔吐屯（今名卧牛吐），在达斡尔语中，"斡诺"指小沟壑而言；江西有梅斯勒屯（今名梅里斯），"梅斯"在达斡尔语中指冰而言，这里多沼泽，冬季结冰，给人印象深刻，故以梅斯名村；江西有呼兰额日格屯（今名富拉尔基），在达斡尔语中为"红色江岸"之意；江西有霍恩阔屯（今名洪河屯），在达斡尔语中为牧草丰美之意；昂提屯（今名昂昂溪），在达斡尔语中为多猎物之意。不过这些达斡尔语村屯名，现在多改用汉语村屯名了。

有些村屯名沿用了黑龙江以北的旧地名，例如雅尔斯屯（今名雅尔塞）源于雅克萨，其居民原居雅克萨附近的铎陈村，南迁嫩江以后，由于怀念雅克萨城，将村屯命名为雅尔斯。

本文将村屯所居住的达斡尔人姓氏，都作了详细说明。例如江北的额尔门沁屯，是敖拉氏多金、雅尔斯莫昆人所建。音钦屯（今已不存），是托莫哈拉沁莫昆所建，清代"楚勒罕"集市多在此举行。江西的阿拉尔屯，是乌力斯哈拉库尔堪莫昆人所建。杜尔本沁屯，是郭贝勒莫昆所建。罕伯岱屯是莫尔登哈拉冲罗、苍嘎尔、山大奇莫昆所建。江东塔格尔（塔哈）屯是敖拉莫昆、何斯日莫昆所建。江南霍勒该屯（喜尔嘎屯）是鄂嫩哈拉海兰莫昆所建。后来被洪水淹没，今已不存了。著者特别重视此事，差不多每一达斡尔族村屯，都要考证为何哈拉何莫昆所建。

这些达斡尔族早期村屯，多与世家大族有关，在清代民国年间，出现了不少知名人物，在文中都给以介绍。例如咸丰年间的西安将军德兴阿为雅尔斯屯人，村西有其墓地墓碑。善宝屯是何布台（何维中）的家乡，以其祖父的名字命名，何布台在民国年间撰有《达古尔蒙古嫩流志》（1946）。额莫力梯屯（今名大二沟）是副都统双福的地窝棚（指在其领地内建的简易房子）。梅斯勒屯（梅里斯）是金耀洲（额尔登，纳文慕仁盟盟长）的家乡。罕伯岱屯是海拉尔副都统伊兴阿的家乡，民国初年的少郎岱夫起义即发生于此。塔格尔屯（塔哈）是钦同普（敖庆善）家乡，他撰有《达斡尔民族志稿》和许多乌春诗。婉容及其弟润麒是满那屯人。

此外，本文还记述了村屯附近的古迹。例如哈拉屯，"系胡尔拉斯哈勒（哈拉）之华尔提莫昆和鄂斯尔哈勒（哈拉）之何斯尔莫昆所建……哈拉屯北两里之许地方有辽金古城遗迹。"此城今称哈拉古城，是以哈拉村得名。笔者曾到此考察过，有人提出齐齐哈尔起源于此，是缺乏证据，不能成立的。

本书对 149 处达斡尔族村屯作了详细记载，为研究达斡尔族南迁以后的居住生活，提供了重要资料，具有很高的学术价值，与后来编印的《达斡尔族村屯录》（1993）一书，具有同等的功用，不可以不读。

清代前期达斡尔著族

——精奇里哈拉史地考

古清尧著。刊于《中国边疆史地研究》1994 年第 10 期，后收入《达斡尔族研究论文选》（2009）。作者是中国社会科学院民族学与人类学研究所《民族研究》编审。长期从事东北少数民族研究，与吕光天合撰有专著《贝加尔湖地区和黑龙江流域各族与中原的关系史》（1991）。

《黑龙江志稿》称精奇里氏为达斡尔族的"著姓"，故本文以此为题，述精奇里氏的居住地。"精奇里"又作"金奇里"，为同音异字。本文认为，"精奇里"原称"色博克"，后改"色博克"为"金奇里"。《清太宗实录》有"塞布奇峰巴尔达奇"贡貂的记载，本文认为"塞布奇"即"色博克"的同名异书。《金奇里哈拉族谱》有"此族住在黑龙江北岸金奇里江泽布奇峰"之言，本文认为"泽布奇"为"塞布奇"、"色博克"的同名异书，精奇里哈拉人最早的居住地是"泽布奇峰"，后来改称"精奇里"。此外，多科屯也是精奇里哈拉居住地，这是氏族繁衍分化所致。再后来，果博屯之温布特、博和里之额尔喷、噶尔塔孙屯之科奇、木丹屯之诺奇尼、都孙屯之奇鲁德、兀喇屯之博作户、得都尔屯之科约布鲁七屯之人也归附巴尔达奇，巴尔达奇的势力，由塞布奇屯、多科屯扩大到精奇里江下游地区。

本文认为，如果屯名与莫昆名称相一致，精奇里哈拉只有塞布奇、多科两个莫昆。《达斡尔族简史》附表所示金克尔（精奇里）哈拉内有色布克、索曲两个莫昆，是错误的。色布克是色博克、塞布奇的异书，索曲是省字音译。

本文认为，塞布奇峰即敖拉常兴《巡察额尔古纳河、格尔必齐河》诗中的"色布奇峰"，在西林木迪河（又作西林穆丹河）沿岸，即今俄罗斯之谢列姆札河。它比《达斡尔族简史》所定的位置更北一些。多科屯应是俄国考古学家诺维科夫、达斡尔斯基所说的"七湖城址"。进一步论证说，只有巴尔达齐才能有资格、有财力修筑这样的城堡。

本文认为，据海拉尔南屯发现的《金奇里哈拉族谱》和《八旗满洲氏族通谱》的记载，可知精奇里哈拉除巴尔达齐为代表的一支以外，还有札理穆、鄂谟尔托、谟廷为代表的分支。其族人封爵袭官者甚多，有轻车都尉2人，都统1人，副都统4人，并列表加以介绍。第一表为巴尔达齐一支，第二表为鄂谟尔托一支，第三麦为扎理穆一支，第四表为谟廷一支，第五表为支系不明者。上下四代，涉及到68人。精奇里哈拉的后人，多居住在齐齐哈尔市郊的梅里斯，"梅里斯"为"梅斯勒"之变称，为"冰"的意思。有一部分精奇里氏族人，于乾隆二十八年（1763）被迁到霍尔果斯河戍边。据调查，至今在新疆仍有"金克尔"、"泽布齐"人户。自乾隆以后，精奇里氏走向衰落，不见有高级官职的记载了。

古清尧此文资料翔实，叙事清楚，将精奇里氏的居住地考证很清楚，纠正了前人的失误，很有学术价值，很值得参考引用。是一篇少见的考证性文章。

八旗制度与清代前期索伦达呼尔社会

金鑫著。这是他在北京师范大学读书时，所作的博士毕业论文（2011年5月）。金鑫，达斡尔族，内蒙古莫力达瓦达斡尔自治旗人，毕业后为内蒙古大学讲师，今为副教授。论文油印，16开本，365页，约48万字。

作者精通满文。本文主要是利用《黑龙江将军衙门档案》（满文，中国第一历史档案馆缩微胶片）、《军机处满文录副奏折》（缩微胶片）、《宁古塔副都统衙门档案》（缩微胶片）、《顺治朝内阁题本》（缩微胶片）等等满文档案为主，并参考了俄国《历史文献补编》（中译本）和地方史志，专门研究清代前期，即后金天命元年（1616）至乾隆六十年（1795），清朝廷对索伦达呼尔人采取的政策，特别是在八旗制度下索伦达呼尔人在地域分布、经济生活、社会组织、阶级状况、军事、物质文化的发展变迁。由于充分利用了满文档案原始资料，因而其研究颇有深度，揭示了前人未及探讨的问题，提出了新见解，是一篇很有学术水平的成功之作。

本文认为，达呼尔人的莫昆、索伦人的毛哄，"二语俱承自于金代女真及契丹族（按：契丹族应为笔误）社会中的谋克，与满语的'穆昆'（mukūn）同源"（第25页），这是正确的，说明达斡尔、索伦受到了女真、满族的影响。这一问题本来是很明确的，然而有些学者却讳言此事，是不对的，缺乏实事求是的态度。

关于达斡尔人是否有"达呼尔哈拉"问题，长期以来处于疑似之间，缺乏足够的证据。本文提出，《八旗满洲氏族通谱》中有一个名叫"达瑚理"（dahūri）的姓氏，"世居乌呼里地方"。明末清初，在黑龙江上游南岸乌库尔河畔，有一个"兀库尔"城屯，乌呼里即兀库尔的别译，该屯人众自然应该是达呼尔哈拉的达呼尔人（第27页）。

本文提出，明末清初的索伦达呼尔两族，"其社会发展阶段正处在氏族社会的晚期，人奴役人的现象早已出现。在达斡尔语中，奴隶一词被称作'huatig'，与蒙古语的'borol'和满语的'aha'皆不相同。可见其奴隶制应当传承自其古老的祖先民族，而并非是后来从蒙古、满洲等周边民族那里传入的"（第32页）。根据一件满文档案的记载，有一名叫仆锡喇克提的奴仆先后四次出逃，均被他人捕获，后被一人用皮袄、貂皮、一匹马买下。本文认为："显然，早在黑龙江流域的独立发展期，索伦达呼尔社会中的奴隶，就已是作为一个失去人身自由的阶层来存在，他们完全成了主人的一种财产，可以各种形式被交易、转让"（第33页）。

关于明末清初博穆博果尔的族属，不少学者认为他是达呼尔族的首领。本文认为博穆博果尔是鄂温克人，"与达呼尔人比邻而居的鄂温克人，最著名的酋长是博穆博果尔"（第24页）。博穆博果尔反抗清朝时，许多索伦达呼尔村屯人参战，有人误为此时达呼尔形成了部落联盟。本文认为，这是以博穆博果尔为首的联军，共同抗击来犯之敌（第39页），这种认识是很正确的。

日本学者吉田金一著文《17世纪中叶黑龙江流域的原住民》（见《民族研究》1980年第6期），提出清朝施行过"兵将留守"制度，定期更换官员士兵在达呼尔屯落中驻守。本文认为，"细审其说……这一结论是不能成立的"（第49页）。实际情况是，"顺治年间，对仍然留居于黑龙江流域的索伦达斡尔人众，清政府既未颁行法律，也没有派官员实施任何监管，其一切社会事务都完全听凭其血缘组织内部自行处理"（第49页）。

康熙中叶以前索伦达呼尔所编组的牛录，本文认为："是清廷单纯出于行政管理与贡赋征收的需要而编设的非军事性社会组织。其不仅与满洲八旗牛录、蒙古扎萨克牛录多有不同，与后来编入驻防八旗的索伦达呼尔牛录也有很大的区别。因其成员原则上并不承担兵役，唯以维纳貂皮贡赋、承担各种杂贡、劳役，对朝廷履行封建义务，这些牛录为清朝官方称为布特哈牛录（bhthai niru），即打牲牛录。"

作者以上的这些见解都很重要。限于篇幅，不能过多的评述了。总之，作者精通满文，阅了大量满文档案，都属于第一手的原始资料，故而提出新颖的见解，具有很高的学术价值，成为研究达斡尔族历史的重要参考文献。

清代索伦达呼尔两族所适用的法律

金鑫著。刊毅松主编《达斡尔族研究》第十辑（2011 年 12 月内部版）第 63—83 页。金鑫，内蒙古大学历史与旅游文化学院讲师，今为副教授。达斡尔族人，原籍内蒙古莫力达瓦达斡尔族自治旗。

本文根据《黑龙江将军衙门档案》所存的满文史料，论述了索伦达呼尔两族所适用法律的变化和影响。

本文认为，清朝初年黑龙江地区的索伦达呼尔等部，在司法上也同扎萨克蒙古一样，归属于理藩院管理，适用于其制定颁行的《蒙古律书》及作为补充的各种现行则例。这是从满文记载的案例中得出的结论。据《大清会典》，"边内人在边法犯罪，依刑部律；边外人在边内犯罪，依蒙古律。"索伦达呼尔属于边外之人，自然不适用刑部律。按《蒙古律书》，有"设誓"和"罚牲"的规定，在处理证据不足的案件时，往往采用发誓的方法担保当事人无罪。如果设誓人甘愿担保，则被告人无罪；若不为之担保，则被告人有罪。所谓"罚牲"，就是向犯罪者罚取牲畜作为惩处手段，蒙古律有此规定。"设誓"、"罚牲"是一种比较原始的审判方式，具有习惯法的特点，在少数民族中比较盛行。清朝对少数民族是因俗而治，故而适用于布特哈地区，成为惯例。

自康熙二十二年（1683）设置黑龙江将军起，由于管理体制发生了变化，索伦达呼尔由理藩院管理改为由黑龙江将军管理，于是，自康熙二十三年（1684）以后，索伦达呼尔所适用的法律，便由蒙古法改为《大清律》。本文指出，由康熙二十三年至康熙三十年，清廷先后编设了三十九个索伦达呼尔的驻防官兵牛录以后，"这些牛录内的官兵被免除了貂贡，完全脱离了理藩院、总管衙门、原属牛录的管辖，而成为了将军治下的官兵。他们携带各自的家眷，在驻防城及其周围村屯内生活，与满洲、汉军、水师官兵，以后官庄、驿站人众交错而居。正因如此，其在所适用的法律上，也就自然而然地要同将军治下的满汉兵民相划一。"这种分析是正确的。

随着适用法律的改变，"在审断方法上，蒙古律中的'设誓'也很快停止使用。"并引用了黑龙江将军萨布素对玛布岱的嘱咐原话："索伦、达呼尔、锡伯等，既然皆使渐入于满洲之律例，不可依蒙古律而使之入誓。"不过蒙古律中的"罚牲"却予以保留，这是因为布特哈索伦达斡尔官员没有俸禄，罚俸的办法不能用于被告。故"比照蒙古之例罚取牲畜"，"若罚一年俸，总管取三九，副总管、佐领取二九，骁骑校取一九牲畜。"

本文在余论中明确指出："清代索伦达呼尔两族所适用的法律，在康熙二十二年以前，全为理藩院所制定的蒙古律法，而自康熙二十三年起，则逐渐开始改奉六部所制定的内地法规。首先是陆续编入到黑龙江驻防八旗中的索伦达呼尔官兵，随后是转归黑龙江将军直辖后的两族牲丁，由康熙三十四年开始，清政府已经全面改以内地满汉兵民所遵行的律令规章，来处理与索伦达呼尔人相关的一切司法事务。"

本文又指出，适用索伦达呼尔的司法制度的改变和完善，"也给索伦达呼尔人的生活带来了巨大的影响，推动了其社会历史发展的进步。国家法令的颁布与严格施行，极大地触动了两族内部旧有的社会关系，使公共权力由血缘组织，转入到了国家的官僚机构手中，使国家的意志成为规范两族人众行为的准绳，从根本上冲破了氏族部落制度的局限，为内地经济文化因素的引入扫清了障碍，极大地影响了后世索伦达呼尔两族社会面貌的变迁。"举例说，在婚俗上，禁止了两族传统的收继风习，违者"治以死罪"；还有在葬俗上，出现了"五服"之制。这都是社会风俗的进步。

关于达斡尔族的法律制度，研究人员少，发表的文章也很少，是一个空白。以前的学者，比较侧重于习惯法，习惯法只是其中的一个方面。本文以满文档案为依据，深刻地揭示了达呼尔人从蒙古法向内地《大清律》的转变过程以及这种转变的重大社会意义和影响，是比较深刻的、有说服力的，填补了达斡尔族历史研究的空白，很有参考价值，是一篇好文章。希望能有更多的学者投身于达斡尔族法律制度的研究，取得更加丰硕的成果。

齐齐哈尔建城史研究论集

——纪念建城 320 周年

杨优臣主编。民族出版社 2011 年 7 月出版，32 开本，375 页，32 万字。

本书前言称："编辑出版《齐齐哈尔建城史研究论集》一书，是为了纪念齐齐哈尔建城 320 周年……还有一个现实的目的，即还历史本来之面目。关于齐齐哈尔建城的时间，黑龙江将军衙门满文档案已有明确记载……但是，近几年却有'齐齐哈尔市城市纪元'、'齐齐哈尔城始源'、'庞葛即卜奎'、'哈拉古城即庞葛'等为主题的文章发表，并已得到一定范围的认可。为了正视康熙三十年（1691）建齐齐哈尔城的历史事实，为了使建城这一重大历史事实不便隐没，为了使历史更接近本来面目，《齐齐哈尔建城史研究论集》一书，集中收录了多年从事齐齐哈尔地方史志研究、对齐齐哈尔建城史颇具发言权的当地专家学者的研究成果以及部分外地专家学者的论文。这些论文客观公正地阐述了齐齐哈尔建城的时间、地址和建城过程以及相关历史。"

本书共收入论文 34 篇，附录 4 种。论

文分为两组，第一组论证嫩江流域是达斡尔族的世居之地，包括了达斡尔族村屯的分布情况和齐齐哈尔城的修建。其中吴维荣《嫩江流域达斡尔族早期村屯的建立》一文，详细记述了以齐齐哈尔城为中心的 78 个村屯的由来和达斡尔人所属的哈拉莫昆，以及该村屯涌现的著名人物，具有史料价值。杨优臣《'齐齐哈尔'和'卜奎'释义》、吴松江和郭盛春《关于齐齐哈尔村地理环境的考察报告》二文，指出齐齐哈尔城名来自达斡尔语，系指"由陡峭的土岗形成的牧场"。《考察报告》附有地貌的素描和示意图，加深了读者的认识，实为良法。

谭彦翘的 6 篇文章，论证了齐齐哈尔城址的选择和建城的时间。根据清代档案记载，该城选址于嫩江东岸卜奎驿站地方，修建的时间，始于乾隆三十年（1691）七月，主持施工修建的人，是副都统衔的索伦总管玛布岱。苏玉明、苏福荣二文，介绍了玛布岱的家世和经历，玛布岱与参加"尼布楚条约"签字的孟额德出于同一家族，玛布岱是孟额德之侄，由内廷侍卫升为索伦总管。

第二组为论证齐齐哈尔城史的文章。这些文章不赞成将梅里斯区的哈拉古城（辽金古城址）拟为齐齐哈尔城市起源的说法。王延华的文章驳斥了冯永谦、黄凤岐的哈拉古城即金代庞葛城之说，指出孟广耀将卜奎说成是庞葛城的音转或谐音是不能成立的。李龙的文章指出，彭占杰提出的"哈拉古城为庞葛城缺少直接证据，为齐齐哈尔建城时间更是不搭界。"

谭彦翘的文章指出，"卜奎不是金代的庞葛城"，这是针对《东北历史与文化》一书中的《庞葛城考》（张太湘撰）而提出的批驳，指出"清初的卜奎就是金初的庞葛"是不能成立的。刘玉河撰文与冯永谦、傅惟光商榷，指出冯、傅将哈拉古城确定为金初所建，是缺乏根据的，其实，哈拉古城建于辽代。陈志贵之文对彭占杰将金初东北路招讨司驻于庞葛城之说，提出了质疑，指出彭占杰将嫩江在辽代称乌纳水，在金代称鸭子沟，用以证明庞葛城是辽代乌古迪烈统军司驻地是错误的。陈志贵之文指出了彭占杰文的许多错误，限于篇幅，不便一一列出。

孙文政撰文《哈拉古城为金庞葛城说质疑》、杜春鹏和李丕华撰文

《辽代庞葛城遗址考》，都对哈拉古城为庞葛城之说提出了批评，不赞成冯永谦的说法。

由此可见，哈拉古城为金初庞葛城之说，齐齐哈尔城市纪元始于金初之说，是缺乏根据的，故而遭到了许多人的质疑和批驳，是不能成立的。

李龙说："齐齐哈尔建城时间的认定要进行科学的论证，要有基本的科学依据……要有文献记载……要有考古资料……因此否定齐齐哈尔建于1691年的论断是没有根据的。将齐齐哈尔城纪元提前到金朝初年，缺乏文献记载，缺乏可信的考古证据，自然不会被学术界所采纳接受。教训深刻，应当引以为鉴。"

新疆达斡尔族物质生活民俗研究

马改茹著。2010年撰，是作者的硕士论文。大16开本，正文54页，约5.3万字。附照片25幅。从网上下载。作者是新疆大学硕士研究生。

新疆的达斡尔，是1763年（乾隆二十八年）从黑龙江布特哈迁去的移民，称"索伦营"，是以戍边为任务。民国初年，裁军务农，以耕种为业，在塔城（塔尔巴哈台新城之简称）形成了村落至今。1954年于此成立瓜尔本社，1984年改称阿西尔达斡尔民族乡。

阿西尔达斡尔民族乡，位于塔城市区以北偏东18千米处，北依塔尔巴哈台山。本乡是多民族聚居之所，除达斡尔族以外，还有汉族、回族、哈萨克等等18个民族。据1990年全国人口调查，新疆维吾尔自治区共有达斡尔族4474人，其中塔城市4324人，占97%。阿西尔乡总人口10529人，其中达斡尔族2178人，占全乡的20%。

达斡尔族在黑龙江时是以渔猎为主，"布特哈"又称打牲、虞猎。到新疆塔城以后，这里是平原地区，达斡尔人是以耕种为生。再加上他们与汉族、回族、哈萨克族杂居，受此影响其生活方式有了一定的变化。作者对阿西尔乡的克浅村、上一棵村的达斡尔居民进行了实地调查，采访了一些年纪比较大的老人，取得了第一手资料，在此基础上撰写本篇论文。

作者从饮食、服饰、居住和交通等四个方面，对现在这里达斡尔族的物质生活民俗进行研究，用以揭示阿西尔乡达斡尔族民俗的种种表现和变化。

达斡尔的饮食虽然仍保留有黑龙江的故俗，然而又采纳接受了新疆当地的饮食方式，其变化比较明显。例如达斡尔人接受了新疆当地的"灰火烧饼"、"灰火麦圈"。这两种食品都是用燃烧完了的灰烬来烘烤面饼、面圈为食品，其烘烤的办法非常简单而原始。恩格斯曾指出，人类学会用火以后，在热灰和烧穴中煨烤淀粉质的根茎和块茎为食。20 世纪 90 年代，在塔克拉玛干沙漠尼雅遗址考古调查中，我曾发现了恩格斯所称的"烧穴"，与现在新疆用于烤馕的"馕坑"相同；随从考古的维吾尔族牵骆驼人，都是用篝火的灰烬来烘烤面饼为食。证明新疆的烤馕和烤饼有悠久的历史，是上古的遗风。这种作法在新疆相当普遍，达斡尔人的"灰火烧饼"、"灰火麦圈"的出现不偶然的，是从新疆当地学来的方法。在黑龙江达斡尔人捕鱼方便，在达斡尔语中和鱼有关的词汇非常多，丁石庆有专文介绍。到新疆以后，渔猎非常困难，不过达斡尔人将"饺子"包成有头有尾、十分逼真的"鱼饺"（见该文附图二），反映出了他们对昔日黑龙江渔猎生活的留恋和回忆。

就服饰而言，在新疆塔城阿西尔乡的达斡尔人，"平日生活中，达斡尔族人的服装与汉族人的服饰几乎完全相同"，只是到了本民族的节日活动，才穿上本民族的服装。这与内蒙古、黑龙江有些不同，在海拉尔、莫力达瓦有专门加工达斡尔民族服装的店铺，说明民族服装销路不错，穿民族服装的人要比新疆多。这可能与海拉尔、莫力达瓦达斡尔人比较集中，人口数量比较多有关。

阿西尔乡达斡尔住房，仍保留有传统的样式，变化不大，与莫力达瓦的住房相似。室内的结构和装饰，仍具有昔日的传统。例如有火炕，以西屋为上，住长辈；中间为厨房，东屋为儿子晚辈所居。房前有仓房、畜圈，房后有园田。新疆达斡尔人的交通工具，保留了传统的大轱辘车和雪橇，不过近年摩托车渐多，是为了适应社会生活的需要。

新疆达斡尔人的物质生活有了明显的变化，这是从山区到平原、从渔猎到耕种生活方法的变化所致。不过达斡尔族固有的生活习俗仍然保留许多，在饮食、服饰、居住、交通各方面都可以见到。作者认为，这是一种民族认同心理的具体表现，是很有道理的。生活方式的一致性。是民族凝聚力的无声语言；生活方式的变化是正常的现象，随着社会的发展和各民族之间交往的不断增多，任何一个民族都要与时俱进，不能停滞不前，这是不以个人意愿为转移的社会潮流，达斡尔族也不能例外。

达斡尔族萨满教述略

满都尔图著。本文原是《中国各族原始宗教资料集成·达斡尔卷》之绪论，后收入著者自编的《满都尔图民族学文集》299—307 页。

此文概述了达斡尔族信仰萨满教各个方面的问题，包括萨满教产生的自然环境和社会背景，萨满教的早期形态，萨满教的演变，萨满教与达斡尔族文化。今撮其要，略作评说。

作者认为，萨满教产生于渔猎时代。他的另一篇文章说，萨满教产生的时代，大约是母系氏族社会的晚期（见《中国阿尔泰语系诸民族的萨满教》）。就达斡尔族而言，在黑龙江以北生活时期，已进入铁器时代，早已脱离了母系氏族社会，那么，萨满教究竟始于何时？达斡尔是契丹后裔，契丹人是有萨满教的。契丹人信天、祭天，祭天要杀青牛白马；又用三白（白羊、白马、白雁）之血祭黑山，都是信仰萨满教的实例。因此，达斡尔人信仰萨满教，应当是来自契丹人。

作者是达斡尔人，对本族的萨满教知之甚详，论述的比较深刻。他指出，达斡尔族的萨满教崇拜有以下特点：

一是以自然神为主，如崇拜天神（腾格日·巴尔肯）、动物神（霍列力·巴尔肯）。二是早期的神是集体神，动物神多达 24 个神位组成，是众多神灵汇聚的群体。三是神灵、祭祀、萨满具有血缘性，每个莫昆都有自己的祖神。敖拉哈拉所祭祀的"霍列力"神，郭贝勒、鄂嫩等哈拉却不祭祀。它是一种只限于某一氏族（即作者所称的"血缘性"）所专有的神灵。

这种有趣的现象，可能与各氏族各有自己的居住地，彼此来往不多的封闭条件有关。四是各氏族供祭的祖先神，"既非其祖先，也非英雄人物，而是因各种特殊原因屈死者的冤魂"，如未出嫁的姑娘、女奴婢，反映出对其祖先的记忆相当模糊了。这种祭祀冤魂现象在其他民族也存在，笔者幼时居住的满族聚居区，老人们说屈死的人报复性特别强，会时时来作祟，非常恐惧，只好祭祀免灾。达斡尔人将冤魂当作祖先神来祭祀，也是出于同样的原因。如同现在人们常说的花钱免灾。

作者指出，达斡尔人编入八旗组织以后，由于同满族、汉族联系的加强，萨满教也发生了变化。其一是除来原先崇拜的本地神以外，又增加了不少外来神，如"城里的神"（浩终·巴尔肯）、"庙里的神"（苏木·巴尔肯）。其二神由原先集体的神向个体神和人格化方面转变。如娘娘神、巫西神就是个体神。神像除主神以外，又产生了副神。其三是萨满由血缘性巫师向地域性转化，出现了专领外来神的萨满，达斡尔语称作"博迪·雅德根"。最后是萨满的分工在不断扩大，有专治麻疹、天花的萨满的"斡托西"，有专治疥疮和正骨的萨满"巴尔西"，专门接产的助产萨满"巴列沁"等等。萨满教是一种很保守的宗教，是社会基础之上层建筑的高端，然而随着社会基础的改变，它也要产生一定的变化，以适应社会的需要。其他的宗教也是如此，例如佛教的唱经歌以前是以严肃著称，为了适应市场经济的需要，现在逐渐变成了悦耳可听的流行曲调。以唱雄壮的《青藏高原》而闻名的李娜，现在出家为僧尼，去唱委婉动听的《南无阿弥陀佛》佛曲，就是很好的例证。

萨满教是宗教，又是一种文化现象，只有引入文化因素，才能广为流传，"接地气"。因此，萨满教的文化气氛很浓重。萨满接神、送神时，要唱歌、要跳舞，用以悦神。所唱的歌曲、所跳的舞蹈，名义上是悦神，实际上是娱乐人，吸引有更多的人相信萨满教。作者最后介绍了萨满教与达斡尔族社会文化的关系，指出萨满的祷词词句优美，上下句押韵，对称呼应，"其艺术性，可以同达斡尔族任何一种诗歌体民间作品相媲美。达斡尔族萨满唱祷词的曲调原来多为高亢激昂而又简短，后来出现平稳缓慢，与词的内容相协调的曲调，而且其衬词亦由原来的简短的虚词，演变出具有点含义的实词。这些演变恰好与达斡尔族民间音乐的发展相合拍。"

本文虽属于概论，比较简短，然而所述比较精准、平实，学术价值比较高，对研究达斡尔族的萨满教，具有很高的参考价值，很值得阅读。

《蒙古问题》述评

陈志贵、杨优臣、何文君著。初刊《达斡尔族研究》第八辑 43—67 页，内蒙古大学出版社 2005 年 8 月出版。又收入《达斡尔族研究论文选》560—572 页，哈尔滨出版社 2009 年 10 月出版。陈志贵，原齐齐哈尔大学历史系主任、教授。杨优臣，黑龙江省民族研究学会达斡尔族分会会长。何文君，齐齐哈尔市达斡尔族学会理事长。

本文是纪念郭道甫诞辰 110 周年学术研讨会上宣读的论文。郭道甫（1894—?），本名墨尔森泰，俗称墨尔色，号浚黄，字道甫，内蒙古鄂温克族自治旗莫和尔图屯郭布勒哈拉人。是 20 世纪前期的社会活动家和民族民主革命者。《蒙古问题》原名《黄祸之复活》，1923 年 2 月出版，前有梁启超、白云梯所作的序言，全书约 3.5 万字。对郭氏此书过去褒贬不一，争议很大。本文在唯物史观的指导下，对此书予以客观坦诚的评议，是会上宣读的论文中，最有代表性的一种。本文认为，以前称此书是在宣传"大蒙古主义"、"泛蒙古主义"、"民族分裂主义"、"妄图建立蒙古帝国"，都是莫须有的罪名。

本文认为，《蒙古问题》是呼唤民族觉醒、救国救民的时代杰作。20 世纪初以来，凡称"大民族主义"（泛民族主义）者，往往都是势力较强、影响较大的国家，并有强烈的扩张欲望和侵略计划，自认为应该是一些国家和民族的领袖。如俄国的大斯拉夫主义、日本的大亚细亚主义、德国的泛日耳曼主义、美国的泛美主义。这些都与 20 世纪 20 年代蒙占的民族主义运动毫无相同之处。当时的蒙古族处在内忧外患之中，何谈"大蒙古主义"？"本书用客观的叙述，不敢杂以感情，其对于蒙古、对于中国、对于世界皆发挥互相了解、互相扶助之大义，亦未敢提倡极端之世界主义与极端之民族主义。"他只是要唤起民众起来，为参与世界的改造、民族的独立、为人类谋求完全幸福去贡献力量。至于说他主张建立蒙古帝国，纯属子虚乌有。

《蒙古问题》里，确有脱离中国而独立的文字记载："蒙古者，蒙古人之蒙古也……今谓与中国有密切之关系，则可谓中国之蒙古，实不可也……以蒙古为中华民国之一部，其误实甚。"以上数语与达乌里蒙古临时政府有关，1919 年春，俄国白匪谢苗诺夫和内蒙古巴布扎布曾策划成立由外蒙、内蒙古、呼伦贝尔、布里雅特组成全蒙中央政府，指定达乌里为临时政府地点，其实同年即瓦解。郭道甫引录此文，是鉴于"蒙古终非中国所能独断之问题，即今中国能行独断，然不得蒙古民族之自决同意加入中华民国，亦终不能划归其领土范围之内。"实则是希望中国政府能采取正确做法，争得蒙古民族理解，通过自决，同意将蒙古划归于中国民国范围之内。这恰是不赞成民族分裂之举。

在中国内部实现蒙古自治，是《蒙古问题》的基本主张。郭道甫以蒙古人身份撰写的《敬告外蒙国民政府当道书》说："窃维吾蒙古自一次独立政府、外蒙自治政府以至今日之国民政府，其成之也得之外援，其毁之也来自外援，甚至吾民族之无端遭殃、横罹（涂）炭也，亦莫不起自外援。故十年以来吾蒙古之一兴一废，或治或乱，常随外援之代替以为转移，此系事实毋庸讳言。今吾政府既本民主而成立，理应发挥自决自治之正义。对于中俄两邻一视同仁，不当入主出奴或口是心非，以致一误再误，终为人弄。"与此同时，他还指出"中华民国"能否正确对待蒙藏问题是五族共和的关键。

郭道甫提出，创办蒙汉大学是解决蒙古问题的根本方法。他看到"民族主义之发达，寓以言语文字之差为之先导故耳。……是故，言语文字者，乃民族之代表也。若欲沟通世界民族间之同情，必先注重沟通语言文字之利器……故望蒙藏各族之自决自治起见，亦不能不设法促进蒙藏各族之言语文字之发达进步，此中华民国曾尊重各族言语文字之必要也。"他认为，除发展教育之外，而用政治、外交、武力等手段，都不能从根本上解决蒙古问题。

本文结束语说，《蒙古问题》成书于中国现代民族民主革命之初，难免有时代、历史等多种局限之痕迹。然而，它却不失为反映历史进步潮流，剖析时代特点，意在拯救国家与民族危亡的革命杰作。并引用梁启超之言："自今以往，吾汉人宜彻底的觉悟，努力扶助蒙古人，使养成完全自治之能力，将来以联邦的形式共荣于五色国旗之下，蒙古人亦宜彻底的觉悟。"

达斡尔族萨满服饰艺术研究

王瑞华、孙萌著，黑龙江大学出版社 2012 年 11 月出版。系黑龙江省社会科学学术著作出版资助项目。

作者王瑞华、孙萌是齐齐哈尔大学美术与艺术学院服装设计专业教师，王瑞华为副教授，著有《中国画构成表现艺术》、《三维设计基础》、《布言布语》（纤维材料的形态与表现），此书是她的第四部专著。

陈志贵（齐齐哈尔大学教授）在序言中指出，本书深化了萨满服饰艺术研究，发展了现代服饰设计；融达斡尔族风情与萨满服饰艺术于一体，创设当代新服饰；深入挖掘历史文化资源，资料翔实丰富。

本书前言称，本书的萨满服饰资料，来源于对博物馆、展览馆和达斡尔族聚居的齐齐哈尔梅里斯区哈拉新村的实地调查，取得了珍贵的原始资料，从现代设计角度出发，认识传统、解析传统并注释现代，打造出达斡尔族具有时代特征的原创设计作品，从而更好地促进达斡尔族民族艺术的发展。

作者在绪论中提出，达斡尔族萨满服饰的造型与装饰，绝非简单的日常服饰，而是原始宗教服饰，起源于萨满教观念。萨满服饰有与一般服饰艺术所不同的造型特征与装饰特征。萨满服饰属于萨满文化的一部分，是萨满文化的外在表现形式，是萨满文化的重要标志。萨满的装扮既区别于众人又方便与神灵沟通，包括萨满面具、神帽、神衣、神靴、神鼓，每一物件都与萨满信仰融为一体。这种认识无疑都是很深刻，揭示了萨满服饰的本质。

本书共分为六章，分别介绍了
达斡尔族萨满服饰的造型艺术、装
饰艺术、服饰艺术的审美特征、萨
满服饰艺术的应用思维与方法、达
斡尔风情及萨满服饰艺术的图案设
计应用实践、达斡尔萨满艺术形式
的服装设计应用实践，将具有代表
性的达斡尔族萨满服饰的造型与装
饰形式，运用到现代设计领域的图
案设计和服装设计的应用实践中，
将传统艺术与现代设计充分结合，
达到古为今用的目的。

　　本书应用了大量的照片（实物照片）和图案，是本书的显著特点，据
初步统计仅彩色照片就达 500 余幅（图案未作统计）。照片、图案生动直
观，不仅有助于文字论述，也给读者留下了特别深刻的印象。

　　达斡尔族的传统文化，包含的范围很大，萨满文化是其中很重要的一
项。萨满文化又包括有萨满音乐，即"雅德根·伊若"。萨满音乐颇受重
视，整理记录萨满歌曲的论著比较多，而对萨满服饰的研究稍嫌冷落一
些。王瑞华、孙萌《达斡尔族萨满服饰艺术研究》一书，则填补了这方面
的空白，故被列为齐齐哈尔大学和黑龙江省的研究项目。研究达斡尔族传
统文化，不能停留在艺术欣赏的状态，而应当吸取其精华，为当前的社会
主义经济建设服务，要应用于社会实践。本书在这方面成为一个良好的开
端，具有启示作用，是很值得重视的。

达斡尔族传统科学技术初探

毅松著。刊《达斡尔族研究》第七辑 380—390 页。内蒙古大学出版社 2000 年 12 月出版。毅松（1960—）黑龙江省讷河县开阔浅屯鄂嫩哈拉人。内蒙古社会科学院副院长、研究员，作此文时为民族研究所所长。

本文介绍了达斡尔族固有的科学技术。首先介绍天象观测与计量知识。天象观测和人们的生产生活密切相关，是一门产生很早的天文知识，达斡尔族也不例外。像其他民族一样，把太阳的观测看得特别重要。以太阳的运转来确认方向和时辰。把东方称作"太阳升起的那边"，把西方认为是"太阳落去的那边"。对于一天中的不同时间，有不同的称谓。把太阳初升称作早晨。用太阳升了几个椽子高度，来表示上午的时间。太阳刚落时称作"笼古日"，日落以后称"哦列阔"（即晚上）。入夜称"素尼"，晚上十点左右称"乌切日"。午夜称"素尼·端得"。天亮称"给·瓦日贝"。以日照时间的长短区别季节，日照时间最长时为盛夏，日照时间最短时为隆冬。

达斡尔族也把对月亮、星辰作为观测内容。以朔月经望月再到朔月为一个月，即以月亮的出没为标准。有小月、大月和闰月之别。以月亮圆缺的程度，判断当月中的日期。用"索乌勒"星与月亮的相对位置，预测降雨的多少，认为此星在月亮之上会雨水大，在月亮以下会雨水小。农历二月时的观测会更准确。

达斡尔人把北极星称作"阿勒坦·嘎特"，可译为金桩子，认为它是天的肚脐，永远不动。夜里可以观测北极星定方位。冬季的夜晚，也用观看三星（郭日比得）确定时辰，认为三星在东侧烟囱时是入夜，约晚上八九点时分；三星到院门时为晚间十时左右，它"甩尾巴"时，就快亮天了。按：用月亮、星辰的观测，来确定时间，在满族、汉族农村中并不少见。在20世纪50年代，辽东农村也是如此。

达斡尔族将每天的12个时辰，分为鼠、牛、虎、兔、龙、蛇、马、羊、猴、鸡、狗、猪时，即用动物来表示。天干用不同的颜色来表示，甲为绿，乙为淡绿，丙为红，丁为淡红，戊为黄，己为淡黄，庚为白，辛为灰白，壬为黑，癸为灰黑。过去，达斡尔人用天干地支称谓时间。懂满文的人，掌握较多的天文历法知识。按：有可能是从满族传入的。

在计量方面，用"苏莫"（拇指与食指张开的距离）、"阿勒得"（即庹，两臂伸开的距离）来表示长度。按：这是一种很原始的办法，在别的民族中也存在。有的地方用几个人手拉手的办法测量古树的周长，称作"围"，与此很相似。用人体的"庹"、"步"测量长度，有久远的历史。

达斡尔族的传统医药，具有民族特点。由于采集、狩猎发现了草药可以治病，升麻煮水能治腰腿关节痛，蝙蝠煮水可治尿道不畅、尿血症，苍耳煮水可治风湿病，斩龙草可以消炎消肿，稠李子皮可治发热头痛，白艾的药物作用广泛，五月初五采艾其效用尤佳，可治关节痛、疮疥，吃榆蒿芽可以顺气有助消化。野生动物的某些部位，如狍子肝、鹿茸、鹿心血、獾油都可以治病。还有扎针、拔罐、踩背、掐穴等物理疗法。作者认为，达斡尔族的医药，"总的来说，它还处于'经验'的水平上。"

在房舍建筑中，立柱下部包裹桦树皮、填草木灰，用以防腐，房柱上涂抹苏子油防腐，仓房底部悬空防水、防鼠，有利于谷物长期保存。大轱辘车（勒勒车）用黑桦木、柞木为料，取其结实耐用。农作物以早熟的农作物为主，用以适应无霜期短的气候条件。土法榨苏子油，用牛奶和稷子米制酒，称达斡尔酒。这些都证明达斡尔族人善于利用当地的环境和物产，发明了许多科学的办法。这是值得深入研究和总结的。

不过需要指出的，上述达斡尔族的科学技术，可能受到邻族的影响，甚至继承了契丹人的传统，如制造大轱辘车就是一例。

在达斡尔语中使用着，而在现代蒙古语中已经消失了的《蒙古秘史》词汇

阿尔达扎布著。见于毅松主编《达斡尔族研究》第七辑 162—181 页，内蒙古大学出版社 2000 年 12 月出版。后收入《达斡尔资料集》第四集 277—288 页。阿尔达扎布（1936.10—），内蒙古鄂温克自治旗莫和尔图屯敖拉哈拉人。毕业于蒙古国国立大学蒙古语言文学系，《蒙古秘史》研究专家，著有《〈蒙古秘史〉还原注释》（1986）、《新译集注〈蒙古秘史〉》（2005）。

其文称：

我们在阅读和研究《蒙古秘史》的词汇时，时常碰到 13 世纪的难解词。这些词通过与达斡尔语的比较，却能把一些难解词准确、容易地解释通……在我整理出的《〈蒙古秘史〉词汇索引》中尽有 8 千多个词头，达斡尔语词汇在其中摘录出 1270 多个词，在注释《蒙古秘史》的 13 世纪的难解词时，这些词起了关键作用，解决了一部分难解词……从《蒙古秘史》的词汇中找到达斡尔语，反映了达斡尔语中保留着 13 世纪时期的蒙古语，也证明了达斡尔语在 13 世纪时，就是活着的语言。

本文录出的达斡尔语词汇，一共有名词 23 个，代词 9 个，形容词 7 个，动词 32 个，副词 7 个，地名 2 个，动物名 4 个，以上 84 个词属在达斡尔语中尚存、而在蒙古语中已消去的词汇。另外还有"因为音的变化，部分词义改变了的词汇"，其中名词 7 个，动词 12 个，形容词 2 个，副词

1个，合计22个。这种语言中存在的共同现象，具有深入研究的价值。

大量事实表明，达斡尔是契丹后裔。辽朝灭亡以后，一部分契丹人在中亚建立了西辽（哈剌契丹）王朝，一部分北迁到根河以北山区以狩猎为生，还有一部分成为金朝的属民。成吉思汗兴起以后，有许多契丹人投附成吉思汗麾下，帮助蒙古人灭金、灭宋、灭大理。在这个过程中契丹人与蒙古人有了频繁的接触，接受了蒙古语，以便于沟通。达斡尔人的祖先是契丹人，其学会13世纪的蒙古语是很自然的。到了明代，达斡尔受科尔沁蒙古管辖，来往频繁，又进一步掌握蒙古语。

本文列举的词汇中，名词研究价值比较高，从中可以看出其生活方式。这些名词多与狩猎有关，蒙古人经历了狩猎生活，森林蒙古（布列雅特蒙古）是蒙古的重要组成部分，后来转变为以游牧为主，于是与狩猎有关的词语逐渐消失了。而达斡尔的祖先曾长期以森林狩猎为业，达斡尔在黑龙江以北和南迁嫩江以后，狩猎贡貂成为其重要产业。这样，与狩猎有关的词语便从元代一直保留到现代。要消除一种误解，不能以达斡尔语中有蒙古语，即断定达斡尔人为蒙古族的一部分。语族和民族是两回事，据中国科学院语言研究所的研究，达斡尔语是蒙古语族中的一个独立的语支。

本文作者提出："本文只不过是词与词的表面上的比较，若再从深层次的角度研究，还有可能找出更细微的差别或不同之处。"作者此言甚有远见，在此基础上还应进一步加深研究，从一般直观的感性认识，要上升为高层次的理性认识，要从民族关系的角度寻找原因，才能找到正确的答案。

额尔古纳河格尔必齐河巡察记

敖常兴（1809—1885）撰。其本姓敖拉氏，故又称敖拉·常兴。字治田，或作芝田，达斡尔族名阿拉布旦，或作阿拉布登。呼伦贝尔正白旗敖拉哈拉人，或说是镶黑旗、镶黄旗人。出生于今鄂温克族自治旗巴彦托海，旧称双宝佐。其父任旗佐领，敖拉·常兴也担任佐领之职。咸丰元年（1851），他奉命与黑龙江城协领崇安、佐领富明阿（寿山之父）一同率领官兵巡察额尔古纳河、格尔必齐河。敖拉·常兴在巡边期间，用满文诗的形式，记录了所见所闻，被达斡尔人称作"乌钦"或"乌春"。《巡边记》原稿共 340 行，系其四世孙明凌（笔贴氏）亲笔抄录，原件存黑龙江省博物馆。原诗无题名，题名为后人所加。

据《敖拉姓总家谱》之序言，其祖先原来居住在黑龙江上游的多金。崇德年间（1636—1643），敖拉常兴的高祖敖拉·呼力日肯率其九子归附清朝有功，被赏赐为三等男爵，并赐给三个佐领官位，由其子孙世袭。称第一佐领、第二佐领、第三佐领。敖拉·常兴祖父范恰布任第一佐领，其父沃克全诺任第一佐领，敖拉·常兴任镶黄旗第一佐领。

清代黑龙江的巡边制度，始于康熙二十八年（1689）年中俄签订《尼布楚条约》以后，双方规定以额尔古纳河、格尔必奇河为界。并在额尔古纳河口、格尔必齐河口树立分界碑，为了防止俄国入侵，随后建立了巡边制度，乾隆三十年确定每年都要巡边，检查界碑和封堆（鄂博），巡边时要把官员姓名、职务、年月时间写在木牌上树立在山上，第二年查边时更换新木牌。巡边时间是在五月冰雪融化以后，巡边结果于七月上报理藩院。巡边制度一直持续到清朝末年。在边界上设有卡伦（哨所），巡边时必须检查各卡伦情况。在呼伦贝尔境内，沿边先后设立了 15 个卡伦（哨所）。

敖拉·常兴以"乌钦"诗歌记载了巡边的见闻。开头称："明君即位，咸丰元年，奉从皇帝御旨，去额尔古纳、格尔必齐巡边"；"先观察罗刹（指俄国）动向，再探明乌第河源。"乌第河南为清朝领土。他记载，途中经过了库克多博卡伦、珠尔特伊卡伦、乌契卡伦，在这里停留。巡边是在额尔古纳河上，"乘坐轻捷的桦皮船"，从墨里勒河到额尔古纳河口，"一千五百里水上行舟"，看到了"二十八个俄罗斯山村"，河中有险滩巨石"鬼山"，在河的西岸见到了纳米雅儿族（鄂温克族的一支），在河上乘船走行了十六天，才到达额尔古纳河口岸。然后转入黑龙江，经过了雅克萨城，"是敖拉哈拉的发祥地"，又经过了"天然要隘乌鲁苏穆丹"，这里是"乌尔苏莫昆的发源地"，"当年击败罗刹的大炮，还在巍峨的龙头山顶"，"呼玛河水又清又亮"，"敖勒都和博罗穆丹河畔，是鄂伦春散居的故乡"，"黑龙江上游河岔——呼玛河口、呼玛河湾；瑷珲城北的村落——大萨哈连、小萨哈连。"

在巡察格尔必齐河途中，他写道："结雅河的源头，精奇里江波平浪稳。注入西拉姆伦河的，西林莫迪河流急水深。"结雅河、精奇里江、西拉姆伦河是同一条河流，"西拉姆伦河"是黄水的意思，是以河水呈黄色得名。他登上了外兴安岭，"进入茫茫的原始森林，幽暗的白天也像夜晚。"他到达了乌第河源，"从外兴安岭顶峰，直到乌第河岸，屈指算一算啊，约有二百多里远。"他记载，参加河源考察的，有"九十六名勇士"，"在英肯河转变处，吟诵'扎恩达勒'、'乌钦'的声浪，响彻河滩山谷。"在归途中，"乘坐六条大船，在精奇里江上飞奔"，"十五天以后，抵达了瑷珲城。"最后，他写到："查看乌第河的，自古曾有谁人？唯我孤身亲临，为传后世写下'乌钦'。"

敖拉·常兴的巡边诗，记录了旅途中所见的山河、古迹、少数民族，极有学术价值，至今仍值得参考；他对山河的吟咏，体现了他的爱国情怀；达斡尔族特有的"乌钦"，时代最早的便是敖拉·常兴的巡边记，开创了"乌钦"诗的先河。这篇诗作属于记事诗，为后人提供了许多史实，对于研究达斡尔族历史和文学，都是必读的珍贵资料。

郭布罗氏莽乃屯族谱

郭布罗又作郭博尔，原居精奇里江脱木河卫所属之境域。称郭贝勒阿彦屯。为今俄罗斯阿穆尔省境内托摩河（即脱木河）南岸。清顺治六年（1649）南迁到嫩江支流讷莫尔河北岸居住，分为两支：一支居满乃浅，另一支居塔文浅。满乃浅又作莽乃浅，达斡尔语称"满乃贝"，意为英雄辈出的村屯。共分为四屯。在今黑龙江省讷河市龙河镇所在地。

本族谱用满文书写，旁注汉文，只注明其名字，未注明其身份和事迹。均系手笔而书。画横线若干，旁注明1、2、3至20，以示其辈分。共93纸。似以家族为单位，分别记载。未注明各代人生活的时代和享年，很难比较各家族延续的早晚和长短。

例如第一纸载，其始祖名叫芒基，其二代名叫摩不隆格，第四、第五、第六、第七各代空白，至第八代人名，一直持续到第十五代，自第十六代以后又是空白。第一代芒基是何时人，其第十五代为何时人，均不可知。

第二纸始于第六代，止于第十五代；第三纸始于第八代，止于第十六代；第四纸始于第五代，止于第十六代；第五纸始于第五代，止于第十三代。它们之间的联系，很难使人看清楚。由于没有注明时代，各家谱之前后也很难进行比较。这种家谱的功用，显然是让后世子孙记住其先人的名字和次序，知道自己的由来，便于祭祀而已。其祖先的业绩，未记入谱中，只能靠口耳相传，难免会产生种种的讹误。

康熙年间始办官学，达斡尔官宦子弟始入学读书，掌握了满文。满文的族谱，应是康熙以后的事情，本族谱撰于乾隆二年（1737），对其前人的事迹不太了解，只记得其前后世系，故而这种族谱的撰写显得很简单，属于学术界所称的世系表或统系表。

此族谱中，有后人增补的手迹，见第30页、第31页、第34页、第39页、第50页。

本郭布罗氏莽乃族谱，收入《达斡尔资料集》第五集5—97页，民族出版社2004年3月出版。据编者前言，"原谱由图们台保存，新谱由莫日根布和保存。"

敖拉氏多金·奎力浅姓氏族谱

收入《达斡尔资料集》第五集 254 – 321 页。民族出版社 2004 年 3 月出版。

其序言称：

我们多金莫昆是敖拉哈拉涂克冬爱瞒乌力斯毕尔吉人。我敖拉哈拉之始乌力斯曾在涂克冬河上游居住。我多金莫昆之始祖克里热肯号安古拉，东国（左）德笃勒爱里额斤汗，崇德年间率九子归附后金，帝赐三等男爵，世袭催、佐领三员。康熙三十六年议立族谱，道光三年续之，民国 16 年在拉日浅续谱，康熙六年续谱分立奎力浅族谱。我奎力浅五爱里（即上述四个爱里，还有库图热奎力浅郭尼）之始祖下传迫隆祖，迫隆祖下传绰查赖祖爷，他再下传索罗洪，索罗洪下传罗霍保。我第五代祖先，下分支立五爱里。

我奎力浅自 1939 年续谱，至今已有 50 年矣。先辈们虽曾为保存族谱而费心操劳，但在"文革"期间遭劫而被焚毁。经我祖辈之努力，现找到幸存一份原谱部分，以传至今……可惜续之部分，隔代不完整，后又经各爱里共同努力年余，各续各系，方得进展……1988 年 8 月 20 日。

文中所称之"东国（左）德笃勒爱里额斤汗"、"隆祖"均属于私授之尊号，所谓"东国"是指后金而言，在历史上又称朝鲜为东国，不能相混同。

敖拉氏南迁嫩江流域以后，有华日格奎力浅、库莫奎力浅、博木果尔奎力浅、绘图奎力浅，绘图奎力浅又迁到嫩江以西今莫力达瓦旗郭尼河畔，今称郭尼村（霍库日奎力浅）。其余三浅均在黑龙江省讷河市金发村。因此，本族谱不包括绘图奎力浅之族人。

文称道光三年（1823）续谱之事，在族谱中不见有说明。民国十六年（1927），伪满洲国康德六年（1939）两次续谱之事，在族谱中有明确记载，见256－257、262－263页。1988年之续谱，属于第四次续修。

本谱以胡礼热恳为太祖，属于私授之尊号，即本族的始祖序称。胡礼热恳有九子，表上只见八人：名叫霍勒提耶、达热洪达、孔得、迨隆、保图日、考莫绰奈、克孔得、霍雅，不知何故？或许有一子之后人西迁到莫力达瓦之故也。

以下的族谱世系，便以此八人为中心记录。其中有一支始祖名叫哈日勒待，后来迁入新疆，传八代，是1988年补入的。

族谱正文是按宣赫奎力浅爱里、库莫奎力浅爱里、博木果尔奎力浅爱里、华日格沁奎力浅爱里的顺序分别记载。在达斡语中，"爱里"指村屯而言，"浅"指族人所聚的地方，最初似有村屯（自然屯）的意思，现在这种说法很少见了。

莫日登姓氏族谱

收入《达斡尔资料集》第五集 98 – 212 页。民族出版社 2004 年 3 月出版。

编辑说明称：

1. 在 1954 年重修族谱的基础上，续写《达斡尔族布特哈莫日登哈拉族谱》。

2. 续写族谱，其时间断为上迄初建七屯前的清朝初年，下限一般断至 1998 年（个别有延伸的），凡四百年。其重点为 1954 年出生者与因种种原因未曾入谱者。

3. 本谱地域范围，主要是历史上的布特哈莫日登哈拉居住地区，也包括以后由这一地区调防和迁往其他地区者，如内蒙古的海拉尔区、鄂温克族自治旗、呼和浩特市及新疆维吾尔自治区的塔城地区等。

4. 布特哈地区和黑龙江省齐齐哈尔地区莫日登哈拉本是同宗一族的骨肉同胞，但由于南迁的时间、地域不同，始立族谱又在南迁之后，因此，续写的族谱未将齐齐哈尔莫日登哈拉包括在内。

5. 族谱以横表形式，分 14 个屯介绍莫日登哈拉十几代谱系（个别至二十代）情况。

6. 考虑到时代变化……特将本哈拉女性收录，重点是 1954 年以后出生者。

本族谱首先列出莫日登哈拉始祖萨哈吉长孙松塔尼、次孙阿尔迪乃、三孙德义的前五代子孙的辈分、名字和身份，他们有人为将军、副都统、总管、佐领、骁骑校，应生活在清代的前期和中期。由于缺乏纪年，其确切的时代已不得而知。

以下按照族人所居住的 14 个村屯，分别介绍了莫日登哈拉族人的族谱。达斡尔人南迁以后，通常是血缘关系的亲疏分别建立村屯居住，因此，同一村屯往往是同一莫昆之人。

记入族谱的 14 个村屯，按族谱的先后次序分别是：

1. 阿尔哈浅尼尔基，尼尔基为今莫力达瓦旗旗政府驻地。

2. 怀纳（后）宜卧奇。宜卧奇，顺治初年建屯，达斡尔语初称“西布奇”，后讹为“宜卧奇”，分前、腰（中）、后三屯，清代的布特哈总管衙门驻后宜卧奇。位于尼尔基镇北 4000 米，清初为莫日登哈拉冲罗莫昆居住地。见卜林主编《达斡尔族村屯录》。

3. 乌其肯（小）莫日登（含小库木尔）。乌其肯在嫩江西岸转弯处，达斡尔语称“乌其肯”，在尼尔其镇南 6 千米处，顺治初年建屯，为冲罗莫昆所居。见《村屯录》。

4. 阿尔哈浅。阿尔哈浅在嫩江东岸，又称“二克浅”，冲罗莫昆于民国年间迁此建屯，今属莫力达瓦旗阿尔拉镇阿尔哈浅村。见《村屯录》。

5. 开塔拉。

6. 端德（腰）宜卧奇（含乌热托尔苏）。“腰宜卧奇”即中宜卧奇，北方人多将中间之“中”称作“腰”，犹人体之中腰意。腰（中）宜卧奇在后宜卧奇之南 1000 米处。

7. 端德（腰）宜卧奇。同前屯，同一屯中有不同的家族，故分别列家谱。

8. 塔温浅尼尔基。尼尔基为今莫力达瓦旗政府驻地，地域范围不断扩大，除阿尔哈浅以外，还包括有原塔温浅居住地。

9. 额莫勒（前）宜卧奇。译为汉语即前宜卧奇，与中（腰）、后宜卧奇村相邻。

10. 绘图勒（绘图）莫日登（含西瓦尔图）。达斡尔语称最后或最小为"绘图"（KOITUL），在嫩江西岸转弯处。见《村屯录》。

11. 博克图莫日登。"博克图"，达斡尔语为"山"之意。此屯近山，在尼尔基镇西 12 千米处，顺治初年冲罗莫昆建屯。见《村屯录》。

12. 怀讷（后）莫日登。

13. 宜和（大）莫日登（含大库木尔）。冲罗莫昆于顺治初年在此建屯，在嫩江西岸大转弯处，今称大莫丁村，北距尼尔基镇 4 千米。

14. 乌尔科莫日登。"乌尔科"是由金代界壕边堡得名，该屯在尼尔基镇西北 15 千米，今为莫力达瓦旗乌尔科乡政府驻地。

末附文两件，一为东布特哈地区莫日登哈拉尚未接续家谱者；二为新疆地区莫日登哈拉尚未接续上族谱者。

莫日登哈拉，现在多改称汉语的孟氏。近代的孟定恭、孟希舜，当代的孟志东，都出自莫日登哈拉的不同莫昆。

科伊古热杜拉尔姓氏族谱

收入敖拉·乐志德主编的《达斡尔资料集》第五集 213－253 页。民族出版社 2004 年 3 月出版。

前言称：

2003 年 2 月，现任莫旗民族事务局局长杜德金（科伊古热杜拉尔氏）建议，将科伊古热杜拉尔姓氏族谱进行整理后，刊在《达斡尔资料集》上。杜成山等几位经研究决定同意将其交《达斡尔资料集》编委会整理，并交稿刊载。

杜拉尔氏族谱由那顺达来先生整理完成。

按：那顺达来（1932.11—），黑龙江省讷河县舍卧尔托尔苏屯莫日登哈拉人，毕业于扎兰屯简易师专，长期从事教育工作，精通汉语、满语，撰有《汉达词典》，2001 年内蒙古大学出版社出版。见《达斡尔族百科词典》414 页。本族谱用满文、汉文合璧而书，末注"乾隆二年"4 字。乾隆二年为公元 1737 年，是修撰比较早的一种族谱。今见之族谱，文字比较工整清晰，用横线列表，旁标注 1、2、3……等等数字，以示辈分。其中有些所列多达 17 辈、20 辈（见 249 页、248 页），如以每代按 25 年计算，则长达 500 年以上，不过其中有两代间断，没有人名，留下空白。即使不计算空白，也有 450 年之久，即从清朝初年延续到新世纪初年。

由于对族谱所列人名未注明年代和事迹，只记录了先人的承继关系，属于统系表式的族谱，对族内人而言是很必要的，不过其学术价值却受到了一定的影响，如其人无官爵、不见于记载，其事迹很难被外人所知了。

"科伊古热"属于村屯之名，应在今莫力达瓦旗境内，其具体位置待查。

从行文格式来看，此族谱是由许多家谱合编而成。他们属于同哈拉，又居住于同一村屯，故冠以"科伊古热杜拉尔姓氏族谱"字样。

绰尔哈苏都日哈拉家谱

收入《达斡尔资料集》第五集 322－358 页。民族出版社 2004 年 3 月出版。这是一本很有学术价值的家谱。

该家谱分为满文、汉文两种。满文家谱据其注记，分两次修撰。第一次修撰为道光二十九年（1849），又有"光绪五年农历四月二十日整理"，应属第二次补修。

苏都日哈拉原居住在黑龙江北，在精奇里江（结雅河）注入黑龙江之"托固勒金"地方。顺治八年（1651）九月决定南迁，到达了嫩江流域，形成了村屯。"绰尔哈"（又作绰日哈）便是其中村屯之一，又称绰日格勒浅。由于地近嫩江，被洪水所浸，后来迁移到今甘南县绰日哈村（今称同盟村），属东阳镇辖地。故家谱前冠以"绰尔哈"三字，以示此家族来源于此。

据家谱所载，绰尔哈苏都日哈拉始祖名叫奇卿，有二子名叫那日布、福章基。那日布之子名布德，布德之子名玛布岱，率达斡尔兵丁修建了齐齐哈尔城，任副都统。其新建之墓在齐齐哈尔郊区梅里斯。2011 年夏，我曾亲临其地出席揭幕典礼。福章基有二子，一名绰奔、一名孟额德，孟额德为二等侍卫，后任副都统，参加中俄"尼布楚"谈判和《尼布楚条约》的签订，是中方代表团的重要成员。孟额德之墓亦在梅里斯。孟额德与玛布岱是叔侄关系，他们的墓前都有高大的石碑，述其生平事迹和贡献。

综观《绰哈尔苏都日哈拉家谱》，这一家族的成员几乎全部收入。由于续修终止于 2000 年 6 月，女性的地位和作用日显重要。因此，改变了旧家谱重男轻女的惯例，增补了许多苏氏女性入谱。这是一种新现象，颇堪注意。

在历史上，苏都日哈拉属于强宗大族，为国家为民族做贡献者大有人在。因此，《绰尔哈苏都日哈拉家谱》虽非此哈拉的总族谱，只是一个家族的家谱，然而其学术价值不可低估，仍是研究达斡尔族历史极为重要的参考资料，应广为利用，与文献记载可以互相参证。

库莫那彦、杜波塔木浅、
阿彦塔本浅姓氏族谱

    收入乐志德主编的《达斡尔资料集》第八集 1 – 14 页，民族出版社 2008 年 7 月出版。

    前署：那顺达来整理。后署：库莫那彦、杜博塔木浅、阿彦塔本浅家谱。满洲国康德三年正月办理。康德三年为中华民国二十五年、公元 1936 年。此家谱应是初撰于 1936 年，近年由那顺达来整理。那顺达来（1932—），黑龙江讷河县达斡尔族人，达斡尔学者，撰有《汉达词典》。

    本族谱用满、汉两种文字合璧而书，用横线区分辈分，用阿拉伯数字标明 1、2、3……辈分之别。其第一代有二人，一名布勒姓元，一名顺台；第二代有霍莽拉、阿宏嘎。自第六代以后人名增多，反映出人丁兴旺。

邓特科（南屯部分）姓氏族谱

收入《达斡尔资料集》第五集 359 – 362 页，民族出版社 2004 年 3 月出版。

这是敖拉哈拉的族谱。敖拉哈拉原居外兴安岭以南、黑龙江以北的阿尔丹河上游，"敖拉哈拉"原称阿尔丹哈拉，是以河得名，后讹为敖拉哈拉。清顺治年间，南迁到嫩江流域，落脚于今黑龙江省富裕县，建立了阿勒丹屯，今称登科村，其南还有小登科村，彼此相邻。据说登科村是由"德日根莫昆"演变而来。族谱所冠之"邓特科"即是"登科"之另一种写法。鄂温克旗南屯（即巴彦托海）之敖拉哈拉族人，是从嫩江布特哈迁移而来。

本族谱有满文、汉文两部分，均为手写体。为碧利德、碧力格所缩编。缩编的时间可能是在晚近，与南屯邓特科有关的部分保留了下来，无关的内容被删掉了大半，不过仍保留了主体部分。

族谱将呼力肯尔列为始祖，注曰：崇德年间（1636—1643）归附于盛京（今沈阳），则呼力尔肯应是黑龙江北生人。呼力尔肯子侄其多，计有九人，其世子名胡拉塔雅，有子三人，分别居登特科屯、拉力浅屯、莫胡尔屯。登特科屯的思格布为呼力尔肯的六世孙，曾任布特哈佐领，其子范察布自雍正十年（1732）调到呼伦贝驻防，南屯的邓特科敖拉氏，就是恩格布的后世子孙。曾奉命巡查额尔古纳河、乌第河的佐领敖拉·昌兴，是恩格布的四世孙。敖拉·昌兴的后人，大都居住在南屯（即鄂温克族自治旗）。

　　缩编本氏族谱的碧利德、碧利格，都是南屯人。碧利德（又作碧力德）又名世钟，1955 年曾参加少数民族调查，著有《达斡尔传统文学》（与碧力格、托娅合编），1987 年由内蒙古文化出版社出版。族谱止于呼力尔肯的第十一代子孙，即敖拉·昌兴这辈人，以下空缺。碧利德、碧力格为当代人，故族谱不见他们的名字。本族谱内容简单，实际上属于简谱。

布特哈德都勒氏族谱两种

　　乐志德主编的《达斡尔资料集》第六集（民族出版社 2005 年 11 月出版）卷首目录，列有德都勒姓氏族谱三种，分别用（一）（二）（三）以区别之。阅正文，知（一）（二）确为族谱，（三）题为"布特哈姓氏族谱各代任官职表"，系辑录族谱中之有官位者而编就。从表中有鄂勒春为伪满兴安东省省长来看，此表当为今人所作，所录之人皆见于族谱（一）（二）中。

　　德都勒氏原居精奇里江东岸德都勒屯，清顺治初年迁居于黑龙江省德都县。今德都县城东有合心村、青山村，即为德都勒氏落脚之地，见卜林《达斡尔族村屯录》。德都勒氏族谱，应即此二村德都勒氏之族谱。

　　族谱（一）是用满、汉两种文字合璧而书，其老祖（即始祖）名叫那日胡日，其生活的时代未作注明，不得而知，很可能是生活在黑龙江以北时期。那日胡日有三子，长曰贝依贝，次曰杜颂，三曰喷勒达苏。族谱小注称，杜颂"在齐齐哈尔城刻热村"，喷勒达苏"在黑龙江流域"。刻热村不见于《村屯录》，其具体位置不详。"黑龙江流域"太宽泛，是黑龙江南、还是黑龙江北？亦不得而知。族谱所列之人名，应当都是那日胡日三子之后人。其世系长达 17 代，即从清初一直延续到现代。

　　族谱（二）全部都用汉字书写。族谱用横线标示其辈分之早晚，列入第一代的有蒙古儒、嘎亚、吴勒等三人，蒙古儒旁注：蒙古儒是七兄弟的老大，即长子。

　　第 76 页有另外一始祖，名叫那热乌尔，有子三人，长曰博依宝，次曰那松，三曰扎尔达苏。注云，那松在"老齐齐哈尔一带，建剋热村"，扎尔达苏"在黑龙江流域"。剋热村又作刻热村，那日胡日之次子杜松也在此村。玛布岱乾隆三十年（1765）修建齐齐哈尔城时，曾从布特哈征调了许多达斡尔人，疑那松、杜颂也被征调到齐齐哈尔，建刻（剋）热村以居之，事毕可能又回到德都旧址，故齐齐哈尔城郊没有留下刻（剋）热村之名。

　　布特哈德都勒姓氏族谱各代任官职表，列出 123 人的名字、辈分和官职。这些有官职者，多为清代和民国年间人。其官职几乎都用满文书写，只有鄂勒春例外，给读者造成许多不便。末注：资料提供者德文林。德文林应是编辑此表之人，其事迹不详。

新疆伊犁达斡尔族族谱简况

　　郭山林撰。收入《达斡尔资料集》第七集 401－403 页，民族出版社 2007 年 11 月出版。

　　清乾隆二十八年（1763），将达斡尔、鄂温克人千余迁至伊犁霍尔果斯戍边，组建八旗，称"索伦营"。他们的后裔，后来居住在塔尔巴哈尔新城，即今日所称的塔城。

　　本文以图表的形式列出了被编入霍尔古斯牛录、阿里木铁牛录、柯多牛录和富泽克牛录中的莫日登哈拉、金克日哈拉、苏都日哈拉、鄂嫩哈拉、郭布罗哈拉、德都勒哈拉、沃热哈拉、敖拉哈拉所属诸浅之情况，有助于了解新疆塔城达斡尔族有关哈拉分布情况。

　　作者郭山林应是郭布勒哈拉人，其事迹不详。

瓜日本格日额斯日哈拉斡林
库日莫昆八至九代世系家谱

鄂景海撰，收入《达斡尔资料集》第七集 404－417 页，民族出版社 2007 年 11 月出版。鄂景海（1923—），又名阿嘎日图，齐齐哈尔市梅里斯区西哈雅屯鄂斯尔哈拉人，职业军人，副师级。据作者自注，此文撰于 2004 年。

本文记述了斡林库日莫昆家谱以及人物录。鄂景海是这个莫昆中的一员，属于第六代。这个莫昆的第一代未出现，所记是第二代至第九代的世系。第二代名保福，保福生子三，名字不详。至第四代始有名字著录，第五代第六代人丁显著增多，男女均有记录，第七代第八代人丁更多，详列其名字和性别。其原居住地在齐齐哈尔郊区，现在已扩大到呼伦贝尔、呼和浩特、吉林市、北京市，少数移居国外。人物录介绍了 27 位有身份有成就的族人。末附斡林库日莫昆在齐齐哈尔居住分布示意图。

新疆达斡尔族总族谱

郭·巴尔登搜集、编纂，郭·丁立夫整理、编译，郭·丁石庆审订。见乐志德主编《达斡尔资料集》第十集（上）1—148页。民族出版社2011年5月出版。

按着达斡尔族的传统，族谱通常是由哈拉或莫昆编修。新疆的达斡尔族包括有敖拉、鄂嫩、沃热、莫尔登、郭布勒、苏都尔、德都勒、托木、雅库斯九个哈拉（即姓氏），每个哈拉都要缮修自己的族谱。这些族谱合在一起，就是新疆达斡尔族的"总族谱"。

据后记，本族谱的修订始于20世纪60年代，当时郭·巴尔登搜集到一部满文书写的族谱，在此基础上广泛搜集和编译，到了新世纪初年，才最后定稿，前后达40年之久。

本族谱是在各哈拉旧谱的基础上形成的。旧族谱比较简，只用线条勾勒出各哈拉、莫昆的世系，其样式见26页"鄂嫩哈拉提古柱浅莫昆家谱"、第53—54页"敖拉哈拉奎力浅莫昆家谱"、第71—72页"大玛法家谱"。这样的家谱其实就是世系表，按照以前的旧说法，称作"统系表"。以前我整理过北京世家大族完颜氏（王氏）的统系表（见《皇裔沉浮》2002年），对此比较熟悉。统系表很简单，只是让族人知道前后世系而已。统系表只是家谱的一项内容，也可以说是主要内容，除此以外还要记述家族的起源和名人事迹，用以光宗耀祖，激励后世子孙。

《新疆达斡尔族总族谱》也是以统系表为主，不过有些哈拉、莫昆追溯了其起源，并以小传的形式介绍了本哈拉、本莫昆的名人事迹，比较规范化。综观此族谱，有以下几点是可以称道的。

其一是溯源。树有根，水有源，每个姓氏都有自己的起源。新疆的达斡尔族，是乾隆年间从布特哈迁来的，其远祖则在黑龙江北，后世子孙不能忘记此事。以前人们常说追宗思远，就是要追溯祖源。新疆达斡尔人到莫力达瓦探亲，莫力达瓦派人到河北平泉县考察契丹祖源，都是追宗思远。本家谱注意到了这个问题，例如称鄂嫩哈拉来自黑龙江支流鄂嫩河，都尔本浅来自嫩江支流讷河沿岸都尔本浅村。又如称郭布勒哈拉源于精奇里江郭布勒那彦，满那浅莫昆来自嫩江满那屯。

其二是名人介绍。敖拉氏的图瓦强阿的事迹非常重要，是著名的爱国将领，史书留名。萨尔格苏撰《史记》，记述了索伦营的西迁与回归，提供了翔实的资料，学术价值很高。尹善、丁德寿、开英通多种语言，是著名翻译家，曾被毛泽东接见过。将他们的事迹列入族谱中，是非常必要的。

其三是女性入谱。以前歧视女性，女性随夫，是旧社会的思想意识。在新社会、新世纪，妇女的贡献和作用日益显著，巾帼不让须眉，必须予以肯定。将女性纳入谱中，有利于提高妇女的社会地位，不妨视为一种创举。

缮修家谱族谱，是中国的优良传统。在旧社会，修家谱是为了别贵贱，维护统治阶级的地位。现在时代变了，修家谱别有意义。它属于姓氏文化，有助于提高民族自信心，增强民族的大团结。有的少数民族认为是炎黄子孙，即便是证据不太充足，然而却反映出来中华民族彼此认同的心理，有助于增强民族大团结，有益而无害。

对于少数民族而言，在历史上长期被视为夷狄，受到排斥和敌视，致使许多少数民族具有自卑感。达斡尔族也是少数民族，而且是人口比较少的少数民族。通过编写家谱族谱，来增强民族自信心和民族认同感，有利于提高本民族的社会地位，有助于改变轻视少数民族的不正之风，具有深远的影响。

目前，姓氏文化很受重视。据报道，正酝酿成立全国性的姓氏文化社团，有的地方准备建立姓氏博物馆。达斡尔族有丰富的姓氏文化资源，应当在这方面有所建树，争取列入姓氏文化之林，释放出异样的光彩。这也是达斡尔族对中华民族的贡献。

达汉小词典

恩和巴图编。内蒙古人民出版社 1983 年出版。收入《达斡尔资料集》第六集 979－1135 页。恩和巴图（1936.9—），又名孟居廷，内蒙古莫力达瓦达斡尔族自治旗莫日登哈拉人。内蒙古大学蒙古语文系教授，长期从事蒙古语、达斡尔语的教学和研究。研制"达斡尔语记音符号"，其记音的字母形式和读音，与汉语拼音方案基本一致，未增加新字母和新符号。《达汉小词典》就是用"达斡尔记音符号"拼写的。

本书前言称："达斡尔语大致可以分为布特哈、齐齐哈尔、海拉尔三个方言区和若干土语。本词典是以布特哈方言的纳文音为标准拼写的。所以，有些词在语音方面和其他方言不尽相同。"现在达斡尔人士认为，新疆的达斡尔语也是一种方言，达斡尔语应有四个方言区。

本书范例称："本书全部词条用《达斡尔语记音符号》字母顺序排列"；"词条分主条和副条。主词包括单词和某些复合词，副条是由主条词带起的词组或复合词等"；"词条的翻译，尽量采用对当的汉语。找不到对当词的，采用意译、注释等方法"；"词的多义用数码①、②……分别排列。"书前有"记音符号字母表"和"记音方法及字母发音的几点说明"和词性类别的略语。书末附有"格的后缀表"、"人称反身关系反缀表"、"祈使式动词后缀表"、"陈述式动词后缀表"、"动词人称后缀表"、"副动词后缀表"六种。

本书属于规范化词典，词、词组按字母表的前后次序排列。每个词条

191

先列其拼音，次注明其词性分类，再次注明义同的汉语词汇。由于达斡尔语与汉语有很大的差异，有些达斡尔语词没有相应的汉语词汇（即编者所称的"对当的汉语"）可以直译，于是采用两种办法：一是音译，如汉语的"妃子"音译为 feis，菩萨音译为 puusaa，丞相音译为 qenhian，琴音译为 qin，太子音译为 tais；还有一种办法是注释说明，例如达斡尔语 beed ewee 一词，汉义为"上屋大娘"。这"上屋大娘"不是年龄、辈分不同，而是阶级、贵贱的区分，是奴隶对家族女主人的称谓，必须加注释说明。又如达斡尔语 haniaakaa，音译为"哈尼卡"，义译为"纸人"。这纸人比较特殊，要注明是"儿童手工玩具"。汉族没有这种玩具，自然也无此词语。

《达汉小词典》属于小型词典，收入的语词多为现在常用的词汇，收录的范围比较小，有些应收的词汇未能收入。本书有 gaanqien 甘浅（地名）。又有 kaikooqien 开阔浅（地名）。据《达斡尔族村屯录》，现在达斡尔族村屯用"浅"字者不少，如新哈力浅、阿彦浅、多西浅、塔克浅、讷莫日浅、多奎浅、库热浅、奎力浅、马登浅、阿尔哈浅等等。既然现实生活中"浅"（qien）的使用率很高，为什么不对它作出注释？又如本书对

jinker（精奇里）、weeld（沃尔德）、kaitraa（开塔拉，属莫尔丁）加以收录说明，达斡尔族大姓氏多达 20 余个，其他姓氏为什么漏掉了？"齐齐哈尔"之名出自达斡尔语，初称"齐齐哈日"，后来变成了"齐齐哈尔"。这一重要词条，未能收入书中，有些遗憾。

《达汉小词典》收入语词的范围有限，不过它仍然是一部科学完整的词典，对历史研究具有相当的参考价值。例如达斡尔语称瑷珲为 mood koton 木城，反映出初建的瑷珲城（先在黑龙

江北岸，后移到黑龙江南岸）是排木为垣，故此说传留至今。又如 dagie koton，义为"第二城"，是嫩江城别名。嫩江城旧称墨尔根城，黑龙江将军初设时，驻于瑷珲，称黑龙江城。其后南迁于墨尔根城，即嫩江城，仍称黑龙江城。最后黑龙江将军驻地又迁到齐齐哈尔。由于嫩江（墨尔根）是黑龙江将军衙门的第二次驻地，故而达斡尔民间遂将嫩江城称作"第二城"了。

词典属于工具书，以检索语汇为主要功能。由于词汇凝聚有许多文化信息，它为历史科学研究提供了广泛的信息，是值得重视和参考的。开卷有益，是经验之谈。

达斡尔语词汇

　　恩和巴图等编。内蒙古人民出版社 1984 年出版，被收入《达斡尔资料集》第四集 53 – 276 页。是蒙古语族语言研究丛书之一种。前言称："《达斡尔语词汇》是达斡尔语调查组的成果之一。达斡尔调查组以内蒙古自治区呼伦贝尔盟莫力达瓦自治旗腾克公社为调查点，记录了五千多条语词。根据搜集到的词汇材料，整理编写了《达斡尔语词汇》的油印稿。油印稿的整理编写工作主要是森格同志完成的。1982 年，由恩和巴图同志按照统一的体例加以补充和修订，形成了现在出版的这个《达斡尔语汇》。"达斡尔语有布特哈、齐齐哈尔、海拉尔、新疆四个方言区，莫力达瓦旗属于布特哈方言区，故此书是以布特哈方言为基础编写的，所记录的是布特哈土语。

　　编写说明称：本书"收词近七千条，其中包括复合词和词组。收词以常用词为主，同时收录了新中国成立以来的一些新词和少量比较生僻的旧词"；"词的形态，除派生新的词义者外，均采取词干形式。动词词干后面画一短横"；"单词按主条处理，均标词类。由主条带起的条目为副条，排列在有关主条后面，不标词类"；"复合词的第一个词素不能独立运用时，这个词也按主条处理"；"与蒙古语、满洲语同源的词，尽量注明其同源的词。蒙古语词用蒙文标记，其中中世纪蒙古语词用拉丁音标标记。满语词用满文标记。它们标明同源关系，并不说明词义。用蒙文、满文写的动词词干采取非结束形式"；"能辨认借词来源的，均标借词来源"；"汉语借词的音和义都同汉语一致的，只在释义栏内列出译文，词源栏内不再标出借入的汉语词。"

语言是历史文化的承载体，对于历史研究是很重要的参考资料。达斡尔族来源于契丹族，其语言中包含有契丹词汇，这一点早就引起著名辽金史专家陈述先生的重视。随着契丹文字研究的深入，达斡尔语词汇中的契丹语词汇，不断地被发现，为达斡尔来源于契丹提供了重要证据。达斡尔族在历史发展过程中，先后与蒙古族、满洲族、汉族有频繁的接触和交往，这种情形在语言中留下了痕迹，蒙语借词、满语借词、汉语借词的出现，就证明了这一点。

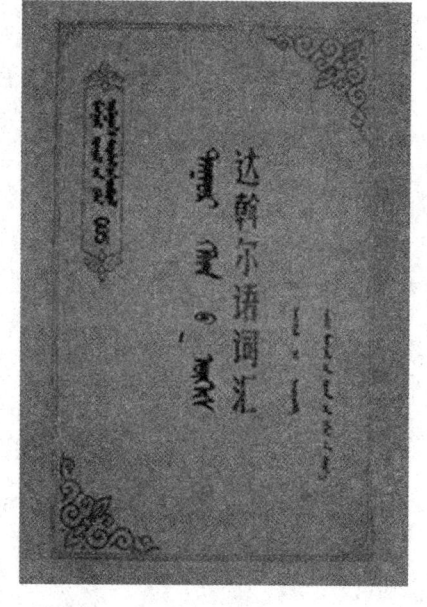

在黑龙江以北时期，达斡尔族的渔猎占有重要的经济地位，因而有关渔猎的词汇比较丰富，达斡尔族出身的学者丁石庆曾指出了这一点。达斡尔族南迁嫩江流域以后，接触到更多的蒙族、满族和汉族人，在语言中比较多的出现外族语的借词，到了现代，汉语成为达斡尔族的主要语言之一。细心的研究人员从语言的变化、外语借词的分析中，能够检索到许多重要的历史文化信息。从这个角度来说，《达斡尔语词汇》的编辑出版很重要，无异于为达斡尔族历史研究提供了线索和证据。

达斡尔族有哈拉、莫昆，哈拉即氏族、姓氏，莫昆是从哈拉分出来的新氏族，或称女儿氏族。哈拉、莫昆的实体早已存在了，不过命名为哈拉、莫昆，是受满族影响的结果。本书称哈拉、莫昆二词均出自满语，即证明了这一点。满族有明安、穆昆，即金代的猛安、谋克，达斡尔族的哈拉、莫昆之称号，即源于此。本书载，达斡尔语的"鲁日格勒"义为舞蹈，其词根又有燃烧、火旺之义，其本意应为篝火舞，转意为兴盛舞，取篝火旺盛之意。楚勒罕为满语，意为集会，可以转为集市，达斡尔人本无集市商贸，到了清代才出现集市贸易，故用满语命名。达斡尔语称"城"为kotun，出自满语，源自女真语。达斡尔语的寺院一词来自蒙语，反映出佛教的传入与蒙古人有关。

《达斡尔语词汇》是一本工具书，学术价值比较高，值得重视和利用，在研究达斡尔族历史时，仔细翻阅一下，是很有好处的。美中之不足是：齐齐哈尔、海拉尔、新疆方言区的词汇未能收入。如果将四方言区的达斡尔语词汇全部收入，其学术价值会更高一些。

达斡尔、哈萨克、汉语对照词典

开英编。新疆人民出版社 1985 年出版。收入《达斡尔资料集》第六集 105－360 页。开英（1908－1993），新疆塔城县沃热哈拉人。从民国年间到新中国成立以后，长期从事民族语言的翻译工作，精通哈萨克语、汉语，曾任新疆人民出版社翻译室主任、副社长。

前言称："为了增进汉族人民、哈萨克人民和达斡尔族人员之间的相互了解、相互学习、相互交流文化，有个工具书是非常必要的。其次，作为阿尔泰语系突厥语族的哈萨克语和阿尔泰语系蒙古语族的达斡尔语的对照性工具书，对于研究阿尔泰语系的各个语族之间的关系，或许有一定的参考价值。"这是实用性比较强的工具书，无论是口头翻译、文字翻译，都具有重要参考价值。

本书共收入达斡尔语词汇 13000 条左右，其中主词 8000 余，副词（包括词组和熟语）5000 条左右。"主要收录了达斡尔语基本词汇和一般生活用语，专门术语收录得很少"（见前言）。

本书所收录的达斡尔语词汇，比恩和巴图等人编的《达斡尔语词汇》（1984 年版）多出了 8000 余条。后者（《达斡尔语词汇》）是据内蒙古莫力达瓦旗腾克公社调查所见而著录，词汇的范围受到了限制，开英先生从事翻译工作，所接触的社会范围比较大，故而所辑录的词汇比较宽泛，词汇的数量增加了许多。不过基本的语词大体相同。

新疆塔城的地理环境和社会环境，与内蒙古莫力达瓦旗是不同的。莫

力达瓦是山区，塔城是平原，故而其社会经济生活和社会文化生活有显著的不同，直接影响到语言词汇，因为语言词汇所记录的是现实的生活。

例如开英的《词典》收录有阿尔泰山（金山），是新疆的重要山脉。新疆是干旱区，水资源多的地方形成了绿洲，故本《词典》收录了"绿洲"一词。新疆多灌溉农业，故本《词典》有"水渠"、"稻子"、"大米"、"米饭"等词条。新疆的饮食习惯与莫力达瓦有所不同，故而《词典》收录了"馕"、"方糖"等词条。清代新疆以边防为主，设有军事长官，故《词典》中有"将军"、"领队大臣"、"参赞大臣"和"哨所"、"卡伦"、"烽火台"等等词条。《词典》中的"源羊"（盘羊）、胡椒、胡麻、葡萄，都是新疆的特产，还有"冬窝子"是牧民的冬营地，在莫力达瓦是很难见到的。"胡琴"、"琵琶"是新疆常见乐器。

语言词汇是生活的真实记录，据此可以研究社会生活。莫力达瓦的达斡尔人信仰萨满教，关于萨满活动的词汇比较多，对于佛教（喇嘛教）的词汇非常少。新疆则有所不同，《词典》收录了"库伦"（指喇嘛寺庙）、喇嘛、寺庙、佛灯、念经、念佛、舍饭等等与藏传佛教有关的词语，说明这里的佛教盛行。《词典》收录这些词语，反映出新疆的达斡尔人与佛教有密切的接触，为研究达斡尔人的宗教信仰提供了线索。

《达斡尔语词汇》将跳舞标作 lurge，而开英《词典》则标作 marxigu，二者有所不同。它们是属于同义词呢，还是别有原因，或出于方言的不同。这种细微的差别，很值得思考。

开英《达斡尔、哈萨克、汉语对照词典》，对于从事达斡尔语、哈萨克语和汉语之间的翻译，有重要的参考价值，这是毫无疑问的。此外，对于研究达斡尔语的方言，也提供了重要资料，值得重视和利用。方言的产生与地理环境和社会环境都有密切的关系。塔城市属于多民族聚居地区，其中哈萨克族、回族和汉族的数量都比达斡尔人多一些，在长期的世代生活中，彼此在语言方面相互影响是必然的。我们从开英《词典》已经看到了这一点。随着社会的发展，不同民族之间语言的相互借用和吸收，会长期持续下去，这有助于经济文化的交流，未尝不是一件好事。语言作为人们思想沟通的工具，必须向全人类开放，与时俱进，不能闭关自守、停滞不前。

达斡尔语汉语对照词汇

　　胡和编撰。1988 年 3 月，由黑龙江省民族研究所、黑龙江省达斡尔学会编印，收入《达斡尔资料集》第六集 361－621 页，30 万字。《达斡尔族百科词典》称，由黑龙江教育出版社出版，未注明出版时间。

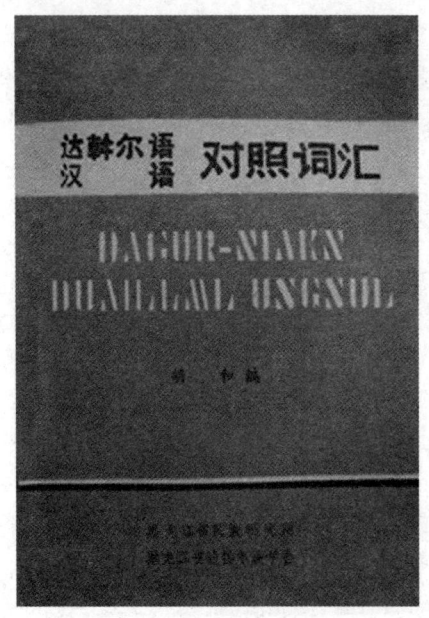

　　胡和（1923—2001），达斡尔族。黑龙江齐齐哈尔市建华区双合村胡尔拉斯哈拉人。1956 年参加中国少数民族语言调查队，前言称："本词汇集是在 20 世纪 50 年代以来，所积本地区方言词汇的基础上补充编写而成的。在编写过程中，卜林老师提供了达语人体词汇资料，欧南·乌珠尔同志自始至终给予了帮助并提供了语言学术语方面资料。"欧南·乌珠尔（1922—2000）也是语言调查队成员，此书的词汇应是来自实地调查所得。

　　编者称：本书"是以达斡尔语齐齐哈尔方言之齐齐哈尔土语为基音，以达斡尔语标音字母拼写的达汉对照分类词汇……在词的拼写法上，根据本地区方言特点，尤其考虑拼写法的科学性以及符合语音学和形态学的原则，做到了简便易学，经济实用，采用了省写不清元音的拼写法。"

本书共收入词和词组 17350 条，其编辑特点是采用分类编排，"总的分为自然、社会和其他词类三大部分。其中，自然部分收入词 2300 条，社会部分收词 10500 条，其他词类收词 4500 条"（见凡例）。每大类之下，又分为若干小类，小类之下又分为细类，细类之下为条目。例如自然类分为天文、地球物理、地质、光和其他、人类学和人体解剖学、动物、植物七小类；天文又分为总类、太阳系、地球、月球、星球、历法与季节、交蚀。这种分类法属于百科全书式分类，其好处是缩小了读者的检索范围，同类词目集中，实用性比较强，故此书获得了黑龙江省优秀科研成果三等奖。

本书是以"对照词汇"为名，所谓"对照"一是词义的对译，例如达斡尔语 sarol baanka 为汉语"月球"，达斡尔语 dali biltn 为"海洋"，属于义译；二是音译，如 kache 卡车、ha ha 哈哈（笑声），都属于音译；三是音译加义译，如 sanhe mo'r 三河马、Arab bitg 阿拉伯文字。不过有些地名的对译，犹嫌不够明确。例如 toomqien 陶莫浅（意陶家），Durganqien 都如刚浅（意江套），Buerqien 博都浅（意漫平），"陶莫"、"都如刚"、"博都"属于音译，读者一看就会明白，那么"浅"又是何义？又如 kume ail 库莫爱里（意丘岗），Tobkn ail 托莫坑爱里（意河小湾），那么 ail（爱里）为何义？类似地名中的 dawa（达瓦）、aol（敖勒）、had（哈达）为何义？未加说明，或许达斡尔本族人一看便知，不过对于使用本书的外族人来说，就看不懂了。甚至从括号的说明文字中，产生种种误解。如果能将"浅"、"爱里"、"达瓦"、"敖勒"、"哈达"稍加说明，不仅对本族、对外族读者都是有益的，特别是对外族读者对达斡尔族语言文化的认识和了解是大有好处的。作为少数民族来说，只有被其他民族所了解，才能有利于融入中华民族大家庭中。这种不足在其他《词汇》、《词典》中，也可以见到，应当加以改进。

本书有附录，对达斡尔语言的词法和句法有所说明，是很必要的。达斡尔人的文化修养有高有低，对本民族的语言未必都很精通，解释说明本民族的语言知识，会有助于提高本民族的文化修养水平和民族素质。因为编辑本书的宗旨，用编者的话来说，"是以中、青年知识分子为对象，他们可以用它来学习好本族语言"（见前言）。此外，对外族人了解达斡尔语言特点来说，也是很必要的。任何一种民族语言都应当是开放的，要面向全社会、全世界，为外界所知晓，才能提高本民族的地位和影响，现在汉语正在走向世界，在世界各地设立了许多孔子学院，就足以说明这个问题。

汉达词典

那顺达来编著。那顺达来（1932—），黑龙江省讷河县舍卧尔托尔苏屯莫日登哈拉人。长期从事中小学教育工作，搜集了大量的达斡尔语言材料，并参考了恩和巴图《达汉小词典》、开英《达斡尔、哈萨克、汉语对照词典》、胡和《达斡尔语汉语对照词汇》以及《满达汉词典》编纂而成，2001年8月，由内蒙大学出版社出版。后收入《达斡尔资料集》第六集632－974页，民族出版社2005年11月出版。

据前言，《汉达词典》稿本，由图和巴图教授修改、审订。恩和巴图在书末《〈汉达词典〉稿的修改、审定工作》一文中，有如下的说明：

《汉达词典》的修订与核对工作于2000年11月开始，前后用了8个多月的时间。在此期间，主要是进行了以下几项工作：

一、整理并规范汉语词条

1. 根据一个汉语词立一个词条的原则，将原稿中用一个达斡尔语词的两个以上汉语释义词做词条的，分离为各自独立的词条；

2. 将原稿中某些词组性词条，尤其那些带有注释性的词组性的词条放到有关词条中做例词，不做独立词条；

3. 对照《普通话三千常用词表》（文字改革出版社，1995年），凡原稿中没有的，都一一加以补充；

4. 删除了少数词义不明的生僻词。

二、词条的排序方面，保持了原稿字头的音序排列和字头内笔画原

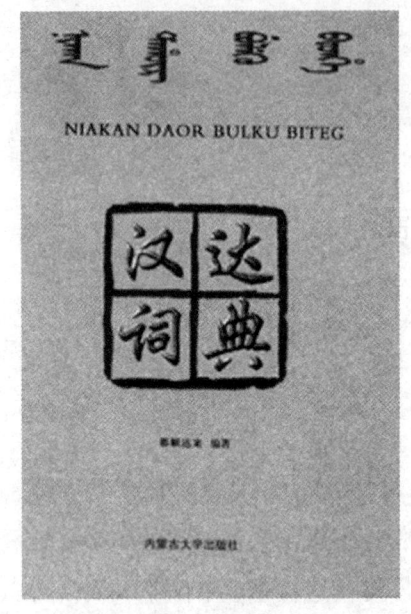

NIAKAN DAOR BULKU BITEG

汉达词典

额鲁达末 编著

内蒙古大学出版社

则……

三、达呼尔文词的校订。本词典使用达呼尔文进行释义……

四、《达呼尔语记音符号》拼写的达斡尔语口词，是根据恩和巴图编《达汉小词典》（内蒙古人民出版社1983）校对。除了增加一些必要的口语变读词外，对原有的拼写不改动。

据此可知，《汉达词典》的体例，是由恩和巴图确定的。他对本词典的贡献，非常重要。

《汉达词典》同以前出版的《词汇》、《词典》在体例上有显著不同。前者是将达斡尔语词放置在前面，将汉语或其他语词放置在后面，进行对比说明。本书是将汉语词或词组放置在前面，然后用达呼尔文释义，最后用达斡尔语记音符号注音。

为什么要做此编排？这是因为许多达斡尔族人从小学到中学，都是用汉语教学，他们对汉语汉字相当熟悉，而对本民族的语言文字反而变得生疏。恩和巴图的书末之文（实即后记）写道：《汉达词典》"它不但是达斡尔族青少年学习汉语汉文的好工具书，同时也是达斡尔族青少年通过汉文去学习本民族语言的好工具书，也是双语教学的一部好参考书。"

所谓达呼尔文字，是指清代达呼尔文人借用满文字母来拼写达呼尔语而言。清代达斡尔文人曾用这种办法记录诗歌和文章，例如道光年间华灵阿《达斡尔索伦源流考》、敖拉·常兴《额尔古纳河乌第河巡边诗》，都是用满文字母拼写的。类似的词书有：光绪十八年（1892）有人编撰《满汉达呼尔合璧辞典》，民国十五年（1926）额尔很巴雅尔编辑有《蒙文达呼文诗歌集》，1947年新疆编有《达呼文教科书》，1953年孟希舜编辑有《达斡尔族传统诗歌》。因此，有的达斡尔人士认为：这就是达斡尔族的文字。

达斡尔语记音符号，是以汉语拼音符号为基础制造的记音符号，它比用满文字母记音要科学准确得多，现在正在推广使用中。

民族语言、民族文字是民族的象征和指示物，它可以增强民族的认同感和民族的凝聚力。故而没有文字的少数民族，纷纷创制本民族的文字。契丹人、女真人、蒙古人、满族人在历史上都创制过本民族的文字，就是证明。达呼尔文字和达斡尔语记音符号的推广，面临许多挑战和困难，编辑出版《汉达词典》与推广达呼尔文字和达斡尔语记音符号有关。

《汉达词典》收入汉语主词条 10770 个，例词例句 802 个，共计 11572 个，达斡尔族常用的语词，几乎都包括在其中。对达斡尔族、汉族以及其他北方民族，都有参考价值。

达斡尔族风俗志

巴图宝音编著。是"民俗文库丛书"中的一种，中央民族大学出版社1991年出版，17.7万字。被收入《达斡尔资料集》第四集 1115—1224 页。巴图宝音（1933—2014），又名乔栋梁，黑龙江齐齐哈尔市梅里斯达斡尔族区敖宝屯陶木哈拉人，大专学历，中央民族大学文艺研究所副研究员。

本书共 11 章，即：蓝衣黄钣西窗宅、种田放排兼牧猎、车似游龙橇似鸟、最初市场楚勒罕、社会细胞血缘体、万物有灵和萨满、礼仪医术计算法、婚礼葬仪别有色、阿聂春节家家乐、民间文艺多风采、体育娱乐与健美。对达斡尔族的物质生活和文化生活，进行了全面的记述。由于作者是达斡尔人，对本族的社会生活有切身的体验和仔细的观察，故其记述比较真实可靠。

本书称：达斡尔族在清代以前，基本穿皮衣，只有少数人从清代开始穿布衣，清代进贡换回的棉布有限，只能给少数姑娘做衣用。这是"由于世居边疆，交通闭塞，布匹进不来，达斡尔族又无棉纺工业和经商人员所致。"

本书称，住在黑龙江北岸时，兽肉曾经是主食之一。迁徙嫩江流域以来，肉类减少，菜类增加了，粮食逐渐变为唯一主食了。达斡尔女子在园田里种植的菜蔬，品种相当多，故有"园田半年粮"之说。

本书称，达斡尔族的"西窗宅"，与其祖先契丹有关。契丹尚东，房舍东向，中午下午就见不到太阳光了，于是在南面山墙上开窗户。"达斡尔人把盖房东向的习惯慢慢改为南向了，这样，原来南山墙上的两扇窗户，就变成了西窗了。"又称："达斡尔族在定居以前的久远年代，曾经住过简陋的'乌日格'茅庐，定居以后至今，一直住在现今这种草房子。"

本书称，达斡尔人擅长制作大轮车，用黄桦、黑桦、柞木做材，车轮高达四、五尺，汉族人称之为"草上飞"。按：应当补充说明的是，大轮车始自辽代，契丹人、奚人都擅长制作高轮车。

本书认为，达斡尔族民歌（扎恩达勒）中的衬词"讷耶尼邪"，是指开荒种地和抹泥盖房而言，"说明从游动牧猎刚学会开荒种地、盖房定居时的高兴心情，当时为生产生活上这一飞跃而陶醉，顺口即兴唱出了这四字组成的最具有代表性的歌词。"这种推论恐难成立，因为学会种地是一漫长的过程，与盖房有所不同，其实达斡尔族的祖先契丹人早在唐朝末年就学会耕地盖房了，《辽史》有明确记载。

本书对达斡尔人捕鱼有详细记述，凿冰捕鱼为契丹人的传统，本书却未能提及。本书提到达斡尔人驯鹰狩猎为契丹人遗风，是正确的。

本书认为，达斡尔人在黑龙江北时期，就利用河谷盆地的良好牧场，牧养过成群的牲畜。"南迁至嫩江流域时，带去不少家畜，家家户户少则十几头，多则上百头。"其中马是交通工具，被达斡尔人称作"地上龙"。牛是耕畜，又用于套车，也颇受重视，民歌称老黄牛"慢中有稳，步步踏实，力大如虎。"

本书对达斡尔人的手工艺产品，对木匠、铁匠、泥瓦匠、编织（柳编）、桦皮器制作、皮衣制作、剪纸（哈聂卡）都有仔细描写。对于勒勒车、雪橇（爬犁）、木船、独木舟的制作与使用，都有介绍。本书对拉脚运输、齐齐哈尔北郊音沁屯的市场"楚勒罕"等商业活动，也都有介绍。

本书介绍了达斡尔族的哈拉莫昆村落、莫昆和贝功的社会职能、习惯法、家族亲属序列谱系、自然崇拜和萨满教、诸神祭祀、礼仪、民间医药、计算单位、民间文艺、歌舞、民间棋艺和体育活动。关于达斡尔族的各种社会生活，几乎无一遗漏。

本书属于描述性著作，只介绍其表现形式，对一些重要问题，缺乏深入研究探索。属于文化类图书，《达斡尔资料集》将此书列入达斡尔传统文化类，是很有道理的。本书的内容对达斡尔人来说，是很熟悉的；不过对外族来说，却提供了了解达斡尔人生活的方便。

达斡尔族文学史略

赛音塔娜、托娅合著。1997 年 10 月，内蒙古大学出版社出版，21.4 万字。被收入《达斡尔资料集》第四集 1225—1368 页。赛音塔娜 (1939—)，女，黑龙江讷河县舍卧尔托尔苏屯莫日登哈拉人。内蒙古社会科学院研究员。托娅事迹未详。

本书分为上、下两编，上编为民间文学，包括原始神话、民间传说、莫日根故事、民间故事、民歌、民间乌春、谚语和谜语；下编为作家文学，包括书面文学、文学概说和当代作家。从篇幅和记述来看，上编重于下编，不妨说是以民间文学为主。

达斡尔没有本民族的文字，因而口耳相传的民间文学产生早，流传下来的作品多，最具有民族特色。原始神话在各民族都存在，汉族的彭令威、夸父追日、嫦娥奔月都属于神话传说。达斡尔的神话受萨满教影响大，故事简单、粗糙，与其居住地的狭窄有关。限制了人的眼界和想象的空间。关于萨吉哈尔迪的传说，作者认为由于传说中涉及的遗迹太分散，很难找到萨吉哈尔迪汗个人历史活动的脉络。这个传说在鄂伦春人也存在，"龟甲桥"还见于蒙古《孛额的传说》、扶余国《东明的传说》，"很难说是哪个民族的，但从中可以证明北方民族之间的文化交流很早就已开始。"作者指出，达斡尔的传说具有民族性和地域性，"在有关达斡尔族重要历史人物萨吉哈尔迪汗、齐帕、奇三、绍郎和岱夫等英雄人物的传说中，都集中地体现了达斡尔族人民强烈的民族自信心、民族自强心和对外

来侵略及阶级压迫的反抗精神。"

作者指出："有的莫尔根故事讲唱者是唱的，搜集、翻译者译成了散文，而有的故事原来讲的人就以散文形式叙述的。"故事可以唱可以说，是达斡尔民间故事的显著特点。达斡尔族的"乌春"可以吟诵，又可以歌唱，与此极其相似，很可能是受此影响的结果。作者认为，"达斡尔族英雄史诗的中心题材是部落战争……部落战争是史诗的中心题材。这些情况说明，部落战争是为保卫本部落的利益而发生的，是英雄史诗产生的基础，也是它的主要内容。"作者上述的看法比较深入，是可以成立的。

本书认为，达斡尔族的民歌，"反映渔猎生活、妇女生活的歌，数量较多，较为古老的萨满经保留下的比较少……现代民歌相对的少一些。"这种情况反映出，渔猎曾是达斡尔的重要产业。又指出："同一首民歌在不同地区流传时稍有变异。这是由民间文学的特点所决定的，同时也可看出达斡尔民歌具有悠久的历史。"

本书将达斡尔民歌分为六类，即劳动歌、仪式歌、时政歌、生活歌、情歌和儿歌，采用了钟敬文《民间文学概论》的分类法。

本书认为，"达斡尔族在历史上相当一段历史时期内，经济上、文化上并不怎么发达，也没有自己的文字，所以口头文学是达斡尔族唯一的文学……多少年来，口头创作（叙事民歌、英雄史诗）是达斡尔族文学创作的重要方式。这种文学传统都是舞春产生、发展的重要条件。"重点介绍了《绍郎和岱夫》舞春，它的叙事诗有五、六种变体，"由于演唱者的技巧和表现手法不同，所以故事情节也略有出入。"

下编作家文学的记述比较简单，一是介绍了 20 世纪五、六年代的作家作品，重点介绍了 20 世纪 70 年代末以来的新作家新作品。此外，介绍了敖拉·昌兴、钦同普的诗歌和孟和博彦、额尔敦扎布等等人的小说。对后来崛起的青年作家群（苏华、苏莉、阿凤、苏勇），也都进行了介绍。

本书后记坦然承认，对新疆达斡尔族的作家作品"看到的较少"，未能介绍；对"新体裁、新人物未能深入调查研究，欲言而不能，甚感遗憾。对民间艺人和民间文艺家们的工作业绩，也未能系统评价。"不过就整体来看，此书对了解达斡尔族文学，提供了比较系统完整的论述，学术性比较强，具有比较高的参考价值，属于成功之作。

呼伦贝尔少数民族文学研究

　　王云介著，内蒙古大学出版社 2012 年 7 月出版，32 开本，285 页，24.2 万字。王云介，女，呼伦贝尔人，祖籍沈阳。1984 年毕业于齐齐哈尔大学。呼伦贝尔学院文学院副院长、教授，呼伦贝尔文学研究所所长。

　　呼伦贝尔是少数民族聚居地区，少数民族作家比较多，故本书侧重于少数民族文学研究。全书正文共五章，分述蒙古族文学、达斡尔族文学、鄂温克族文学、鄂伦春族文学和其他少数民族文学。

　　第二章为达斡尔族文学。首先概论达斡尔族文学简况，然后评论了七位达斡尔族作家的作品。概论将达斡尔族文学分为民间文艺和当代作家文学两部分，前者简单，重点是当代作家文学。

　　作者将呼伦贝尔的达斡尔作家划分为四个群体，即小说领域、散文领域、诗歌领域、戏剧领域。小说领域以乌云巴图、巴依尔、阿军、白杉、鄂玉生、阿凤、苏华、萨娜、昳岚、苏莉、苏晓英、哈斯巴图尔为代表。散文领域以苏华、昳岚、苏莉、苏晓英、敖继红、娜日斯、孟根、敖丽、多连荣、敖文华为代表。诗歌领域以诺敏、苏勇、慕仁为代表。戏剧领域以宁才、毕力格图、李绍武、毕力格图、马连军、查干、峻林、匡卓、松布热力为代表。阿凤、萨娜、苏莉、苏勇、苏华、娜日斯、萨音塔娜的作品，都曾获得不同的奖项。

　　作者认为，达斡尔族作家普遍具有强烈的民族意识，注重发掘民族历史文化与民间文艺的题材，努力塑造民族心理与民族性格，描绘达斡尔人的生产生活情况和精神追求，审美向往。因为女性作者居多，而又常常以女性角色作叙述主体、形象主体，所以她们的文学女性意识、女性文学特点比较突出，多呈现浓厚的生活情趣，笔调细腻抒情，委婉动人，柔美的成分比较多。当然有的作家，有的作品是以中性角色写作的，其作品刚性的成分就多些，不能一概而论。

作者认为，由口头文学和书面文学共同构建的达斡尔族文学，承载了达斡尔族人民的审美追求和独有的生活习俗、民族心理，展示了他们的核心价值与理念。然而伴随文学的繁荣与发展，达斡尔族文学研究取得了一定的成绩，不过其文学研究仍处于自发状态，没有形成有组织、有目的的团队行为，"其成果存在零散、不成系统、研究视野狭小、方法单一等缺点。"

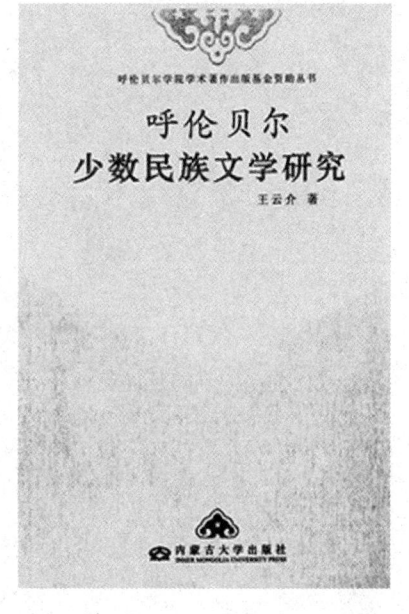

达斡尔族"大分散、小集中"的独特生活形态，使作家文学的创作常常受到来自文学内外各种因素的影响。"但达斡尔族以其顽强的生命力和对文学探寻的坚韧性，为我国多民族文学的发展留下了一道别具特色的风景线。"

作者以若干达斡尔族作家为例，介绍了他（她）们作品的特点。

作者认为阿凤（女）的小说《遥远的月亮》，塑造了三代达斡尔女人形象，描写了三代女人的不同命运，内涵深厚。小说语言口语化、生活化，增添了趣味性与可读性。

作者指出，苏华的作品大多写真实、干预生活，"自觉的艺术追求——按照生活的本来的样子再现生活，并在生活中寻找客观规律的'真实'……表现出作家的社会责任感和历史使命感。"

作者指出，残疾人作家敖继红的散文思维敏捷，妙语连珠，充满了警句和格言，"但她不故弄玄虚、刻意为之，而是源于自己生命的感悟，并以轻快自然的文笔与读者做倾心交流，从而给读者带来思辨的启迪与审美的愉悦。"

　　作者对女作家昳岚、女作者苏莉、阿军、苏峰的作品也进行了评论，指出了其创作成就，也指出了瑕疵。看得出王云介对达斡尔族的作家作品，曾仔细阅读、深入分析，其评论是实事求是，体现了其治学严谨的良好学风。

　　呼伦贝尔达斡尔族作家以女性居多，形成了女作家群。这种现象产生的原因为何？是由于智商高，还是别有原因？倒是一个值得研究的问题，需要深入探讨，找到科学的答案。或许已超出了文学研究的范围。

达斡尔族诗歌研究

崔荣、包薇著。内蒙古大学出版社 2012 年 12 月出版。小 16 开本，280 页，30.8 万字。这是内蒙古大学文学与新闻传播学院内蒙古文学研究中心达斡尔族当代文学研究丛书中的一种。

本书介绍了清代后期、民国年间和新中国成立以来的 24 位诗人的身世和诗歌作品，按照时代的早晚排列顺序，他（她）们的名字是：敖拉·昌兴、玛玛格奇、钦同普、孟希舜、金荣久、耶拉、孟和博彦、色热、孟德苏荣、巴图宝音、乐志德、莫德尔图、杜才德、阿拉腾索德、鄂明尔、诺敏、多连荣、苏华、苏勇、高志军、孟根、慕仁、孟大伟、晶达。前 14 位由崔荣执笔撰写，后 10 位由包薇执笔撰写。其中每位诗人介绍的篇幅长短不一，呈现"厚古薄今"的趋势。在正文之后，附诗人的代表作品若干。比较系统全面，可以称作达斡尔族的《诗史》。

每篇介绍文字的标题，通常都是以诗人创作的特点命名，今列如次：

达斡尔族文学的宗师敖拉·昌兴

布特哈乌春的代表者玛玛格奇

近现代知性诗人钦同普

学者孟希舜的诗歌风度

审视劳动与自然的金荣久

画家耶拉的真挚颂歌

不断突破自我的孟和博彦

215

见证历史变迁的新时代诗人色热

深情的自然歌唱者孟德苏荣

风格独具的颂歌作者巴图宝音

用汉族词牌书写达斡尔悲歌的乐志德

用母语表达历史的莫德尔图

今日莫力达瓦的歌者杜才德

用诗词楹联弘扬传统文化的鄂明尔

草原与民族的深沉歌者诺敏

达斡尔族林区诗人多连荣

用诗歌张扬精神力量的苏华

用诗歌谱写故乡风俗画的苏勇

纳文江的赤子孟根

用诗讴歌草原与民族的高志军

不断行走的坚守者慕仁

在坚守中前行的孟大伟

在诗歌中体验成长的晶达

这种别出心裁的文章标题，具有吸引读者的功用，比只列出一位诗人的名字要绚丽得多，颇具匠心。

每篇文章的开头，都是先介绍诗人生活时代和其身世、经历，然后分析其作品。可能是篇幅所限，所分析的作品多半是具有代表性典型性的诗篇，故而多数在标题之外，另列一副标题，点出要分析评论的诗作名称。例如敖拉·昌兴的副题是《巡查额尔古纳、格尔必齐河》《蝴蝶荷包》，钦同普的副题是《捕鱼歌》《读书篇》，孟希舜的副题是《养马篇》，耶拉的副题是

《忘不了毛主席》，多连荣的副题是《秋菊》《林区的女人们》。这些副题是画龙点睛，说明了诗人的创作特点，具有"提要"的功能，会吸引读者有选择的阅读。

不过就正文的分析评论来看，其实际内容有的并没有为副题所限，兼及其他，只是以副题所列诗篇为重点为中心而已，这是符合文学评论原则的。因为每一作家、诗人的创作思想，就一般来说是有连贯性的，贯彻于始终，在每篇作品中都有所表现，是不知不觉的表现。因此，评论文学作品（诗歌也是文学作品）的思想倾向，只以一、二篇为准，会有局限性的，必然要联系到相关的作品。这样才能有深度，不能只见树木、不见森林。不仅文学研究，其他如史学研究、哲学研究、艺术研究也是如此。须知，评论一位作家的创作思想和创作风格，与评论一本书、一首诗是有所不同的。

旧有文史不分之说。文史不分不是说文学即是史学，而是说文学之中寓有史学的内容、史学的价值。诗三百篇属于诗，这是人所公认的，不过其中有涉及到农业生产和军事活动，例如《出车》有猃狁、西戎、朔方，后人据此称猃狁，即是一例。敖拉·昌兴的巡边诗（乌春）真实记录了当时额尔古纳河两岸的人文和地理，具有很高史学价值。玛玛格奇《赴甘珠尔庙会》记载："当地蒙古人、库伦蒙古人，脸型略不同"，提供了体质人类学资料。耶拉《忘不了毛主席》，真实地记录了"颂歌时代"。诗，记录了历史，见证了历史，从古到今，都是如此。这不是夸张，而是事实。我们从这个角度来评论《达斡尔族诗歌研究》，或许更妥当一些，是不过分的。

达斡尔族民间故事选

孟志东编。上海文艺出版社 1979 年出版，是该社主编的少数民族民间文学丛书之一种，21.7 万字，收入民间故事 49 篇。是第一部达斡尔族民间故事集，因此，出版以后社会影响比较大，多次获奖。孟志东（1934—），又名乌兰巴图、莫日根迪，莫力达瓦达斡尔族自治旗莫日登哈拉人。内蒙古社会科学院研究员。

出于民族甄别的需要，20 世纪 50 年代，中央民族学院（今中央民族大学）、全国人大民族委员会、国务院民族事务委员会（简称国家民委）先后派出由专家学者组成的调查组，深入到达斡尔族地区进行历史、语言调查。事后陆续出版了民族问题五种丛书，其中少数民族历史和语言，对于甄别民族最为重要，最先出版了《达斡尔语简志》（1982）《达斡尔族社会历史调查》（1985）、《达斡尔族简史》（1986）。达斡尔族历史语言调查获得了大量社会生活各方面的资料，为后来达斡尔族风俗习惯、宗教信仰、民间文学艺术的整理研究，奠定了良好的基础。

孟志东未能参加达斡尔族历史语言调查，不过他整理的达斡尔族民间故事，充分利用了民族调查的档案资料。例如收入本书的"阿尔格托和库其托"、"寡妇脱险"、"小女婿答岳父"等，来自中央少数民族语言调查队；"伊玛迪"、"大马哈鱼游到库玛尔河"等，来自内蒙古东北少数民族社会历史调查组。还有些民间故事没有注明出处，如"黑棒子和红棒子"、"谁有本事"、"小白兔"等，没有注明出处，只注明孟志东整理，也可能是出于调查资料。

本书整理的民间故事，一律不注明采访调查的具体时间，反映出许多故事可能不是他采集的，是利用了别人采集的资料。

达斡尔族的民间故事一般都比较简短，讲故事的人不是刻意创造的，只是一种思想感情的自然流露，借物舒情而已。本书的民间故事篇幅都比较长，例如"姐弟俩"一篇，长达14000字（按版面计算），有如一篇短篇小说，可能与整理者的铺张有关。即使在汉族中，篇幅如此长的民间故事也是很少见的。

本书中关于"莫日根"（猎人、猎手）的故事特别多，有"德洪莫日根"、"昂格尔莫日根"、"绰凯莫日根"、"阿波卡提莫日根"、"殊贵莫日根"、"库楚尼莫日根"、"洪都勒迪莫日根"、"绰库尔迪莫日根"等10篇，说明整理者特别重视"莫日根"故事，整理者又名"莫日根迪"，不是偶然的。狩猎是达斡尔人的重要产业部门，猎人素以勇敢善射著称，被视为英雄，最能代表达斡尔人的民族性格特点，达斡尔人由于勇敢善战，有不少人成为将军、都统、副都统、总管等高官，有的人被选为宫廷内侍。达斡尔人崇拜猎人、崇拜英雄，是有历史原因的。

编者在书前有长篇序言，介绍了达斡尔族民间故事的概况。他指出："在达斡尔族人民中间，也流传着不少同汉族、蒙古族、鄂温克族等兄弟民族相似的传说故事。比如汉族民间故事传说中的玉皇、阎王、龙王、嫦娥等等，在达斡尔族民间故事中也提到和出现了。这些作品，应该看作是过去时代中华各民族在政治、经济、文化上相互交往和影响的结晶。但它传到达斡尔族人民中间以后，经过长期口头流传，故事的语言、风格和情节，都发生了变化，具有了本民族的特色，成为达斡尔族民间故事的一个组成部分了。"又指出："在故事里常见的'莽盖'……在蒙古族、鄂温克族、鄂伦春族等民间故事里，也都有莽盖这样的巨魔。"

　　编者认为，达斡尔族民间故事具有浪漫主义气息，运用夸张、对比和拟人化的手法，显示了达斡尔劳动人民丰富的想象力和卓越的创造才能。某些故事里，掺杂着崇拜神仙、敬仰巫师、相信灵魂之类的迷信，这些糟粕性的东西，应当扬弃。

　　本书出版比较早，后来出版的类似故事集常有重复的故事出现，由于讲述者的身份不同，故事的内容存在一些差异，大同小异，这是难以避免的现象。

达斡尔民间故事百篇

娜日斯采录整理。内蒙古文化出版社 1992 年出版。收入《达斡尔资料集》第三集 303－489 页。娜日斯（1946—），女，黑龙江省讷河县阿尔哈浅屯莫日登哈拉人。1982 年由牡丹江师范学院中文系本科毕业，呼伦贝尔市文联作家。本书系呼伦贝尔民间文学集成志书之一种。

据后记，作者从 1987 年起曾多次深入达斡尔、鄂温克、鄂伦春族聚居区调查，采访民间艺人、知情者百余人次，采录达斡尔族民间故事、歌谣、民间叙事诗等数百篇（首）。本书是 200 篇民间故事中，精选出的百余篇（111 篇）。其中有 100 篇是采自呼伦贝尔地区，有 11 篇为新疆达斡尔族民间故事。书名《达斡尔民间故事百篇》系指呼伦贝尔达斡尔族民间故事，新疆的 11 篇似后附上去的民间故事。

本书对民间故事的采录整理比较规范化，大多数都注明了被采访者的姓名、性别、年龄、身份和采访时间，以示故事来源的真实性。这是民间文学作品采集整理必须遵循的原则，如果缺乏这些有关的信息，读者会怀疑民间作品的真实性。出于某种需要，编造民间故事的现象时有发生。其危害有如论文引用他人研究成果不注明出处，是一种很不严肃的行为，是缺乏文化修养的表现。

本书中收录的民间故事种类繁多，这正是民间文学固有的特点。人民群众的喜、怒、哀、乐和愿望、要求，常常通过民间故事、民间音乐表现出来。对于达斡尔族来说，由于没有本民族的文字，其理想、诉求、怨恨、祈盼，只能诉诸于故事和歌谣。达斡尔族民间故事、民间歌谣特别丰富，即与此有关。

民间故事、民间歌谣的产生，与社会经济、社会政治的特点有密切的关系。因此，民间故事、民间歌谣在一定程度上可以反映出一个民族的社会生活。本书所收录的民间故事，恰好表现了达斡尔族的物质生活和精神生活。

本书中关于"莫日根"（猎手）的故事比较多，如"贵莫日根"、"瑞莫日根"、"雪林莫日根"、"呼兰索日莫日根"等等。达斡尔族的狩猎活动是重要的经济活动，向清朝廷贡貂是必尽的义务，貂皮又是重要商品。从黑龙江北到迁居嫩江，狩猎活动一直很盛行。因此，人们崇拜"莫日根"，关于"莫日根"的故事自然很多。采集"柳蒿芽"（昆米乐）属于经济活动，"柳蒿芽"是达斡尔族不可缺少的食品，至今仍是餐桌上经常可见的菜馔。"昆米乐系列传说"，正好印证了这个道理。

关于力士德布库的传说故事比较多，存在"同类异文"现象。这种现象有深刻的社会原因。达斡尔人也同其祖先契丹人一样，勇武好斗。在清代达斡尔族出现了许多将军、都统，还有人入皇室充当侍卫，究其原因与其身体健壮有关。大力士会受到朝廷的重用，这个道理是人所尽知的。因此，人们敬重力士、崇拜力士，将他们视为英雄。本书中的"拎粮袋"、"翻粮车"、"不怕鬼"、"斗妖精"、"割条子"等篇虽然有些夸张，却真实地反映了达斡尔人的祈盼和理想。

有智慧的人，虽然不是大力士，却凭智慧战胜困难，克服危险，取得成功。机智人物乌卡铁系列传说向人们讲述了这个道理，"乌卡铁斗莽盖"、"乌卡铁办年货"很生动，它启发人多动脑筋想办法，可以化险为夷。

"路上鬼"、"马上鬼"、"林里鬼"、"树上鬼"等故事，告诉人们不要怕鬼，要用智慧去战胜鬼。"有鬼的地方，你不怕，鬼就不敢靠近你。"此话很有哲理，它告诉人们生活中不要怕鬼。是鬼怕人，不是人怕鬼。

娜日斯对民间故事的整理，既"保持了故事内容、语言风格的原貌。

对同类故事的异文，按讲述各自内容记录，以体现其特有的风格和地方特点；在汉译当中……力求译文准确、忠实"（见后记）。这种做法是很科学的。故事、传说的整理者，必须忠于原貌，不能根据自己的需要肆意加以增删，这是一个原则问题，必须遵循照办。这是整理民间故事好坏的重要标准。

达斡尔民间故事选

赛音塔娜编。赛音塔娜（1939—），女，黑龙江省讷河县舍卧尔托尔苏屯莫日登哈拉人。内蒙古社会科学院研究员。本书由内蒙古人民出版社1987年3月出版，36.1万字。收入《达斡尔资料集》第三集876 – 1054页。

其后记称："我尽量收入不同类型的故事，以期给研究者提供更多的资料。"本书共收入各种民间故事89篇，其中有关于历史的传说，如"萨克哈尔迪汗的传说"、"多将军的传说"、"都将军巧斩黄带子"、"萨将军的炮"、"少郎和代夫的传说"；有关于动物植物的传说，如"铃铛花是怎么来的"、"几种鸟鸣的来历"、"黄马和花狗还乡的传说"、"鲤鱼报恩"、"蛇媳妇"、"人参姑娘"、"麻秆媳妇"；有关于萨满的传说，如"苏克歹萨满和一个喇嘛"、"托庆嘎萨满的传说"、"尼桑萨满"；有关于古迹的传说，如"人崖的传说"、"嘎西讷洞的传说"、"开阔石碑的传说"、"广慧寺是怎么建起来的"、"关于车齐热洞的传说"；有关于"莫日根"的传说，如"召思莫日根和张丽花卡托"、"毛都雅德根和莫日根"；有关于喇嘛的传说，如"喇嘛和木匠"、"喇嘛和蟒蛇"；有关于妖魔鬼怪的传说，如"寡妇和莽盖"、"小妖和小伙子"、"鹰精"；有慈父慈母和孝子的传说，如"慈母的心"、"孝敬老人"、"父亲的教诲"等等。社会生活各个方面的故事传说，几乎都加以搜集编入书中，是比较全面的故事选集。

关于"哈查密"（汉语称七星泡子，在宜卧奇屯东）的传说，在达斡尔族中广为流传，有许多不同的版本，大同小异。本书所采集的版本，是莫力达瓦旗奇克热、敖贵德和鄂温克旗金贵绰三人所讲述，称萨吉哈尔迪汗被沙俄打败后率部南下，在横渡嫩江时有龟背搭桥，使他顺利渡江，又渡江以后与儿媳比赛，挖了"乌尔阔"。

鱼鳖搭桥的故事出现很早，东汉王充在《放衡·吉验篇》、《后汉书·东夷传·夫余国》都有记载，称橐离国王侍婢生子名叫东明，国王欲杀之，东明逃至掩溉水，"以弓击水，鱼鳖浮为桥，东明得渡，鱼鳖解散，追兵不得渡，因都王夫余，故北夷有夫余国焉。"萨吉哈尔迪汗渡江的传说，学者皆认为是源于此，将这个传说附会到萨吉哈尔迪汗身上去了。所谓"乌尔阔"是金代所修建，用以防御蒙古，在《金史》有明确记载。本书中的讲述人称是清代反击沙俄之事，是可以考虑的。现在有些人认为萨吉哈尔迪汗是达斡尔族的祖先。本书编者在记录这些传说（包括萨吉哈尔迪汗的车轮印、马蹄印、大铁锅）之后提出："由于这些遗迹比较分散，分布较广，这些遗迹之间又缺乏历史的连续性，使我们很难寻找出萨吉尔迪汗个人历史发展的脉络。"传说就是传说，传说不等于真实的历史，以传说为依据研究达斡尔族的历史，是不可以的，违背了历史研究的基本原则。传说故事属于民间口头文学，用它来研究民间口头文学的发展演变，却是重要的资料。

关于这个问题，编者在前言中做了很好的说明。指出，"达斡尔族传说故事所展现出的民族特征之一，就是它深深地打上了民族信仰的标记，即具有浓厚的原始宗教色彩"；"达斡尔族传说故事的又一个民族特征，就是歌颂英雄的故事很多。这些富于战斗性和反抗性的故事，在达斡尔族故事传说里是比较精彩的，深受本族人民所注意和喜爱"；"达斡尔的传说和自然景物的巧妙结合，这达斡尔族传说的另一个显著特征。"这种概括分析是比较妥当的。

需要补充的是，达斡尔族民间传说为什么歌颂英雄人物的故事，最受民众的喜爱？这与达斡尔族在历史上经受了长期的压迫统治，从而培养民众的反抗精神，奇三上书和少郎岱夫起义，最能说明这个问题。人们的爱憎情感，与其所处的政治经济地位有关，有压迫就会有反抗斗争，历史上的陈胜吴广起义、黄巢起义、朱元璋起义都证明了这一点。达斡尔人对英雄人物故事传说的重视，应当从历史上寻找原因。

达斡尔族民间故事集

　　呼思乐、雪鹰合编。呼思乐（1931—），黑龙江省德都县德都勒哈拉人，又名德志贤。1959 年入内蒙古历史语文研究所（后改称内蒙古社会科学院），从事达斡尔族研究，侧重于达斡尔族民间文学研究，深入实地搜集整理达斡尔族民间文学。除本书外，还有《达斡尔族传统诗歌选译》（与奥登挂合译）。《达斡尔民间故事集》于 1981 年 7 月由内蒙古人民出版社出版，18.1 万字。后收入《达斡尔资料集》第三集 640 – 761 页。是内蒙古的获奖作品。

　　前言称："达斡尔族民间口头文学用记音符号比较准确地被记录下来，那是建国以后五十年代后期的事情。最初，中央派的少数民族语言调查队，深入内蒙古、黑龙江和新疆地区达斡尔族群众聚居的地方，结合语言调查，记录了大量民间口头文学。后来，有一些专业和业余研究人员进行了广泛搜集。并翻译整理不少资料。现在，其中的很多优秀作品业已编辑出版。这里选编的四十四篇故事，是在我们过去掌握的资料以及个人搜集的原始记录稿的基础上翻译整理加工的。"又称："在翻译整理过程中，为了使读者更多看到故事的原型，我们加工改动较小，尽量保持故事的朴实风貌。这样，就免不了掺有一些不健康的成分。如像一切文学遗产一样，达斡尔族民间故事也会在精华之中杂以一些糟粕，如宣扬宿命论、因果报应、福禄富贵以及带迷信色彩的一类东西。"编者整理民间故事的态度是严肃认真的，实事求是的。有些民间故事注明了搜集时间、搜集地点和讲述者的名字、年龄、性别，即证明了这一点。

本书所收录的达斡尔族民间故事的地域范围比较大，涉及到内蒙古鄂温克族自治旗、莫力达瓦达斡尔族自治旗、布特哈旗、海拉尔市、黑龙江省齐齐哈尔市；传说的时代从清代一直到民国年间，时间跨度比较大。因此，这些故事的内容更加丰富多彩。有传统的"莫日根"（猎人、猎手）故事，"布库"（大力士）故事，仙女故事，更多的是关于野生动物（如乌龟、鲫鱼、泥鳅、鲇鱼、狗熊、刺猬、喜鹊、狐狸、乌鸦、鹌鹑、野猪、黑蟒）的故事。达斡尔人长于狩猎，与野生动物接触比较多，观察比较仔细，于是便产生了许多野生动物的故事。人事间的故事也不少，如"丑姑娘变成俊媳妇"、"纯宝和安琪莲"、"侥幸的夫妇"、"萨吉嘎尔迪汗与卡索金"、"机灵的弟弟"、"狠心婆的下场"等等，歌颂了人间的友爱，鞭打了人间的丑恶，寄托了人们的期待，表达了人们的心声。

还有真人真事的故事，例如"奇三和孟库胡图林嘎为民申冤"就是真人真事。奇三为黑龙江省讷河县满都屯郭布勒哈拉人，乾隆年间，为布特哈副总管，他看到黑龙江将军衙门对贡貂的达斡尔人百般勒索欺压，遂与佐领孟库胡图林嘎于乾隆六十年（1795）八月，拦驾上书，揭露黑龙江将军衙门欺压民众的恶行。乾隆将有关的官员或处死或革职或降职，奇三以越职上书流放伊犁。此事在民间产生了极大的反响，将奇三的义举编为"乌春"传唱，留下了许多故事传说，本书的故事即出于此。本书奇三的故事朴实无华，真实记录了事情的本末。

本书的"红军向导郭庄海"、"巴嘎布支援红军的故事"，也是真实的故事，郭庄海、巴嘎布都是达斡尔人，在20世纪30年代，他们给红军（抗日联军）带路，保护抗联战士，新中国成立以后还健在。呼思乐对他们的采访记录很真实，记录了达斡尔人的爱国精神和崇高思想境界。

达斡尔族的民间故事，整理出版了好多种。相比较而言，《达斡尔族民间故事集》是比较成功的一种。采访、翻译、整理时，注意到了实事求是的原则，尽量保存故事的原貌，不夸大、不删减。只有真实的故事，才能反映出达斡尔族民间作家的精神面貌；只有真实的故事，才能感动读者；只有真实的故事，才具有文学研究的价值。那些根据己意，肆意改动故事的内容，为之增枝添叶，不仅违反了民间文艺作品整理的原则，而且也是对先人的亵渎。

达斡尔族神话故事

苏勇搜集整理。内蒙古文化出版社 1998 年出版，收入《达斡尔资料集》第三集 762–875 页，民族出版社 2002 年 6 月出版。共收入达斡尔族神话故事 62 篇，是一部神话专辑。

苏勇，达斡尔族，是内蒙古呼伦贝尔市莫力达瓦达斡尔族自治旗文化馆创作员。据书后娜日斯写的代后记，苏勇作为莫旗民间故事、歌谣、谚语三套集成办公室工作人员，"访遍莫旗达斡尔族聚居的三十九个乡镇、村屯，采访了近百人次，采集到二百余篇（首）达斡尔民间故事、午春（民间叙事诗）、歌谣、民俗资料。"本书的神话故事，来源于他亲自采访、翻译和整理。

在书后附录中，苏勇介绍了重点故事讲述人的情况：敖玉林，哈达阳镇哈布奇村村长，善于讲神话故事，采录了他讲述的"人鬼之交"等 33 篇故事。鄂金山，林场指导员，家住巴彦乡，善讲传说故事，熟悉达斡尔族的变迁、沿革和历史事件，采录了他讲述的"达斡尔人和异族通婚"等 19 篇故事。德友山，猎人，善讲猎人故事，采录他讲述的"恰阿讷格"等 32 篇故事。吴起和，女，家族妇女，住哈达阳镇，善唱善讲，采录她的"思念父母"等 13 篇（首）故事和午春。编入本书的故事、午春，多半是这四人讲述（诵）的。

收入本书的民间故事，通俗易懂，口语化特别明显，保留了民众口语讲述的风格和特点，编者没有像有些人那样"深度加工"，保留了民间故事的原汁原味。这样的整理，才能称得上是科学的、成功的整理，保存了原始的民间文学资料。

在许多民间故事之后，编者都注明了讲述者的姓名、年龄、流传地区、采访时间以及采录、翻译、整理者的姓名，这是必不可少的科学信息，这类信息不完全的话，读者往往会认为是转抄他人的成果，对编书的人会产生负面的影响。因此，搜集整理民间文学作品，务必注意这个问题。

在有些民间故事之后，编者有时会注明讲述者和原述者的不同姓名，这是由于原述者已故，是由他人代为讲述的。民间故事是口耳相传，许多非物质文化的传承都是如此。多注上几位传承者的名字，往往会增强民间故事的权威性、可靠性，这一点常常容易被忽略了。看得出苏勇是位细心人，他注意到了这个问题，是值得称赞的。

苏勇根据他亲自考察所见，写了《嫩江流域达斡尔族民间文学概述》一文，作为代序，列于卷首。对达斡尔族的民间故事、神话、传说、童话、谚语、午春、鲁日格勒、谜语、诵语等，进行了概括的论述，表达了他的学术见解。

本书题为《达斡尔族神话故事》，所收录的故事多为神话。所谓神话，就是人们虚构的神秘故事，在各个民族中都存在。在科学落后的古代，人们对雷鸣闪电、日食月蚀、刮风下雨等等自然现象迷惑不解，于是便用自己的想象来做说明。马克思在《〈政治经济学批判〉导言》中说：神话"通过人民的幻想，用一种不自觉的艺术方式加工过的自然和社会形式本身。"神话的内容往往与人们生活的环境、接触的对象有关。达斡尔族多居住在山区，因此本书中的白那查（山神）、人头蛇、貉子精、兔子精、大蟒蛇、龙王女、老虎的传说比较多。"画女下凡"、"萝卜姐妹"、"水花姑娘"，寄托了人们对美好的祈望。"达斡尔人和异族通婚"的传说，反映出达斡尔人与异族通婚，是很耐人思考的。达斡尔人与鄂温克人长期生活在一起，都是人口不多的少数民族，受同哈拉人不能通婚的限制，适龄青年结婚遇到了困难，因此，达斡尔与鄂温克通婚非常普遍，互为婚姻民族、亲戚民族。传说中的故事是属实的，只不过有了曲折复杂的情节，更为读者所乐观。

这部《达斡尔族神话故事》，很有民族特点，通过它可以了解达斡尔人的生活特点和精神文化，是很值得阅读的科普图书。

少郎和岱夫

　　《少郎和岱夫》是民间艺人根据真人真事创作的"乌春"。少郎、岱夫兄弟俩，是民国初年齐齐哈尔市富拉尔基区罕伯岱村达斡尔人，由于不满于地主豪强的欺压而走上反抗斗争，得到当地民众的支持。虽然最后失败了，被官府所镇压，然而他们的义举却在当地民间广为流传。于是，当地不少达斡尔族民间艺人将他们的事迹编为"乌春"。

　　20世纪80年代初，齐齐哈尔市文联民间文艺征集小组李福忠、刘兴业受黑龙江省民间文艺研究会的委托，深入到齐齐哈尔市郊区进行实地调查，走访了罕伯岱、富拉尔基、梅里斯、雅尔赛、卧牛吐、地房子、莽格叶、门沁村民129人，搜集到14位民间艺人提供的说唱"乌春"。根据采访资料，整理出5种不同版本的《少郎和岱夫》乌春，分别发表于《黑龙江民间文学》1981年第3辑和1984年第10辑。后来结集为《少郎与岱夫》，由民族出版社2002年出版；又收入《达斡尔资料集》第七集，民族出版社2007年出版。

　　《少郎和岱夫》乌春的5种不同版本，是由不同的民间艺人讲述的，其内容大同小异。

　　第一种（部）是那音太说唱，色音、那音太翻译，李福忠、刘兴业整理。那音太（1935—），齐齐哈尔市梅里斯达斡尔族区哈拉屯敖拉哈拉人，著名的民间艺人。色热（1931—），又名鄂成利，梅里斯区哈代哈村鄂尔特哈拉人，长期从事文化工作，也是民间艺人。他们创作整理的《少郎和

233

岱夫》乌春，曾荣获全国优秀民间文艺作品奖。最初发表于《黑龙江民间文学》第3辑。

第二种（部）是胡瑞宝、胡海轩说唱，何德林、色热翻译，李福忠、刘兴业整理。胡瑞宝（1900－1980）、胡海轩（1918－1994）都是达斡尔族民间艺人，胡海轩演唱的乌春，音调淳朴感人，地方特色浓郁，民族特点强烈，在雅尔赛、卧牛吐深受群众的欢迎。

第三种（部）是二布库说唱，何德林、色热翻译，刘兴业、李福忠整理。二布库（1925—）又名多文祥，梅里斯区卧牛吐村敖拉哈拉人。著名的民间艺人，自编自演《少郎和岱夫》，是《少郎与岱夫》乌春的主要演唱者，在当地很有影响。

第四种（部）是胡海轩说唱，色热、何德林翻译，李福忠、刘兴业整理。李福忠、刘兴业为汉族人，齐齐哈尔市文联文化工作者。

第五种（部）是根据不同艺人的演唱综合而成，集体翻译，刘兴业、李福忠整理。

第二种（部）、第三种（部）、第四种（部）、第五种（部），均发表于《黑龙江民间文学》第10辑，1984年内部出版。

关于《少郎和岱夫》乌春的搜集整理情况，李福忠、刘兴业在《采风散记》、《〈少郎和岱夫〉整理札记》（见《黑龙江民间文学》第3辑）和《〈少郎和岱夫〉整理札记之二》、《〈少郎和岱夫〉搜集整理简况》（见《黑龙江民间文学》第10辑）诸文中，有详细介绍。他们的搜集整理工作，受到当地达斡尔族群众的热烈欢迎和支持，在交通不便的条件下，他们克服了种种困难，胜利地完成了任务。

对《少郎和岱夫》整理的难度，主要是两种不同语言的差别太大，将达斡尔语用汉语来表达，如果采用直译就很困难，只能采用意译。例如对哈拉乌苏大苇塘的描绘，直译为："苇塘的大，苇子摇晃，风吹，推刀嚓嚓。"只能意译为："哈拉乌苏大苇塘哟，方圆百里野茫茫；北风吹得长苇舞哟，推刀伴着苇根响。"达斡尔语诗押头韵，翻译很难做到这一点，只好改成尾韵。如此等等，说明《少郎和岱夫》乌春的整理工作相当不容易。

《少郎和岱夫》乌春，可以看成是英雄的史诗，能够振奋达斡尔人的民族精神。达斡尔民间众多艺人自发地创作《少郎和岱夫》乌春，达斡尔族群众喜欢听《少郎和岱夫》乌春，是有深刻社会历史原因的。它的社会影响，与文人创作的乌春诗，是不分伯仲的。达斡尔族的乌春演唱，已被列为国家非物质文化遗产，说明文化界人士对它的认同和肯定。挖掘"乌春"说唱艺术，应当进一步深入和加强。

达斡尔族民歌选

杨士清编。杨士清（1935—），黑龙江省齐齐哈尔市梅里斯达斡尔族区东哈雅屯毕日扬哈拉人。黑龙江省艺术研究所研究员。此书为内蒙古人民出版社 1980 年 10 月出版，后收入《达斡尔族资料集》第四集 291 – 416 页。

本书收入黑龙江、内蒙古和新疆三省区达斡尔族传统民歌 128 首、佚词曲调 42 首，歌词采用汉语。当时所知道的达斡尔族传统民歌，凡是具有代表性者几乎全部收入。是新中国建立以来出版最早的达斡尔族传统民歌选集，对后来达斡尔族传统民歌的搜集、整理和研究，产生了一定的影响。

书前有《达斡尔族民歌初探（代序）》一文，对达斡尔族传统民歌进行了全面系统的论述。提出达斡尔族传统民歌在演唱形式上可以分为"扎恩达勒"、"哈肯麦"歌曲（"哈库麦""呼苏姑"）、"乌春"、"萨满"歌曲（"雅德根依若"）四类。

本书认为，"扎恩达勒"可直译为"歌"，是一种类似山歌体裁的歌曲。通常是在森林采伐、野地打柴、赶车骑马、妇女采集时抒唱。其曲调特点是高亢、奔放。"哈库麦"歌曲也称"鲁日格勒"，是一种民间歌舞形式，跳舞时唱的歌曲称"哈库麦""呼苏姑"。"呼苏姑"直译是"语言"，或可译成"词"，实质是歌曲的同义语。这种歌舞是妇女表演，男子很少参加。它的表演分为三段：第一段以歌为主、以舞为辅，第二段以舞为主，以歌为辅，第三段称"郎图大奇"，以拳斗之意，然后结束。"乌春"
是一种长篇说唱形式，同蒙古族的"好来宝"相似。"乌春"是由序、本
文、收尾三个部分组成。本文是"乌春"的主要部分，是唱唱说说、说说
唱唱，唱词不太固定，一曲到底，中间不换其他曲调，绝大部分是专曲专
用。萨满歌曲，达斡尔语称"雅德根伊若"，"雅德根"即萨满，"伊若"
为歌曲。"扎恩达勒"、"哈库麦"和"伊德根伊若"一律不用乐器伴奏，
说唱"乌春"时用四胡"华昌子"伴奏，"华昌子"是达斡尔族的称谓，
实即"四胡"。

达斡尔族传统民歌的歌词的表现手法，常见的有三种：比兴法，设问
法，直叙法。达斡尔族传统民歌的"衬词"约有四十多种，"扎恩达勒"
的衬词通用的是"讷耶呢呀耶"；"哈库麦"没有通用的衬词，一般都是专
曲专用，常见的有"杭给"、"努嘎哟德木德木"；"乌春"的衬词，多用
"诸咳"；"雅德根伊若"的衬词有"者格米"、"德杨奎"、"可耶库"、
"嘎拉卓"、"沃顿蝉"等。"衬词"即虚词，在汉族歌曲中也经常出现，
如"咿呀咳"、"咿儿哟"之类，无实际意义。本书认为，衬词不能直接反
映歌曲的基本内容，"然而它却是进一步揭示唱词内容、丰富和增强歌曲
色彩和生活气息的很重要的补充手段。因此，它对基本内容起着积极的表
现作用。不少衬词也都有它的来历和生活依据，这些问题尚待我们去进一
步深入地研究和探讨。"

关于达斡尔族传统民歌的曲调，本书认为受到了外族的影响。"达斡
尔族，不仅在生活上不断接受汉族的先进农作技术，同时由于民间往来的
频繁，也必然在文化艺术上受到影响。这种影响首先表现在，达斡尔族民
歌中出现了反映汉族文学名著故事的作品。另外，在民歌旋律中，调式、
调性各方面也都发生着新的变化……达斡尔族民歌也有不少地方是受蒙古
民歌的影响，也有不少蒙古族民歌已传到达斡尔族地区，为达斡尔族所喜
闻乐见，并已成为达斡尔族民歌。"

"哈库麦"也称"鲁日格勒"的说法，尚需深入研究探讨，二者是有
所不同的，许多人的文章中已谈到了不同的意见。现在民歌所见到的"衬

词"，几乎都是虚词，无实际内容，却有增强气势、调整节奏的功用，其来历和生活依据为何，确实有深入研究的必需。由此看来，对达斡尔族传统民歌的认识，不能停留在目前的水平，仍需要扩大研究范围，进一步加深研究和探讨。

达斡尔族传统民歌选

何今生编。何今声（1939—?），黑龙江省齐齐哈尔市梅里斯达斡尔族区鄂斯尔哈拉人，1964 年毕业于中央民族学院音乐系。曾任齐齐哈尔师范学院艺术系教授、齐齐哈尔市民族文化馆馆长。

《达斡尔族传统民歌选》是黑龙江省民族研究所《黑龙江少数民族古籍丛书》之一种，1987 年初完稿，后收入《达斡尔资料集》第四集 417 – 542 页，民族出版社 2003 年 7 月出版。本《民歌选》共收入传统民歌 130 首、佚词曲调 26 首，有 108 首民族的歌词用国际音标注音，并译成了汉字。其中有些民歌只有汉译词，未加注音。"这些民歌多是建国初期或五、六十年代搜集的，当时的搜集者又采取了直接汉译配歌的方式进行了整理，这次以原样收入。实际上，由于一些民歌久远，有的原唱者相继谢世，已无法核对原词了。我们选留这部分民歌，既是对民歌演唱者的很好纪念，也是对搜集整理者劳绩的肯定。"

编者在后记中称："本书所选民歌中注出的是县区，为该歌的采录地所在的县区，不全是民歌流传地区范围"；"本书所载民歌中，除齐齐哈尔市达斡尔族传统民歌外，其来源大都是有关地区的民歌集或资料卷本。"

本书卷首有《黑龙江省达斡尔族传统民歌概述》一文，全面地表达了编者对黑龙江省达斡尔族传统民歌研究的成果和学术观点。

编者认为，"扎恩达勒"可以分为有词和无词两种类型，无词者是一种以"讷—呀，呢—呀"无实质意义的衬词唱曲调的歌。有词者是在无词者的曲调上填上词的歌。前者是触景生情的即兴吟咏，节拍变化自由；后者有了具体的思想内容，但词曲流变性较大，一曲多词现象极其普遍。但歌中经常以"讷—呀，呢—呀"做为衬词，仍保留无词者的基本特征。

编者认为，有些"扎恩达勒"是讲述故事的多段长篇的，"这时它往往被人们称为'乌钦'。如《德莫日根》和《少郎与岱夫》就是颇受群众欢迎的长篇'扎恩达勒'，其曲调完全是'扎恩达勒'，与一般'扎恩达勒'的区别，就在于它们在内容上离开即兴吟咏而走上讲故事塑人物的高度，篇幅上有的扩大。"这种说法与他在文中讲的"扎恩达勒"是"类似山歌和小曲体裁的民间歌曲，通常是在田间劳作、草原放牧、伐木放排、骑马赶车时唱的歌曲"就不一致了，"乌钦"通常是在听众聚集的固定场所演唱，由四胡伴奏。如果说"乌钦"是由"扎恩达勒"演变而来，是可以的；若说"乌钦"就是"扎恩达勒"，完全混淆了二者的界限，恐怕难以成立。

编者提出："就民歌而论，妇女是主要创造者。达斡尔民歌中，除内容上表现妇女生活外，大部分歌曲是以'哈肯麦'舞蹈歌的样式出现的。历史上'哈肯麦'舞只有女子跳，男人很少参加。由此不难推断，'哈肯麦'歌曲首先是妇女编唱的。事实上，在收集到的大部分达斡尔族传统民歌，其演唱者大都是妇女。"这种推断是可以成立的。

编者在分析达斡尔民歌曲调时，指出："作为中华民族的一个成员，达斡尔族善于在自己的音乐语言中吸收各民族的音调，汉族、蒙古族、鄂温克族、鄂伦春族的音乐对达斡尔族音乐都产生过一定的影响。如蒙古民歌'诺恩吉娅'、'走上高高的兴安岭'，都被填上了达斡尔词演唱，歌词中还有着一些蒙古语。"又举例说："目前传统的《四季歌》，是达斡尔原民歌音调上吸收了汉族《小放牛》音调而形成的。"其结语是："黑龙江达斡尔民歌在吸收其他民族音调时，不是不加选择而盲目吸收的，即使是其他民族的精华部分，他们也会以自己的需要出发，并按着达斡尔族的欣赏习惯加以改造，让它们成为民间音乐肌体的一个有机成分。因此，对于那些被达斡尔族民歌吸收并改造的民歌，我们不应当看成是他民族的，只能看成是达斡尔族的。"

上述的议论是实事求是的，可以看出何今声的思想境界比较高，没有什么民族偏见。做到这一点，是难能可贵的。

达斡尔族传统诗歌选译

奥登挂、呼思乐合译。内蒙古人民出版社 1991 年 12 月出版。奥登挂（1925—），女。学名郭雪英，内蒙古鄂温克族自治旗莫和尔图屯郭布勒哈拉人。内蒙古社会科学院副研究员。呼思乐（1931—），女，又名德志贤，内蒙古德都县德都勒哈拉人，内蒙古社会科学院研究人员。其职称不详。

所谓"达斡尔族传统诗歌"，指的是"午春"（又作"乌春"、"乌钦"），是韵体文诗歌。《达斡尔语词汇》称，"午春，叙事体诗词"，"诵午春，诵叙事体诗。"（见《达斡尔资料集》第四集 87 页）午春最初是文人创作的书面文学，以清代敖拉·常兴（族名阿拉布坦，1809—1885）的作品为最早。清末，玛玛格奇也创作了不少午春诗。入民国以后，创作午春诗的人渐多，钦同普、孟希舜、金荣久等人也创作了不少午春诗。达斡尔人没有本民族的文字，午春诗是借用满文字母记录达斡尔语。此外，民间艺人还创作了很多歌颂英雄人们的长篇午春诗，如胡瑞宝、胡海轩、二布库、那音太创作的《少郎与岱夫》，在民间广为流传。

本书所收，只限于文人创作的午春诗，不及民间艺人的作品。文人的午春诗是以满文记录，流传范围比较小，故奥登挂、呼思乐将这些满文作品译成汉文，以广流传，扩大其影响，实为一件好事。

本书所收之午春诗，分为上、下两编。上编所收为海拉尔地区午春，全部是敖拉·常兴（译者称之为阿拉布登）的作品，计有《十二月》、《看年画》、《中春时光》、《过年诗》、《宴歌》、《祭祀歌》、《父母的恩情》、《姊妹情》、《重芯花》、《人生之道》、《耕读赞》、《酒歌》、《四季歌》、《百花诗》、《唱三国》、《思乡诗》、《驻守边卡》、《巡察额尔古纳、格尔必齐河流域》18篇，以及《官便漫游记》（巡边记）中的即兴诗15篇，即《惜别老母》、《海拉尔河畔启程》、《水路起锚》、《俄人村小憩》、《赞美诺尔杂干涧》、《穆其卡美景》、《蟒盖哈迪险情》、《喜相逢》、《滞留呼玛有感》、《雅克萨城墟怀祖》、《博罗木迪峰》、《柜子峰蓝石峰开怀》、《夜泊查哈阳峰》、《天然要害浩通峰》、《离别》；此外，还有《蝴蝶花的烟荷包》、《可爱的五色花》、《北京城里高二娘》、《诲人诗》、《烦闷歌》、《空虚歌》、《六合诗》、《劝世歌》、《欢乐诗》、《双重的八大快乐》《百鸟之中》等11首，似在海拉尔做官、隐居时所作。上述共44篇午春作品，大概是敖拉·常兴的全部午春诗。

下编为布特哈地区午春，共24篇。其篇名为：《在兵营》、《湖北行》、《思念远戍伊犁之亲人》（金荣久）、《送夫从军》、《海拉尔安本之媳》、《感叹诗》、《在齐齐哈尔城看戏》（玛玛格奇）、《赴甘珠尔庙会》（玛玛格奇）、《渔歌》（钦同普）、《伐木歌》（钦同普）、《耕田赋》（钦同普）、《读书篇》钦同普、《酒戒》（钦同普）、《色戒》（钦同普）、《财戒》（钦同普）、《气戒》（钦同普）、《劝行篇》、《春节诗》、《相思》、《出嫁后的悲歌》、《养马篇》（孟希舜）、《狩猎诗》（金荣久）、《观黑龙江额尔古纳河感》（金荣久）、《即兴诗》（金荣久）。

本书的前编午春诗为奥登挂所译，后编为呼思乐所译。在有些诗下，译者加了注释，以便于阅读。所注释的内容多为人名、地名、典故和植物名（花名）。

本书共收入午春诗68篇，虽有遗漏，然而文人创作的午春诗大体上都已收入其中，为研究达斡尔族的午春诗，提供了丰富的资料。译者的文化水平比较高，所译出的诗句文字流畅、简洁、生动，完美地表达了诗作的诗意和风格，可读性比较强。据此可以对达斡尔族的文人诗午春进行深入研究。

达斡尔族民间艺人的午春，极具民族特色，数量比较多，也应当进行整理和翻译。

达斡尔鄂温克鄂伦春民歌

呼伦贝尔盟文联、文化局编，内蒙古人民出版社 1981 年出版。其中达斡尔族民歌 70 首，编入《达斡尔资料集》第四集 543－591 页，改题为《达斡尔民歌选》。

采录翻译民歌的人有白杉、郭纯、斡登挂、仁亲、杨士清。白杉，海拉尔人；郭纯、斡登挂、仁亲，莫力达瓦旗人；杨士清，齐齐哈尔人。这些达斡尔族民歌，主要是在呼伦贝尔盟范围内搜集来的。

书内的达斡尔族民歌，只有汉文歌词，没有曲谱。《一千尼夫》一首注："这首用达、满、蒙、汉等四种语言唱，是游戏式的舞蹈歌曲。每段前二行皆是以数字为序列的衬词，以数字作衬词，比较少见。可以用达、满、蒙、汉四种语言演唱，说明其流传时间长、传播地区广。"

《达斡尔民族的歌声》歌词为："达斡尔民族的歌声多么嘹亮，古老的民族发祥在黑龙江。过着游牧放着牛羊，被迫迁徙来到嫩江两岸上。野蛮残暴的罗刹霸占了我们的家园，血海深仇牢记心上永不忘。"这是一首比较古老的民歌，反映出达斡尔人对黑龙江家园的留恋。

《狠心的财主》表现了地主的刻薄狠毒，《不愿和你成一家》表现了妇女对婚姻的不满，《赌棍的下场》表现了对赌棍的仇恨，《灰鹤》讽刺了财主的贪婪，《情歌》、《爱的树》、《恩情》、《亲爱的》、《相思》、《情妹的怀念》等歌，唱出了向往爱情生活的甜蜜，都是现实生活的写照。

《想情人》："看见山上两根松树我唱起扎恩达勒，想起树下情人说的话；看见山上两棵柞树我唱起扎恩达勒，想起可爱的人儿你远走啦；看见山上两棵杨树我唱起扎恩达勒，想起亲爱的人儿我泪流下；看见山上两棵白桦树我唱起扎恩达勒，想起无义的人你咋还不回家。"这首情歌表明，"扎恩达勒"与闺怨密切相关，民歌由妇女创造的说法是很道理的。又一首《当我唱起扎恩达勒》："当我唱起扎恩达勒的时候，你顺着歌声到草甸子来找我吧；当我向高山呼唤的时候，你顺着歌声到山前来找我吧……"，说明歌声是姑娘求爱的语言，对于"扎恩达勒"起于妇女会有更深的认识。

由郭纯、斡登桂、仁亲采录翻译的民歌《弹起口胡想娘家》，是一位结婚不久的新妇想娘家。新妇提出："我想低声唱个歌"，婆母回答："你要唱就悄悄地，我们这个地方不同你们那儿，别人听见会笑话你。"这一问一答反映出，闺怨之歌是低吟，这是由于当时社会环境所造成的。由此可知，"扎恩达勒"的产生相当不容易，低吟是初期"扎恩达勒"的重要特点。男人伐木、放排、赶车唱"扎恩达勒"是后来的事情。从国内外大量民族学材料来看，最初的"巫"都是女性，达斡尔族的萨满均为女性。"巫"、"萨满"为了悦神、请神，必须唱歌、舞蹈，达斡尔族也不例外。最早的歌曲是妇女创造的，这是妇女对社会的重要贡献。现代的歌手、歌唱家以女性居多，是有历史原因的。

达斡尔族哈库麦勒（鲁日格勒）歌舞

　　本书是黑龙江省非物质文化遗产系统丛书（宋宏伟主编）中的一种，由杨士清、何文钧、鄂忠群主编。黑龙江人民出版社 2012 年 7 月出版，小 16 开本，正文 241 页，图文并茂，23 万字。

　　本书分为哈库麦勒（鲁日格勒）歌舞形式源流与沿革的探索、哈库麦勒（鲁日格勒）歌舞早期活动的回顾、哈库麦勒（鲁日格勒）歌舞本体特征的研究、相关著作和文章对哈库麦勒（鲁日格勒）歌舞传承与发展的建议和设想五部分。收入本书的文章，有的是早已发表，有的是新作；作者的范围不限于黑龙江省，还有内蒙古和新疆的专家学者。撰文者有的是专业研究人员，有的是非专业研究人员。因此，文章的学术水平参差不齐。

　　栾延琴（呼伦贝尔盟群众艺术馆副研究馆员）的《达斡尔族民间舞"鲁日格勒"》一文（节录自《呼伦贝尔民族民间舞蹈》一书），对"鲁日格勒"舞的记述比较全面、比较深刻。关于"鲁日格勒"舞的来源，作者援引清代都统府笔帖式敖德善老人（时年 82 岁）的说法："该舞最早的来源与篝火有关，是人们在篝火旁所产生的一种自然动态，进而形成的自娱性舞蹈……该舞蹈名称是由'燃烧'一词而得名"（第 32 页）。作者又举例说："居住在呼伦贝尔市鄂温克族自治旗的达斡尔族'敖拉'氏姓、'郭博勒'氏姓、'莫日登'氏姓，他们曾有在篝火旁跳'鲁日格勒'的习俗，并成为传统习惯，建国后才逐渐消失"；敖德善之子毕力德（1983 年 61 岁）称，建国前妇女到鄂温克旗西苏木'雅克萨'山嘴采集野菜时，傍晚妇女们"围坐在篝火旁进餐，有时会吟'舞春'（民间说唱），或唱着'扎恩达拉'（民歌）。当篝火燃起，人们就情不自禁地挥舞着双手，随着火苗的跳动、升腾，尽情地边呼边舞，跳起'鲁日格勒'。"（第32－33页）这种活生生的民族学资料，证明了"鲁日格勒"舞与篝火有关，是一种古老的舞蹈，比"哈库麦勒"舞早得多，"哈库麦勒"是在"鲁日格勒"的基础发展演变而来。作者认为，"鲁日格勒"的词根"鲁日格"，为"火焰升腾"或"火焰燃起"之意，在词根后边加上尾缀以"勒"，就变成了"鲁日格勒"，成为舞蹈之名。上述分析有充足的依据，是可信的。现在围绕篝火跳舞已经见不到了，由篝火的燃烧引申为"跳起来"、"狂欢"、"欢乐"、"兴旺"以后，人们逐渐忘却了"鲁日格勒"舞源于篝火是可以理解的，不过对于专家学者而言却不应该忘记。人们常说，忘记历史就是背叛，指的是背叛了先人的创造，没有先人的创造，岂能有今日的辉煌。

丽娜（鄂温克族自治旗文化馆馆员）《关于鄂温克族民间舞"努日该勒"与达斡尔族民间舞"哈库麦勒"（鲁日格勒）的比较研究》一文，提出了二者的异同，是一个饶有兴趣的话题。作者指出，二者名称相似，鄂温克词"努日该勒"为"点燃"或"旺盛"之意，与达斡尔语的"鲁日格勒"相同；鄂温克族的"努日该勒"舞为二人对舞，也与达斡尔族"鲁日格勒"舞相同。所不同的是，鄂温克族"努日该勒"舞的"舞步强劲有力，狩猎时代痕迹浓郁些，达斡尔族的'哈库麦勒'（鲁日格勒）舞步轻揉舒缓，农耕生产的特点显明些"（第203页）。作者指出，鄂温克族的"努日该勒"与达斡尔族"鲁日格勒"词根是相同的。"这两种不同语系、不同民族的民间舞的名称的词根、寓意基本相同。而这些是因为先祖都过着狩猎生活，还是因为两个民族间相互整合的渊源呢？曾生活在俄罗斯境内的通古斯鄂温克人与布利亚特蒙古人的服饰及生产生活方式几乎相同。相传是由于在很久以前两个民族的著名首领家族之间有过联姻关系的原因。鄂温克族民间舞'努日该勒'与达斡尔族民间舞'哈库麦勒'（鲁日格勒）的名称、舞蹈形式、舞蹈动作及呼号等都有着很多相似相同之处，作为没有文字、历史断代民族是否在远古时代有过不同寻常的历史渊源关系呢?"其实,这个问题是可以回答的。在黑龙江以北和南迁嫩江流域以后,鄂温克人与达斡尔人频繁的通婚,两族之间出现了同一哈拉的情况,成为亲戚民族。苏荣娜《达斡尔族鲁日格勒舞蹈形态特征研究》一文,对这个问题有所论证,指出:"达斡尔族与鄂温克族通婚越发普遍,两族间出现了同一哈拉的情况,如吴力斯、敖拉、郭布勒、杜拉尔、沃热、何勒图、萨玛格热、多金和卜克图,使两民族有'乌耶列'(叔伯兄弟之意)之称。"(见本书第 198 页)

孟志东(内蒙古社会科学院研究员)之《达斡尔族把舞蹈称为"罕伯"吗》一文,也指出:"达斡尔族对于自己的民间舞蹈,早就有传统的名词术语——'路日给勒'。达斡尔族称用的这一名词,与相邻世居的鄂温克族和鄂伦春族,还有同源性的特点。民间舞蹈,鄂温克语称'路日给仍'、鄂伦春语称'路日给仁'。"(见本书 73 页)达斡尔、鄂温克、鄂伦春民间舞蹈名称的相似性,反映出他们之间社会来往很多,文化上的交流导致舞蹈名称的相似相同。不仅如此,他们之间崇拜的萨满神也是有相同的,赛音塔娜有专文论述达斡尔和鄂温克族萨满教关系,见《达斡尔族研究》第九辑 405 – 421 页,内蒙古教育出版社 2008 年 7 月出版。

何文钧《关于达斡尔族民间传统歌舞的达斡尔语称谓之我见》一文,认为"哈肯麦勒格"(即哈库麦勒)与"鲁日格勒"是两个意思不同的词汇,二者有五点不同,因此,用"鲁日格勒"代替"哈肯麦勒格"称呼,"是代替不了的"。毕力扬·士清撰文称:"哈库麦勒"和"鲁日格勒"称谓,不应强行统一。《达斡尔百科词典》对"哈库麦勒"和"鲁日格勒"分两个条目介绍的,这是族内对它们的认定。

本书涉及面比较宽,反映了当前学术界对"哈库麦勒"、"鲁日格勒"研究的主要成果,学术参考价值比较高。

达斡尔族"乌钦"说唱

此书为宋宏伟主编的黑龙江省非物质文化遗产系列丛书的一种，由杨士清、何文钧、鄂忠群主编。黑龙江人民出版社 2012 年 7 月出版。小 16 开本，正文 254 页，有少许插图，28 万字。

本书由"乌钦"形式的探讨与研究、相关著作和文章对"乌钦"形式的论述摘录、"乌钦"说唱经典作品评介、对"乌钦"说唱艺术传承与发展的建议和设想、著名"乌钦"文人和艺人生平简介五部分组成。其中第一部分"乌钦"形式的探讨与研究学术性比较强。

本书共收入各类文章 42 篇，其中有些文章是转录以前发表的作品，有些是为本书撰写的专稿。其篇幅有长有短，学术水平有高有低，不尽相同。这是由于作者的身份不同所致。

毕力扬·士清《达斡尔族"乌钦"形式探析》一文提出，"乌钦"是达斡尔族传统的民间"说唱"艺术形式，既有我国一般"说唱"艺术形式的基本特征，又有它的独到之处。"乌钦"这一称谓，是由满族传过来的。清咸丰元年（1851）敖拉·常兴用满文字写的《巡边记》中，有"吟咏'扎恩达勒'、'乌钦'的声浪"之记载，它是最早提出"乌钦"字样的文字记载。传统的"乌钦"由单人演唱，没有乐器伴奏。后来有的艺人用"华昌斯"（四胡）自拉自唱。说唱"乌钦"的艺人都是业余的，少有以说唱"乌钦"为业的职业艺人。严格意义上的父子传承、师徒传承和教学科班传承几乎没有。

"乌钦"音乐的原始形态可以分为小段小唱，长篇叙事歌、吟诵调三类。小段小唱是比较原始的形态，内容单一，篇幅不长，一个曲目一个曲调。长篇叙事歌也叫讲唱故事的"扎恩达勒"，其乐句的长短、曲调的进行需要随时变化，更像说唱音乐。吟诵调具有似唱非唱、似说非说的特点。有的长篇吟诵调具有"序"，有鲜明的个性特点，因人而异。"乌钦"有衬词"呐耶"、"呐耶耶"、"呐耶呢耶"，与民歌"扎恩达勒"完全相同。

赛音塔娜《谈谈达斡尔族的 uqun "乌春"》一文认为，"乌春"满语中有歌和诗歌两个义项，即歌和诗歌。但是，达斡尔族吸收该词后，其词义扩大了，不仅指歌和诗歌，又增加了新的含义，即叙事诗的意思……除了民间"乌春"之外，又增加了文人的书面"乌春"。关于"乌春"体裁的性质，一种说是说唱曲艺，另一种说是叙事诗，她赞成叙事诗的说法。其理由是："曲艺的调子一般是固定的，曲艺艺人都培养自己的接班人，接班人所唱的曲调也是其师傅教的，一种曲调代代相传。而'乌春'的曲调是不固定，'曲调也根据唱词的变化而变化。总之，词曲都是比较灵活的'。在这一点上看'乌春'与曲艺之间还是有区别的……我认为'乌春'属于不成熟的曲艺，也可以说是曲艺的初级阶段"（第19页）。

关于"乌春"的形成、发展，有其社会内外文化方面的原因。"但从叙事诗内部的发展规律来说，它是达斡尔族民歌发展的必要结果。回顾达斡尔民歌发展的轨迹，早期作品是当时狩猎、采集年代产生的，可能和一定的仪式有关。比如和一些咒语、祭祀歌、习俗歌、招魂歌、哭丧歌、祭鬼神歌等有关。这些可能直接推动了叙事诗的形成和发展。再后来，若干片断的短歌连起来，编织出一些有故事情节、人物、事件的作品"（第21页）。这是符合事物由简单到复杂的发展过程的。

作者认为，"乌春"可以分为民间"乌春"和作家"乌春"两大类。从达斡尔族"乌春"资料分析，"够得上诗人也就只有敖拉·昌兴和钦同普。其他的'乌春'虽有作者名字，用满文创造的。但是，创作上都没有离开民间文学的传统手法，没有个性化、专业化，而且大部分也就是一个人只写过一、两篇作品，像这样作者可以称其为民间诗人、民间艺人"

（第 20 页）。

吴刚《达斡尔族"乌钦"考论》一文认为，何今声将有词的"扎恩达勒"分成长、短篇，不同意将长篇"扎恩达勒"称之为"乌钦"，因为"乌钦"有一种吟书文调，"扎恩达勒"则无此唱法。这种把吟诵调作为认定"乌钦"标准，显得有些褊狭。吟诵调来源于民间艺人的唱书活动，"乌钦"曲调受到了唱书活动吟诵调的影响。实际上唱书即吟诵，出现很早，不只是来源于民间艺人。唐李贺诗有："秋坟鬼唱鲍家诗"之句，巴金文中有"我像唱诗般地自言自语"。唱诗与吟诗义同，古人吟诗抑扬顿挫，优美可听，有如唱歌，故有唱诗之说。

吴刚认为，"乌钦"的源头是萨满祭词、仪式短歌，与赛音塔娜见解相同。他认为，"乌钦"最早来源于一部分雅德根祷词，而古代英雄叙事诗是在此基础上发展的一个阶段，"远古的英雄叙事歌即可以称英雄史诗，也可以称乌钦。"他认为，说唱活动是从萨满仪式活动中分离出来。"一部分短歌、雅德根祷词及其英雄叙事内容，发展成有故事情节、人物、事件的英雄叙事歌，但它并没有自己的独立名称，一直混在'扎恩达勒'中……直到清代，受满族文化影响，这种口头传统才以'乌钦'的名称及其严整的艺术形式固定下来"（第 101 页）。

鄂燕《乌春的称谓及体裁定位》一文，是其硕士论文之一章，仔细梳理了"乌春"的不同称谓和学术界对"乌春"体裁、性质的种种不同说法，指出："关于乌春体裁性质的界定，大致有两种倾向，即侧重于文学、侧重于音乐，产生这两项倾向主要原因是研究涉足领域的不同。但是，对于乌春这种综合性较强的艺术而言，把文学和音乐的因素分割开，对其体裁性质作定位是否有些片面呢？"（第 83 页）

安晓霞《由后晋承唐——乌钦源流之遐想》一文，根据《辽史·乐志》、《旧五代史·礼志》的记载，提出了达斡尔族"乌钦"说唱源流为：由后晋承唐，与变文讲唱一脉相承的遐想。

本书涉及面比较宽，容纳了各种不同的见解，为研究达斡尔族"乌钦"提供了可资参考的资料，是值得阅读的一本书。

中国民间歌曲集成内蒙古卷

由中华人民共和国文化部、中华人民共和国民族事务委员会、中国音乐家协会主办，经全国艺术规划领导小组批准为国家艺术科研重点项目，人民音乐出版社 1992 年 9 月出版。大 16 开本，1475 页。

内蒙古是多民族省区，民歌按蒙古族民歌、汉族民歌、达斡尔族民歌、鄂温克族民歌、鄂伦春族民歌分类编排，附有民歌手简介、歌词题材索引。

卷首有额尔敦朝鲁、沙痕、吕宏久、乌兰杰、张善、包玉林撰稿，吕宏久执笔整理的内蒙民歌概述。

在达斡尔族民歌之前，对"扎恩达勒"、"鲁日格勒"、"雅德调"分别作了介绍。文称：

扎恩达勒可直译为"歌"，是类似山歌、小调体裁的歌曲的统称。通常是男子在伐木、赶车、骑马以及妇女在采黄花、韭菜花和柳蒿芽时唱的。

根据词曲的构成情况，扎恩达勒又可分为三类：

1. 词曲固定。这类扎恩达勒不论何时演唱，词曲一般都不作改动。如：《回娘家》、《何日能相逢》等。

2. 曲调固定，即兴填词。这类扎恩达勒大都是自我抒发，自吟自唱。男人大部分是诉说生活的坎坷和不幸，女人则倾诉封建家庭的苦楚、怀念亲人、思念娘家等等。唱词是触景生情即兴编创的，词不供嘴时，便以"讷耶呢耶"等衬词吟唱。有时干脆不唱歌词，只以"讷耶呢耶"这样的衬词抒发胸臆。

3. 词曲都属即兴编创。这类扎恩达勒的产生有两种情况：一是演唱者早就酝酿成熟的题材，在一定的情景下舒发出来；另一种是触景生情即兴发挥的……

相传，古老的扎恩达勒都是用"讷耶呢耶"来演唱的。后来随着时代的演进，生活内容的丰富，人们感到只用"讷耶呢耶"不足以表达思想感情，便逐渐填入了歌词，而"讷耶呢耶"也就成为扎恩达勒专用衬词了。

文章又称：

鲁日格勒又称哈库麦，是达斡尔民间广泛流行的歌舞形式。逢年过节，晚间常有跳鲁日格勒的集会。参加者大多是妇女，间或也有男子参加。跳舞时不用乐器伴奏，而是舞者们边舞边唱。其内容可以临时商定，或以领舞为主，其他人跟随着边舞边唱……

作为伴舞的歌曲，句式一般简短，旋律起伏不大，歌曲的音域多在八度左右。节奏多为二或三拍子。其结构形式多为包括二乐句或四乐句的单乐段。

文章又称：

历史上达斡尔族曾信仰过原始宗教——萨满教。达斡尔族称萨满为"雅德根"。雅德根通过褚神附体，为人治病求安、驱鬼逐邪，类似汉族的跳大神……雅德根演唱时，有时有七、八个（或多些）人伴唱。雅德根调的歌词是自由体韵文，精炼优美，各段行数不一，衬词也丰富多样。

雅德根词的旋律大都流畅动听，有的简洁刚劲，有时吟咏绵绵，具有原始文化的神秘、粗犷色彩。常用调式为宫，其次是角调式和羽调式。常用的节拍为二或三拍子。雅德根的结构多为四乐句构成的单乐段，由伴唱和主唱交接对唱。也有二乐句构成的乐段。

雅德根调年代久远，又根源于人民生活的土壤之中，是民间歌曲的重要组成部分。

本文对"乌钦"歌曲未作介绍，意味深长，值得深思。

本书共收入达斡尔族民歌74首，其中扎恩达勒58首，鲁日格勒10

首，雅德根调 6 首，皆为具有代表性的民歌。

在民歌手简介中，介绍了鄂义和（女），1925 年生，农民。"她演唱的扎恩达勒，低回深沉，独具风格，尤其她演唱的每一乐句最后长音上的慢颤音，更是独具达斡尔族古老的民歌艺术风格。"她多次参加全国和内蒙古的文艺会演，获得优秀表演奖。

中国民间歌曲集成新疆卷

由文化部、国家民委、中国音乐家协会主办，新疆卷由王秉琏主编。中国 ISBN 中心出版，大 16 开本，2073 页，270 万字。

卷首有王秉琏写的《新疆民歌概述》，称：达斡尔族民间歌曲大致分为"扎恩达勒"、"歌舞"、"乌钦"、"伊若"等四类。"扎恩达勒"意即"歌"，多在田间劳动时吟唱，流传很广；"歌舞"是一种载歌载舞的演唱形式；"乌钦"基本上是一种叙事歌，内容从本民族的历史、民间传统乃至生活中发生的事件无所不包；"伊若"是萨满（巫师）求神驱鬼、治病乞安时专用的歌曲。

在达斡尔族民歌之前，有砂金写的《达斡尔族民歌述略》一文，称：

达斡尔族民歌从体裁上可分为四类：1. 扎恩达勒；2. 歌舞；3. 乌钦；4. 伊若。大部分民歌属"扎恩达勒"和"歌舞"这两种体裁。

1. 扎恩达勒

"扎恩达勒"是一种类似山歌的民间歌曲。多在田间劳动、放牧狩猎、骑马赶车时吟唱，流传较广。"扎恩达勒"的曲调修长，粗犷奔放。可分为有固定歌词和无固定歌词两种。

有固定歌词的"扎恩达勒"曲调较丰富。如《姑娘的心》。

无固定歌词的"扎恩达勒"是在较固定的曲调上即兴填词、触景生情地吟唱。在歌词中常用大量的虚词来补充曲调，节拍较为自由。

2. 歌舞

"歌舞"的演唱又可分为两种形式：

（1）先舞后歌；（2）先歌后舞。"歌舞"类民歌一般曲调轻快，结构短小，节奏性强。

3. 乌钦

"乌钦"是民间的叙事歌曲。其内容繁多，题材从本民族历史、传说、生活故事到寓言无所不包。多在劳动休憩或夜阑酒酣时演唱。唱者自弹自咏，听者围坐四周。曲调随着情节的变化，结合语言特点，时而徐缓，时而激昂，富有说唱性。

4. 伊若

"伊若"是巫师跳神时唱的歌，可译为"萨满歌曲"。

唱"伊若"时巫师主唱，另有数人伴唱，内容不定，曲调多样。有些"伊若"其实是民歌的变体，演唱时故意强调、夸张某一部分，使带上神秘荒诞的色彩。

新疆达斡尔的"伊若"，多数是由东北西迁新疆时带来的。现在，信仰萨满教的越来越少，"伊若"也很少有人会唱了。

本书收入各种达斡尔族民歌51首。

本书歌手简介，无达斡尔族歌手之名。

中国民间歌曲集成黑龙江卷

    文化部、国家民委、中国曲艺家协会主办。由杨士清执笔写《黑龙江民歌概述》一文。详细介绍了黑龙江诸少数民族的共性特征。

    他认为，在源于黑龙江流域的诸游牧渔猎民族，即满族、蒙族、达斡尔族、鄂温克族、鄂伦春族、赫哲族、锡伯族，由于居住环境、生活方式的相同和相似，他们的传统民歌大同小异。

    黑龙江流域诸渔猎民族的山歌、牧歌、田歌、小调的名称，满族称倒喇（道瓦喇），蒙族称道，锡伯族称乌春，达斡尔族称扎恩达勒，鄂温克族称赞达拉嘎，鄂伦春族称柬达仁，赫哲族称嫁合阔。"倒喇"、"道"同一个名词的音转；"扎恩达勒"、"赞达拉嘎"、"柬达仁"、"嫁令阔"，也是同一名词的音转。

    其次，民间"歌舞"歌曲的艺术表现形式，集中反映在"歌"与"舞"的不分家上。在原始的狩猎歌舞中，有"歌"必有"舞"；有"舞"必有"歌"。而这一类歌舞艺术形式，最早都是由原始狩猎时的"圆圈歌舞"形式演变过来的。

    作者认为，达斡尔族的"哈库麦勒"（亦称"鲁日格勒"、"阿罕伯勒"）歌舞形式非常完整，也非常典型。它既不是原始意义上的"狩猎"歌舞，又不是单纯"舞蹈"意义上的"舞蹈艺术"，而是完全由传统狩猎歌舞中演化过来的，是从内容到形式已发展到相当完美程度民族传统歌舞形式。达斡尔人把舞蹈叫做"麦日西格"。从"哈库麦勒"的表演形式上看，"哈库麦勒"中的"麦日西格"（舞蹈部分）很像是"莽式"的"一袖于额，反一袖于背，盘旋作势"，"两人相对而舞，旁人拍手而歌"的表演程度，毫无疑问，"麦日西格"亦是"莽式"一词的音转（第27页）。换言之，作者认为"麦日西格"舞是来源于满族的"莽式"舞。

作者认为，达斡尔族的"乌钦"（乌春），它既有与"曲艺音乐"形式的特征相似之处，更具有民歌形式的类别含意。因此，不能把"乌钦"（乌春）简单的认定为或是"曲艺音乐"，或是"民间歌曲"，故而作者称之为"说唱"歌曲（第27页）。

作者将"乌钦"（乌春）与满族的"朱赤温"（八角鼓、子弟书）进行类比，认为"朱赤温"是在后唐时期，靺鞨人的一种说唱形式，其曲调就是民歌。随着历史的发展和在不同民族中的流传、演化，同一个称谓的含意也在变异。如锡伯族的"乌春"是泛指"民歌"，而达斡尔族的"乌钦"是单指"说唱"歌曲。靺鞨时代的"朱赤温"后来发展成为满族的戏曲形式。言外之意，"乌钦"似与靺鞨人的"朱赤温"有关。单就名称的比较，很难说明问题，最为重要的是要讲清其流变的事实，才能令人信服。

作者的结论是：达斡尔族的"乌钦"形式是由民歌体音乐向说唱体音乐过渡的典型"说唱音乐"。

作者认为，在"萨满文化"中，"歌"与"舞"是占主导地位的。萨满音乐的音调绝大部分来自民间歌曲，或同民间歌曲有着极为密切的内在联系，然而它的表现性能却发生了根本性的变化，萨满歌曲成了人与"神"或"鬼"打交道的一种特殊语言，这种"语言"对信仰"萨满"的人是"神秘莫测"的。

本文对黑龙江地区诸少数民族民歌中的衬词的作用，作了如下的说明：

第一，可用衬词填充曲调歌唱，亦能抒发各种思想感情；第二，演唱者在即兴创作演唱时往往以衬词作过渡和衔接手段；第三，丰满和加强歌曲的生活气息；第四，是各民族传统民歌风格特色的重要组成部分。其前三点可以视作黑龙江少数民族民歌的特点，第四点在其他民族如汉族民歌中也存在衬词，不能列为黑龙江少数民族民歌的特点。

本文后附诸游牧渔猎民族传统民歌常用衬词一览表，详列达斡尔族、鄂伦春族、满族、赫哲族、鄂温克族民歌常用的衬词，却是很重要的，为大家提供了检索之便。

达斡尔族音乐史

何今声、杨士清合撰,见《达斡尔资料集》第八集 656—667 页。民族出版社 2008 年 7 月出版。

本文概述了达斡尔族的传统音乐,介绍了 1949—1990 年达斡尔族音乐,记述了民国以来的具有代表性的音乐家和歌手。涉及到 18 人。其中有:

通福(1912—1988),著名作曲家。他创作了 100 多部音乐作品,所创作的《敖包相会》、《草原晨曲》、《鄂尔多斯风暴》、《牧人之子》等电影歌曲影响很大,《草原上的人们》荣获全国电影创作三等奖;《草原晨曲》获内蒙古自治区歌曲创作一等奖。

杨士清(1935—),民族音乐理论家。中国音乐家协会民族音乐委员会委员、中国少数民族音乐学会副会长,黑龙江省艺术研究所副所长、研究员。国家重点科研项目《中国民间歌曲集·黑龙江卷》主编、《中国民族民间器乐曲集成·黑龙江卷》副主编。

何今声(1939—),作曲家、音乐教育家,齐齐哈尔师范学院艺术系副主任、教授。长期从事达斡尔族音乐整理研究,编有《达斡尔族传统民歌选》,撰有《达斡尔族诗词格律》等文。中国音乐家协会会员、中国少数民族音乐学会理事。

何德志(1926—),著名达斡尔族民歌演唱家,1956 年 8 月参加全国第一届音乐周,以一曲《心上人》轰动首都舞台。

索德米德（1954—），歌唱家。她演唱的二重唱《雄伟的喜马拉雅山》、《乌兰珊丹》十分成功，在社会上广为流传。

色热（1931—），文艺家。长期从事民间文艺研究，他翻译整理的《少郎与岱夫》，获中国民间文艺二等奖。

还有诺敏（1953—），词作家。那音太（1938—），民间舞春演唱家。博约（1911—1986），舞春演唱家。乌嫩齐（1937—），作曲家。其那尔图（1937—），长期整理研究达斡尔族民歌，发表论文多篇。巴依尔（1942—），马头琴演唱家。特木斯勒（1937—），小号演奏家。义德日（1935—），作曲家。巴图额日（1930—），作曲家。吉米德（1939—），作曲家。塔斯（1933—），长笛演奏家。楚伦布和（1948—），作曲家。

这些音乐家和歌手的介绍，增进了人们对达斡尔族音乐艺术的了解，是很必要的。

达斡尔族音乐志及研究

安晓霞编著。黑龙江大学出版社 2014 年 4 月出版。小 16 开本，623 页，39.75 万字。系 2013 年黑龙江省社会科学学术著作出版资助项目。书前有杨士清作的序言。附彩色照片 8 幅，涉及到歌手演唱"扎恩达勒"、表演"哈库麦勒"、说唱"乌钦"及民间乐器"华昌斯"（四胡）、"穆库连"、"确库尔布日琴"、"达布舞"、"雅德根舞"（萨满舞）等项内容。

作者为达斡尔族，齐齐哈尔市职业教育中心学校高级教师，长期从事音乐教育工作的同时，致力于达斡尔族传统民间音乐的收集和整理，多次到北京、新疆塔城、内蒙古呼和浩特、海拉尔、莫力达瓦达斡尔族自治旗、齐齐哈尔市属县（区）达斡尔族聚居地作田野调查，进行了近 200 人次采访，搜集到了大量的音乐资料。本书即依据这些资料编著而成的。

本书共分为上、下两部。上部为达斡尔族音乐志，对达斡尔族传统的"扎恩达勒"、歌舞音乐、曲艺音乐、戏曲音乐、民族乐器以及曲目、唱段、音乐社团、音乐传统、相关的术语谚语轶事、大事记、曲艺家传略，都有详细的记述，曲艺家传略附有照片。下部对达斡尔族传统音乐的特征、萨满音乐的特点和民间歌舞"哈库麦勒"源流等诸问题进行了研究探讨。

本书充分利用了前人的研究成果，受杨士清（黑龙江省艺术研究所研究员）、何今声（齐齐哈尔师范学院艺术系教授）影响比较深。在田野调查中，又搜集到许多新资料，加以补充提高，进一步丰富了达斡尔族传统音乐的内涵，又有所创新，是难能可贵的一部作品，为世人了解达斡尔族传统民间音乐，提供了比较全面系统的参考资料。

达斡尔族没有文字，其传统的音乐作品长期散失于民间。自 20 世纪 80 年代起，开始有人搜集整理，至今有 30 余年。所积累的资料相当丰富，大部分已收入《中国民间歌曲集成》和各种单行本的《民歌选》中。不过对音乐歌曲的研究尚有待深入，在一些重要问题上认识很不一致。本书认为"哈库麦勒"源于"萨满舞"；歌舞称谓语义为"神舞"（100 页）；认为鲁日格勒舞是"雅德根"的弟子、助手及信徒跳的舞蹈，属于萨满仪式中的娱神歌舞（116 页）；乌钦源自古代萨满教祈祷词"乌其勒"，可以追溯至清初（153 页）；"哈库麦勒"意为"戴着象征祖先神的面具的人的舞蹈"，汉意为"跳神"（579 页）等，都缺乏足够的证据，恐难成立。又称鲁日格勒分为赛歌、对舞、赛舞三段，第一段以歌为主、舞为辅，第二段以舞为主、歌为辅，第三段赛舞，举拳对打。这是把"哈库麦勒"的程式当成了"鲁日格勒"的程式，其实"鲁日格勒"没有音乐伴奏，是以呼号伴舞。这是有意无意将鲁日格勒与哈库麦勒画等号，与实际情况大相径庭。故杨士清在序言中称："书中可能还有一些值得深入探讨研究的问题，还需广大读者朋友和专家学者提出批评和指正。"

嫩水达斡尔人

齐齐哈尔市政协文史资料研究委员会编印，内部资料。收入《达斡尔资料集》第八集 16—277 页，民族出版社 2008 年 7 月出版。

本书是各种文章的汇编，是为纪念建国四十周年（1989）而编印，卜林主编。卜林（1923—1995）时任黑龙江省达斡尔学会理事长，主编有《中国达斡尔族人物录》，黑龙江省人民出版社 1997 年出版。

本书收录各种文章 47 篇，作者皆为达斡尔族人士，故名《嫩水达斡尔人》。这些文章以各种回忆录数量最多，所回忆的对象多为民国年间的人和事，以卜林的回忆录数量最多，计 14 篇。卜林的《达斡尔族学校教育历史述要》一文，比较全面系统地记载了达斡尔族的教育，特别是关于民国年间和伪满时期的教育情况最为翔实，作者长期在齐齐哈尔从事地方教育工作，所见所闻甚多，故其记述比较可信。为研究达斡尔人的教育提供了重要资料。卜林《少郎岱夫起义》、《莫力达瓦起义》、《伪满移民忆旧》、《金耀洲与达斡尔族移民》、《对纳文慕仁盟的回忆》、《光复后的一次移民风波》诸文，对历史事实记述比较清楚，可信度比较高，都有助于补史。

郭明升《忆德古来先生》一文比较重要。德古来（1909—?），号纯朴，族名吉尔嘎朗，黑龙江省德都县人，曾在伪满兴安东省、伪满洲国蒙政部任职，后应德王（德穆楚克栋鲁普）之邀，到伪蒙疆联合自治政府任要职，1948 年由阿拉善定远营赴台湾，任国民党立法委员，后死于美国。

本文记述了德古来的家世，其胞弟巴达荣嘎（德古永）为内蒙古社会科学院研究员，极力主张"达斡尔蒙古说"（见《内蒙古社会科学》1993年第2期），这与其兄德古来为阿勒坦噶塔《达斡尔蒙古考》作序有关。德古来早期曾倡导民族教育，用拉丁字母创制达斡尔文字。"九一八"事变以后，他积极活动，会见日本关东军司令凌毅、副参谋长东条英机，取得了日本的支持，于1933年在扎兰屯成立了兴安东省。因此，乌力斯·卫戎在《伪兴安东省纪略》一文中说："兴安东省……是在1932年秋，由德古来等上层知识分子勾通日本帝国主义者及东蒙古王公贵族上层分子酝酿产生的"（见本书82页）。兴安东省建立以后，曾强制移民，将达斡尔人迁至大山沟中耕种，死亡了许多人，兴安东省变成了"人间地狱"（见本书84页）。郭明升之文自称，曾与德古来一起在德王的"西蒙自治政府"当官，故而其文设法美化德古来，是有原因的。

卜林《达斡尔族的"哈勒"和"莫昆"》一文，对哈勒（又作哈拉）、莫昆、毕喇格名称的起因作了说明。他认为，"哈勒"来源于"哈力"（河谷或山沟）的说法"值得考虑"。"莫昆"来源于金代的"猛安"。"毕喇格"为女真语"小河"，汉译为"毕喇"。大氏族部落曾称"爱门"，后用"哈勒"代替。本文列表，将达斡尔族的24个"哈勒"的得名原因、借用汉姓和所属莫昆进行了说明。他认为"敖拉"是以山得名，阿勒丹以河得名。额斯日、毕日杨、莫日登、鄂勒特、沃日、克殷、乌力斯、鄂嫩、郭布勒、托木、精克日、卜古勒、苏都日、杜拉日等都是以河名，塔哈日以山得名。胡拉斯、讷迪、索都尔之名起因不清。扎拉日、桂尔佳、祁布祁日是"后世由外族流入"，究竟从何族流入，未作说明。他认为"达呼尔"哈勒是以"达呼尔山为号，后东移，在达日部一带。此哈勒已消失。"消失的原因为何？未作说明。

本书中关于达斡尔礼俗、食俗、婚俗、葬俗、房屋、穿戴、体育、游艺、萨满教、祭敖包、那达慕之类的文章比较多。本族人记述本族的生活习俗，自然比较方便，不过多停留在风俗的描述上，缺乏深入研究探讨。乌力斯·卫戎《达斡尔族的萨满教》一文，对萨满教的记述比较全面系统，具有一定参考价值。

　　本书作者皆为齐齐哈尔达斡尔人士。此书的文章反映出了 20 世纪 90 年代达斡尔族人对本民族历史研究的水平，和新世纪以来的研究水平不可同日而语。

莫力达瓦达斡尔族自治旗概况

此为国家民委民族问题五种丛书之一种，有初版和修订版两种不同版本。

最初的《莫力达瓦达斡尔族自治旗概况》，是 1986 年 1 月内蒙古人民出版社出版，32 开本，精装，153 页，9.8 万字，卷首有莫力达瓦达斡尔自治旗地图和 14 页彩色照片 40 幅。

修订版是 2008 年 7 月民族出版社出版，32 开本，253 页，22 万字，比初版增加了一倍以上。卷首的地图，由黑白改为彩色，彩色照片减少为 10 页 12 幅。

这两种不同的版本，在内容上各有特点。初版分为 8 章 31 节，内容比较简单，不过关于历史简况的记述比较详细，介绍了族称和族源、开发祖国北疆和清朝对索伦部的统治、反对沙俄侵略的斗争和支援东北抗日联军；还有社会变革，记述的也是历史问题。

修订版则相反，关于历史部分内容比较简单，用很大的篇幅记述地理环境（包括自然环境、物产资源、人口与民族、行政区划、乡镇概况、名胜古迹）、历史沿革与社会变革、农业林业畜牧业水利、工业交通通讯、财政金融旅游等等，更具有地方志的特点。这是由于编写的时代不同、社会的需要不同所致。

实际上国家民委主持编写的各民族自治旗县概况，从内容上看属于地方志类图书，其内容是包罗万象，凡是环境、地理、历史、经济、文化、社会各方面都要记述，所不同的是其内容不如地方志详细，只提供简要情

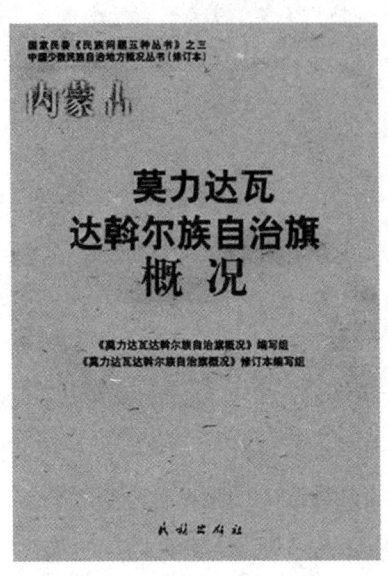

况，供读者检索而已。

　　莫力达瓦旗是达斡尔族聚居之地，许多学者都到这里来调查达斡尔族的语言、历史和风俗习惯。《莫力达瓦达斡尔族自治旗概况》虽然内容稍嫌简单，然而对于研究达斡尔族的历史和社会，无疑是有参考价值的，是可以利用的资料性图书。特别是旗和各乡镇的由来、名胜古迹、文化艺术的参考价值更高，直接涉及到了达斡尔族的历史问题。

达斡尔论坛（第二部上）

乐志德主编。内蒙古文化出版 2010 年 6 月出版。此为纪念文集，多为讲话、报告、贺词、报道类文章和照片。其中小部分文章具有学术价值。

《佐领常兴（昌兴）巡边录》一文，摘自 1958 年 1 月内蒙古、东北少数民族社会历史调查组编辑的《有关达呼尔鄂伦春与索伦的历史资料》（1986 年 6 月）油印本第一辑 122—146 页，不见于《达斡尔族社会历史调查》一书，是一分珍贵的原始资料。

全文约 16000 字，不分节，详细记录了敖拉·常兴奉命巡查额尔古纳河和黑龙江上游的始末和途中的见闻以及他在巡边途中所作的诗篇。

该文记载在额尔古纳河上航行时，所乘坐的是桦皮船，船长 6 丈、宽 1 丈多，"是把桦皮合并而缝成的，船底是用轻木筏子套上的"，"只能载 20 来人"。制作桦皮器是当地人的传统，达斡尔人也不例外。船体是用多层桦树皮缝合而成，船底用木筏子套上加固。不过在航行途中桦皮船被碰撞漏水，多次修复，最后改用木舟，说明在额尔古纳河上航行相当危险。

清代在额尔古纳河上设有许多卡伦（即哨所），是巡边时必须检查的地方。敖拉·常兴记录了卡伦的情况，有总卡"胡和多博"，在这里与齐齐哈尔来的巡边官兵相会合。在"莫力尔克"更换界牌，这是巡边时必须做的事情。他记载"满基哈迪"最危险的航行，河流湍急，船体容易撞坏，"满基哈迪"意为鬼门关。他记载在额尔古纳河会入黑龙江的地方，见到了从瑷珲来的富明阿佐领（富明阿是殉节而死的寿山之父），他们是很早以前在奉天相识的老朋友。他还记载了雅克萨城旧址，称这里是达斡尔族敖拉氏的祖居之地，是他祖先的故乡。在过了雅克萨城以后，又经过了博罗木迪峰到达了斡难河，"斡难河是从西北流入黑龙江的，沿着河涯生长着一片片松树。这里原来是达斡尔族鄂嫩氏所居住的故乡。"石勒喀河的上游也叫鄂嫩河，这是两条不同的鄂嫩河，鄂嫩氏的原住地是黑龙江的小鄂嫩河，而不是额尔古纳河以西的大鄂嫩河。

敖拉·常兴擅长作诗，他在巡边途中触景生情作了不少纪事诗。据统计在《巡边录》中共见有 18 首诗，有惜别诗，有咏山诗，有咏河诗，有与富明阿的唱和诗（富明阿的唱和诗也一并收入）。敖拉·常兴精通满文，其诗文都是使用满文，被后人译为汉文。译文纯熟老练，准确地表达了作者的意境。如拜母离别时，作诗云：

> 奉到君国命，分别去远方；
> 因忠难尽孝，暂违膝下倚。
> 豪气填满胸，何有不畅快；
> 勿为我沉思，挽留已枉然。

在雅克萨城作诗云：

> 在无意无识之中，忽然来到北边境；
> 真正祖先的故乡，幸而亲自来探望，
> 细看这些老树林，实不知经几周年；
> 环绕城池的长江，还在哗哗向下流。

这些诗均为即兴所作，没有诗题，后人也不应补加诗题。虽然没有诗题，仍不碍我们去品味敖拉·常兴诗的韵味，从中可以看出作者爱国的情怀和深远的意境。

文后附有敖拉·常兴用满文写作的"舞春"手稿 5 页，至为珍贵。此件原稿，由黑龙江省博物馆收藏，不易阅读；转录其原稿，可以补此缺憾。

又有一篇《敖拉·昌兴传略》，未署姓名，简略介绍了他的生平事迹。

称敖氏字芝田，族名阿拉布登，生于嘉庆十四年（1809），卒于光绪十一年（1885），享年76岁。生于索伦左翼镶黄旗双宝佐，即今鄂温克族自治旗巴彦托海镇（又称南屯）。15岁时随其父赴京城皇帝，途中绘地图、作诗文。道光十二年（1832），被族众推举为嘎辛达（即村长）。曾到阿尔山温泉修建池塘，用木牌注明每处温泉的医疗效能。咸丰元年（1851）巡边，用满文写《巡边记》。晚年受排挤入狱，出狱后隐居于海拉尔河畔嘎绰格密林中（在今陈巴尔虎旗境内）从事写作，撰写诗歌"乌春"，最后病死于此。他的子孙后代，仍然居住在鄂温克族自治旗。

莫德尔图（呼伦贝尔盟政法委书记，曾任莫力达瓦达斡尔族自治旗副旗长）撰文题为《民族的领袖　革命的先驱》，介绍了郭道甫（1894—1938）的生平事迹，他是内蒙古人民革命党的主要创始人之一，是该党的中央常委、秘书长，主笔起草了《内蒙古人民革命党宣言》和《内蒙古人民革命党纲领》，提出了"打倒军阀和帝国主义"的口号。著有《蒙古问题》、《呼伦贝尔问题》，主张要遵循孙中山提出的三民主义，进行内蒙古的民族民主革命，呼伦贝尔要实现民族自治。1927年内蒙古人民革命党出现分裂，白云梯投靠蒋介石，郭道甫与福明泰领导呼伦贝尔青年党举行了暴动。1931年，他在满洲里苏联领事馆被捕，1938年在苏联肃反中被枪决。半个多世纪以后，苏联当局予以平反。郭道甫的一生，"是无悔的一生，光辉的一生。"这是作者最后的结论。

达斡尔论坛（第二部中）

乐志德主编。内蒙古文化出版社 2003 年 4 月出版。

本书的内容比较庞杂，有报告、批文、建议、总结、回忆录、报道、序言、贺词、贺电、唁电等。其中也有一些与学术有关的文章，比较重要的可以分为 5 组。

关于敖拉·昌兴的文章有 3 篇。敖拉·毕力格《敖拉·昌芝田实录》一文介绍了《布特哈迁居呼伦贝尔索伦正白旗第一佐登特科屯达斡尔敖拉哈拉佐领莫昆家谱》，在这个家族中有敖拉·昌兴、成德、额尔登泰、华霖泰、福明泰等达斡尔族著名人物。敖拉·昌兴曾任索伦左翼镶黄旗公中佐领，以记名总管署理索伦左翼总管事务，官阶为武职正三品。他于咸丰六年（1856）三月入狱，出狱以后隐居于海拉尔南岸"巴嘎朝格"，今称"朝格因比勒多若"，在抗日爱国教育基地以西、五一队西南。

阿力《敖拉·昌兴生平轶事简介》一文，介绍了敖拉·昌兴的家世，并列表加以说明（第 127 页）。死后葬于巴彦托海镇南"登特科·华仁"氏族墓地。现在被鄂温克自治旗列为历史古迹重点保护单位，基地前有墓碑和敖包。阿力的另一篇文章详细记述了敖拉·昌兴对阿尔山温泉（按：在今兴安盟阿尔山市境内）的保护和利用，他请藏医蒙医测定温泉的水温和功能，砌筑了 32 个温泉水池，用蒙、满、藏三种文字刻碑，向人们介绍这些温泉能特治的疾病，在其附近修建庙宇和药神转经筒以及神泉敖包。竣工以后，请数十名喇嘛活佛诵经和祭祀仪式，并刻碑纪念。碑文署咸丰三年癸丑八月吉日，碑阴署有承建者佐领昌兴等等五人的名字。这组文章增进了人们对敖拉·昌兴的了解，是很有意义的。

阿力《雍正十年730名达斡尔编入八旗被迁呼伦贝尔的经过》一文，依据《清实录》、满文档案等文献，列表介绍了雍正十年（1732）呼伦贝尔驻防八旗佐领、骁骑校的有关人员名单；乾隆七年（1742）部分驻边八旗人员回迁到布特哈以后，将50佐调整为24佐的编制情况表，可知这时当时达斡尔族尚保留有敖拉、郭博乐、孟尔丁、鄂嫩四哈拉所属的六莫昆（登特种、库热浅、白亚格尔、满都、阿尔哈吕、博思呼浅）共有92户。注明："白雅格尔莫昆原系鄂温克族，后来他们自认为达斡尔人"（第125页）。这种自愿改变族属的做法，反映出达斡尔族与鄂温克族有非常密切的关系，是应当特别注意的现象，值得深入研究。

阿力《达斡尔档案资料集》一文，从中国第一历史档案馆藏书目录中，抄录了502条有关达斡尔族的史料，来自谕旨和奏折，其时间上起乾隆、嘉庆，中经道光、咸丰、光绪，下止宣统，时间跨度比较大，主要是清代晚期。其内容涉及到贡貂、任命、革职、兵丁、斩决、保奏、承袭、补缺、围猎、简放、饷银、操练、优恤、垦荒、休致等等各种事宜。这是原始档案资料，学术价值很高，为研究达斡尔族历史来说，具有很高的参考价值。

金鑫《呼玛尔遭遇战考》一文，根据《黑龙江将军衙门档案》的记载，对康熙二十五年（1686）发生在呼玛尔的中俄战事，进行了仔细考证，纠正了以前记载不清不确的问题。一是俄国文献称清军为满洲（满族）人，作者指出这种记载不确，实际上是达斡尔族人。二是参战的俄国士兵是300人，清军的人数，俄国文献称70人，实际上清军包括两佐领、跟役在内最多只有43人，阵亡者为27人。战斗的时间是在康熙二十五年六月四日，即俄历194年3月17日（公元1686年3月27日），纠正了前人将时间确定为俄历3月12日的错误。

2011年5月17日，莫力达瓦旗达斡尔学会敖景峰、敖好章、敖金富和旗电视台鄂七柱四人到俄国阿穆尔州布拉戈维申斯克（即海兰泡）考查，寻访达斡尔遗民。敖金富、鄂七柱分别撰文记述此行的结果。敖金富之文称，阿穆尔师范学院历史系主任德米特里回答说："俄罗斯现在没有达斡尔人，达斡尔人在清朝时期受朝廷的旨意，都搬迁到了嫩江流域"；"俄国人没有和达斡尔人打过仗，只是和满族人打过仗。"

鄂七柱的文章介绍了阿穆尔州民委安德鲁处长对境内少数民族的研究。"通过安德鲁处长长期研究表明，早在 17 世纪中叶以前，确实有许许多多的达斡尔人生产生活在阿穆尔州境内，建有自己的村落和防务用城堡，并留下有大量的历史遗迹。但他们是什么年代搬去的，到什么去了不得而知，虽然知道有达斡尔血统的人大有人在，但能用达斡尔语交流的人却一个也没有找到。"

达斡尔论坛（下）

　　乐志德主编。内蒙古文化出版社 2009 年 6 月出版。此为莫旗达斡尔学会成立二十周年专集。书中多为纪念性文章，如讲话和报告等等。不过书中还发表了一些与学术有关的文章，如栾延琴的《达斡尔族民间"鲁日格勒"》，欧南·乌珠尔的《达斡尔族的名称及其来源》，苏勇的《有关呼伦贝尔市几起涉及达斡尔族冤假错案与平反经过》等等。

　　其中最引人关注的是一组批评恩和巴图的文章，共有三篇。美国华人学者朱学渊在其《中国北方诸族的源流》一书中，提出达斡尔就是中亚的大夏、大宛、吐火罗。这种错误的说法遭到了学术界的摒弃和批评，然而恩和巴图却如获至宝，在朱学渊的基础上又加以延伸，认为达斡尔族来源于中原的大夏，称："达斡尔族源自上古时期黄河流域的夏部族，'夏'字在这里读作 hu'呼'或 hur 呼尔，在达斡尔语里义为'人'或'部族'。'达斡尔'就是先秦文献中的'大夏'（读作 Dahu 或 Da hur）。大约在四至五千年以前……中原地区的'夏'部族之一部，北上来到了'幽都之北'和达呼里亚地区居住……北上以后大夏人的始祖，就是《魏书·序纪》所记载的生活在距今约四千年以前的黄帝之子昌意之后'始均帝'。"恩和巴图的这种说法，又见于他所著的《"达斡尔"就是"大夏"》一文，其副题为《谈达斡尔族族名及其源流》，发表于恩和巴图主编的《达斡尔族研究》第八辑，内蒙古大学出版社 2005 年 8 月出版。

　　恩和巴图的文章发表以后，其错误的观点立即遭到达斡尔族学者的批评和驳斥。

孟志东撰《一篇充满疑团的论文》，对恩和巴图上述观点提出了不同的见解，见本《论坛》325—334页。他指出：

1. 恩和巴图称"夏"字读"互"，在达斡尔语里正好是"人"的意思，是不能成立的。因为《康熙字典》、《辞源》对"夏"字的注释并无"人"之义，《说文解字》猜测其义为"中国之人也"。中国研究汉语的专家很多，"无人举出哪一汉语方言将'人'称曰'互'的一例。在中国那么多汉字字典中，也没有将'夏'字解释为'人'的一例。"

2. 恩和巴图称，"夏"字在表人时读如 Hu，在表示部族之义时读 Hur。孟志东指出，在恩和巴图编撰的《达汉小词典》上，Hur 被译为种子、精子、卵子；由他审定的《汉达词典》也是如此。达斡尔语新疆方言、齐齐哈尔方言里，Hur 被译为种子，都不含有"人们"之义。恩氏对 Hur 的解释，自相否定，把先前正确的解释也否定了。

3. 恩和巴图将 Hur 释为部族也有问题。其实，在达斡尔语中部族、部落用 birgii 或 mokon 表示，《达汉小词典》、《汉达词典》都是如此。将 Hur 强加上部族之义，是穿凿附会，去蒙蔽不懂得达斡尔语的人，相信夏部族为 Hur，Hur 前再加一个"大"字，使读者相信大夏就是达斡尔了。

4. 恩和巴图认为，蒙古人称党项为唐古特，其音与大禹同，"西夏原来也是'达斡'或达斡尔国。建立西夏国的党项羌族，是在上古时期由中原西迁陕甘地区的大夏人和当地人融合而成的民族。"孟志东指出，《辞源》、《蒙汉词典》都把唐古忒释为藏族。据《康熙辞典》、《中华大字典》，党项与大夏读音不同。以蒙古人将西夏称作唐古特为依据，是没有说服力的。"先把'唐古'的读音与'大禹'相对应，而后嫁接 r 辅音，把'唐古'或'唐兀'变为'达斡'或'达斡尔'了。这样藏族所建的西夏国也就变成了'达斡尔'国了。照此理由，早在东晋末期的匈奴贵族赫连勃勃所建的'大夏'国，似乎又成为'达斡尔'国。"

巴图宝音《谬误甚多的奇论》一文，也对恩和巴图的《'达斡尔'就是'大夏'》的错误观点提出了批评。还有孟宪满的《'达斡尔'不是

'大夏'》一文，指出恩和巴图之文是"牵强附会"。

达斡尔族的起源问题，是达斡尔族历史研究的重要问题。恩和巴图长期从事蒙古语、达斡尔语研究，然而他对历史的知识并不了解。民族的产生、起源问题，不能看族名的相似相近或相同，最重的是看历史事实。在这一点上，他与朱学渊犯了同样的毛病，不看历史事实，只在族名上下功夫，所得出的结论，自然经不住推敲。孟志东、巴图巴图和孟宪满对恩和巴图的批评，正是击中了其要害，很值得学者的深思，研究方法、治学态度的正确与否，直接影响到研究成果的优劣。

达斡尔族研究（第七辑）

《达斡尔族研究》是内蒙古达斡尔学会编印的系列丛书，最初为内部印刷，自第七辑始有书号，公开发行。第七辑由毅松主编，时任内蒙古社会科学院民族研究所所长。由内蒙古大学出版社 2000 年 12 月出版。32 开本，463 页，36.3 万字。

此书是内蒙古达斡尔学会第八届年会上提交论文的汇编，共收入各种文章 48 篇。除收录与会议有关的工作报告、纪念性文章和工作建议以外，大部分都是与学术有关的文章，其中有些文章提出了值得注意的问题，很值得关注。

恩和巴图《"达斡尔"词源探析》一文从康熙元年（1662）鄂尔多斯萨囊彻辰所著《蒙古源流》的四种不同版本中的"达古忽尔"译名说起，它有"达吉忽尔"、"塔吉古尔"、"达奇鄂尔"不同的音译。又联系到汉文文献中有"达呼尔"、"达瑚尔"、"打虎儿"、"打呼里"、"达瑚里"、"达虎里"、"打狐狸"，提出"呼尔"、"呼里"都是 hor 的音写形式，"达呼尔"、"达呼里"是两音节的汉文音写形式。该词首音节读 da，末音节读 hor 或 or。作者假设 da 和 hor 是实体词，然后研究其词源。他认为 hor、or 来自藏语"霍尔"，指蒙古而言，属于实词，于是推断 da 也是实词，达吉—忽尔、达—呼尔、达—胡尔是由两个实词构成的合成词。那么，这个合成词的词源如何？作者列举了为故地、祖地，来自洮儿河，耕种者之义和大胡人四种不同说法。他认为达呼尔（达斡尔）为"大胡人"之说最接近实际，其理由是："忽尔"、"呼尔"同"胡"，"大胡尔"就是"大胡"，清代作"达呼尔"。"自古以来中国各民族都喜欢用'大'字称呼自己的民族和所建立的国家，如大元、大清等。古代的达斡尔人也称自己为'大胡人'，这不是不可能的"（第68—69页）。

科学研究必须以事实为基础，才能得出科学的结论。本文作者是在假设 da 和 hor 是实体词的基础上，推断出达呼尔为"大胡人"，显然是有问题的。至于以"大元"、"大清"为例，就失之更远了。"大元"、"大清"是朝代名、国家名，并不是民族名，这是人所尽知的事实。达斡尔没有建立朝代和国家，又不是强大的民族，称自己为"大胡人"，这"大"字又从何而来？作者还强调说："这不是不可能的"，实际上是出于某种需要虚构出来的，自然不会得到读者的赞同。

恩和巴图《契丹语与达斡尔语简单基数词比较》一文，不赞成即实（即巴图，辽宁社会科学院研究员）的契丹语简单数词（即1、2、3、4、5、6、7、8、9）基本上与达斡尔相同之说，他援引清格尔泰的研究成果说："契丹语的简单基数词中有的与达斡尔语相同，有的只是词根相同，而有的则完全不同。"作者最后的结论是：达斡尔语与蒙古语相近，同契丹语差别比较大。这个结论的证据是不充分的。在1—9的九个基数词中，达斡尔语既然有的与契丹语相同或词干相同，这个事实说明了达斡尔语与契丹语有密切的亲缘关系；和契丹语不同的，只有一、二、六。这就是说，达斡尔语的基数词有67%与契丹语有关，有33%与契丹语无关，这个比率关系正好印证了达斡尔语的基数词与契丹语关系密切。这个道理十分清楚，无须多说。孟志东从《辽史》中找到22个语词与达斡尔语、蒙古书面语相比较的结果，证明与达斡尔语相同者比较多，与蒙古书面语相同者少（见《达斡尔族源于契丹论》161—162页）。印证了陈述先生很早的论断："达斡尔语和蒙古语相同的往往和契丹语也同，即三者相同，另一部分是达斡尔语和契丹语同，却和蒙古语不同的"（见《民族研究》1959年第8期）。

满都尔图《萨满教与达斡尔族传统文化》一文，比较详细记述了达斡尔族的萨满功能，归纳为：消除灾祸、保佑族众的安全和人口的繁衍、为患者祭神治病、诉求生产丰收三个方面。指出："萨满教在达斡尔族中发生发展的历史，同时也是达斡尔族古代文化发生发展历史，同时也是达斡尔族古代文化发生发展历史的个侧面，有着不可分割的渊源关系。"按此思路，分析了萨满教与达斡尔人的宇宙观和行为规范，萨满教与达斡尔族民间文学，萨满教与达斡尔族的民间音乐舞蹈，萨满教与达斡尔族原始医术。

毅松《达斡尔族科学技术初探》一文，记述了天象观测与计量、医药学、房舍建筑中的科学道理、交通工具的制作技术、动物植物学、生产中的科学技术。吴依桑《达斡尔族教育史述略》一文，比较详细记述了达斡尔族在清代、民国、日伪时期的教育情况。

属于民歌、民俗的文章比较多，有安英、金铁宏、乌兰托娅、吴之帆、奥登挂、塔娜、安晓东等等许多人的文章。

达斡尔族研究（第八辑）

恩和巴图主编。内蒙古大学出版社 2005 年 8 月出版。32 开本，441页，33.4 万字。

本书系内蒙古达斡尔族学会第九届年会论文之汇编，共 29 篇。恩和巴图时任内蒙古达斡尔学会理事长，收入了他在年会上所作的工作报告，有汉文和达斡尔文两种文本。其余的文章涉及面比较宽，有达斡尔族的起源、郭道甫、巴尔达齐、郭文通、通福以及人口、捕鱼的记述。

恩和巴图《"达斡尔"就是"大夏"》一文提出："根据我们近年以来的研究，达斡尔族有数千年的悠久历史，它的语言和族名都证明，达斡尔族源于上古时期黄河流域的夏部族。'夏'字在这里读作 Hu'呼'或 Hur'呼尔'，在达斡尔语里义为'人'或部族。'达斡尔'就是先秦文献中的'大夏'（读作 Da Hu 或 Da Hur)"；"北上以后大夏人的始祖，就是《魏书·序纪》所记载的生活在距今约四千年以前的黄帝之子昌意之后'始均帝'……达斡尔人是'始均'之苗裔"（第 130—131 页）。他的这种观点来源于朱学渊，自称："上世纪 90 年代末，留美华人学者朱学渊提出了一个惊人的学术观点：西汉时期中亚地区的'大宛'、'大夏'、'吐火罗'就是'达斡尔'。同时他指出，这个'大夏'肯定同中国历史上的第一个王朝'夏'有关系"（第 134 页）。实际上恩和巴图的观点，照搬了朱学渊的观点，没有什么新意，只是在朱学渊的基础上略加发挥和补充而已。

恩和巴图这篇文章发表以后，立刻遭到达斡尔族学者的批驳。孟志东撰写了一篇很长的文章来批驳恩和巴图，指出其文章对"夏"字意义的解释，对达斡尔语祖语，都存在许多错误，是不能令人相信的；并指出：把拓跋鲜卑的祖先"当作达斡尔人的祖先，是很不合适的……综观该文，实质上是往代一些御用学者主张过的中国所有民族皆为'炎黄子孙论'的翻版。"

达斡尔族学者巴图宝音撰文指出：恩和巴图的文章，是"谬误其多的奇论"。他"为了对自己的随意表白，强调说'呼尔'是表示'人们'、'部族'。是吗？'呼尔'在达斡尔语里是'真真种子'，'人们'在达斡尔语里是'斡罗日'；'氏族'、'部族'在达斡尔语里称'莫昆'、'哈勒'，何时何人称过'呼尔'？"又指出：恩和巴图提出"扎剌亦尔人居住于达赉湖附近的人们，即达斡尔族扎剌亦尔氏，现亦作'张姓'。该氏族的人现在居住于黑龙江省齐齐哈尔北达斡尔族聚居地。"这种说法是不对的，因为"达斡尔族根据就没有扎剌亦尔氏。齐齐哈尔以北住着的译作'张'的氏族，那是属于沃热哈勒的扎莫莫昆。"孟宪满撰文指出："'达斡尔'不是'大夏'。"恩和巴图断言"'达斡尔'就是'大夏'，确实有些牵强附会。"

莫日根迪《关于郭博勒哈拉早期历史上的三个问题》一文，对傅乐焕《关于达唤尔的民族成分识别问题》、《达斡尔族社会历史调查》和《达斡尔族村屯录》中若干问题提出异议，进行了考证。指出："郭博勒哈拉的始祖是萨吉达库，不是萨哈呼达（沙尔虎达）；郭博勒哈拉的祖籍地点在黑龙江北岸精奇里江下游左岸支流布丹河口附近的郭博勒屯，不在黑龙江南岸郭普嘎尔（果布噶尔）故城；郭普嘎尔（果布噶尔）故城与郭博勒屯，不属于同名异作，而是分别于黑龙江以南以北的不同城屯；赐乌莫迪世袭佐领，不在顺治六年，应在康熙六年；乌莫迪的族众编入正白旗，不在顺治六年，应在清朝雍正九年。"（第186页）

苏·图木热《苏都尔哈拉绰尔哈勒村史》一文，介绍了该哈拉居住地变迁史。他们最初居住在黑龙江北鄂嫩河旁查哈阳峰附近和汇入牛满河的乌尔克河附近。17世纪30年代迁到精奇里河入黑龙江江口附近。1651年

9月，迁到嫩江诺敏河沿岸，形成了霍尔吐辉浅、查哈阳、乌尔科、毕台。其二世祖蒙额德（孟额德）曾任索伦副总管，参与《尼布楚条约》谈判，到其侄子玛布岱任副都统时，又迁到齐齐哈尔城郊的绰尔罕（楚勒罕），建绰尔哈村。后被嫩江洪水淹没，迁到齐齐哈尔附近的崔官屯。到了玛布岱长子山金时，又北迁到布特哈宜卧奇西南，建绰尔哈屯。1858年，又迁移到鄂温克旗自治旗居住。这种村屯史资料，对研究达斡尔历史很有参考价值。

毅松《达斡尔族传统捕鱼方式》一文，详细介绍了达斡尔族捕鱼的12种方法。吴之帆《飞驰在草原上的神马》一文，介绍了著名作曲家通福（1919—1989）的创作历程。《敖包相传》、《草原晨曲》，是通福的代表作品，深受各族人民欣赏，广为流传。

达斡尔族研究（第九辑）

恩和巴图主编。内蒙古教育出版社 2008 年 7 月出版。32 开本，503 页，41.4 万字。

共收入 33 篇文章。据后记，以纪念抗日战争胜利 60 周年研讨会的文章为主，并收入了其他研讨会、座谈会文章和调查报告。

孟和那苏《试论凌升在伪满时期的思想动态》、苏勇《郭文林与锡尼河事件》、阿力《永远的丰碑》、奥登挂《日本关东军的"铁蹄"》、道格苏尔等人《深切怀念我们的父亲奈勒尔图》、托玛《抗日忠魂——华霖泰生平简介》等文章，从不同的角度揭示了达斡尔人反抗日本侵占我国东北的事迹，为研究日本的暴行提供了证据。

关于达斡尔族语言文字的文章比较多，共有 9 篇。其中有 2 篇谈清代"达呼尔文字"。清代达斡尔族文人曾借用满文作诗文，被现在一些达斡尔人士称作"达呼尔文字"。在历史有些少数民族借用外族文字的现象很多。例如契丹族虽然创制了本民族文字，史称契丹大字、契丹小字，然而借用汉字却非常普遍，皇帝的诏敕、诗文和科举考试几乎都用汉文，只有皇帝的"哀册"（即墓志铭）使用契丹文。女真人也有本民族文字，不过长期以来一直借用汉文和契丹文，官府所有的文字多为汉文、契丹文。然而学术界一致认为，契丹文是契丹族文字、女真文是女真族的文字，无人把所借用的汉文说成是契丹族、女真族的文字。文字是语言的外壳，民族文字与民族语言是一致的，而借用的外族文字和本民族的语言是不一致的，有很大的差异，很难表现本民族语言特点。数位达斡尔学者告诉我说，有些达斡尔语意用汉字是无法表达的，即证明了这一点。因此，将满文说成是达斡尔文字，恐怕难以成立，仍需仔细斟酌为好。

就实际情况而言，达斡尔族文人是借用满文字母来拼写达斡尔语言，与现代制作的达斡尔记音符号性质相同，与汉语的拼音符号是一致的，与国际音标的功用相同，都不能算作文字。

李少虹《莫旗达斡尔中学生语言调查实录》一文提出："现在使用的是《达斡尔语记音符号》……但它毕竟不是正式的文字。我们调查发现有60%的学生认为创立文字是非常必要的。"（见本书第203页）这个调查结果说明了许多问题，是很值得重视的。

赛音塔娜《达斡尔传萨满教"玛罗经"的译注》一文称：1983年4月30日从莫力达瓦旗霍日里乡赛吉日呼、宝约两位民间艺人讲唱中，获得了"玛罗经"，即萨满唱的神曲，共18段60行，叙述民族的历史、萨满自己的来历和地位。其中有"九十九道河网，洪水淹没七虎林山。"作者援引了鄂温克族学者乌云达赉的译注，称九十九道河网指松花江、乌苏里江、博朗湖口之间的黑龙江沿岸之地和兴凯湖的河网，七虎林山即完达山西段主峰，鄂温克族起源于西汉时期的沃沮人，见《鄂温克族的起源》一书。关于鄂温克族的起源，吴光天（中国社会科学院民族研究所研究员）根据大量文献和民族学资料，指出鄂温克起源于贝加尔湖以东地区，这个说法已被学术界接受。依据《玛罗经》神曲来研究鄂温克族的起源是靠不住的。萨满的唱词属于民间传说，是民间文学研究的资料，然而却不能成为历史研究的依据。女娲补天、孟姜女哭倒长城之类传说太多了，反映了古代人的爱憎情绪和想象力，然而没有人相信女娲能够补天、孟姜女可以哭倒长城。乌云达赉的鄂温克族来源于沃沮说，学术界不予采纳接受。学术界评论说："这一大胆的推论可谓新颖而独到，但尚缺乏足够的历史依据作为立论基础，特别是历史文献、考古学等民族志资料的有力支持。"（见《鄂温克族简史》修订版第13页）

奥登挂《关于达斡尔族民间舞蹈》一文，提出了一个新见解：老海拉尔人将"鲁日格勒"称作"阿很贝",齐齐哈尔人称作"哈库麦勒",新疆则称作"贝乐贝"。作者认为"阿很贝"、"哈库麦勒"和"贝尔贝"三者同源,"贝尔贝"是"阿很贝尔贝"的省略词。在 20 世纪 60 年代,齐齐哈尔地区有管舞词叫做"哈肯贝·乌苏古"的民间艺人,"哈库麦勒"由当地方言演变而来。

作者认为,"阿很贝"一词是由"哥哥你在哪"而来。"很小的时候,听老海拉尔地区老人们说:'阿很贝'是什么好话?那是阿哈(卡)哈讷贝?是姑娘在寻找哥哥。"20 世纪 80 年代末,在塔城阿西尔达斡尔族乡的舞会上达布舞词有:"阿很贝!秀喂!阿很卡托你在哪儿。"舞词中的"卡托"是达斡尔族古语,是对女孩的尊称。妹妹找哥哥,哥哥找哈托,很古很古的时候,"阿很贝"、"达布"舞,可能为达斡尔族男女青年相互交往,沟通感情曾经创造条件。这种说法很新颖,不过有推测的成分。所谓很古很古的时候,到底是什么时代?是清代、还是清代以前?在清代、民国年间,青年男女是父母做主论婚,不会有幽会私情的条件。因此,应当补充一些旁证的资料,才能令人信服。

达斡尔族研究（第十辑）

毅松主编。2011 年 12 月用内部书号（内新图准字 202 号）出版。32 开本，385 页，30 万字。共收入各种文章 30 篇，涉猎的范围比较宽，关于达斡尔族的起源，敖拉·昌兴巡边、郭道甫的革命实践，达斡尔服饰、钦同普的诗歌，达斡尔族音乐歌舞等等都有文章。

其中最值得注意的恩和巴图和孟志东的文章，都涉及到达斡尔族起源问题。

恩和巴图《"哈然达甘汗"与黄帝》一文，继续发挥他的"达斡尔就是大夏"说，又前进了一大步。以前他说达斡尔族民间传说中的萨吉勒迪汗说成是《魏书·序纪》中拓跋鲜卑的先祖始均，本文则把萨吉勒迪汗之父哈然达甘汗说成是中华民族的始祖黄帝，称作"哈然达甘汗"黄帝，他不仅是达斡尔族的始祖，也变成了中华民族的始祖。

不过仔细观察恩和巴图的论证，发现不实事求是，肆意曲解历史事实的地方太多。兹举数例加以说明。其一他把"哈然达甘汗"分解成哈然、达、甘、汗四个词，称"哈然"为达斡尔语人、人们之义，"达"为达斡尔语头目、首领之意。对"甘"字的解释是：甘，萨满在今达斡尔语为 yad-gan，蒙古书面语为 ido-gan，gan 在突厥语有类似于达斡尔"达"的词义。所以"哈然达甘"的词义即为"人们的首领"或"部族的首领"，汗之称显然是后加上去的，所以"哈然达甘汗"就是部族的首领（40—41页）。他根据自己论证的需要，任意篡改"哈然达甘汗"。在恩氏编的《达

287

汉小词典》中，将 hai 解释为姓、老氏族，在本文中则称：哈然 haran 或 ha-rai，达斡尔语 har 为人、人们。前后矛盾不一致，不知以何为准？达斡尔语称萨满为 yadgan，亦见于作者所编的《达汉小词典》。在本文中，他把 yadgan 一词分成两部分，认为 gan 与 da（达）词义相同，又随便地删掉了"汗"字，这就丧失了学术研究的科学性严肃性，这样的论证有谁敢相信？

其二，为了论证哈然达甘汗是中华民族的始祖黄帝，作者又提出哈然达甘汗的词根为 har 黑，这与作者认为 har 为人、人们是矛盾的，不一致的。他认为蒙古语族（包括达斡尔族）尚黑，元代蒙古人称黄河为喀喇沐伦（黑水），其根据是拉施特《史集》的一条误注，拉施特是波斯人，他没有到过中国，将中国山河名弄混淆是不足为怪的。在蒙古文献中找不到蒙古人误称黄河为黑水。作者竟以此为据，认为在达斡尔语中黄帝应是"黑水之汗"。"这样，达斡尔语的'哈然达甘汗'与汉语的黄帝则是一个意思了。"（41 页）

其三，作者对"汗"、"可汗"的理解也是不准确的。他为了驳斥达斡尔族源于契丹说，提出"汗"与"可汗"不同，"汗"是北方民族用来称呼领袖人物，"可汗"是称呼皇帝和追认建国前的首领（42 页）。实际上并非如此。成吉思汗（铁木真）是元建国以前的称号，在元朝建国以前，有过忽图剌合罕、合不勒合汗、俺巴孩合罕（见《蒙古秘史》）。合罕即可汗的不同译法。可汗不是皇帝，是尊号，成吉思可汗（合罕）意为大海可汗，用来称赞其才智广大如海。元朝建立以后，称他为元太祖成吉思汗。辽朝建立以前的始祖奇首可汗和遥辇氏阻午可汗、耶澜可汗、巴剌可汗、痕德堇可汗，也是如此。可汗之称不限于北方少数民族，汉族也有此称，汉代《乐府诗集》

中的"昨夜见军帖，可汗大点兵"的诗句，即证明了这一点。

史学研究要以事实为据。史实见于文献记载和考古发现。传说中有许多牵强附会的成分，是不可以相信的。关于萨吉勒迪汗、哈然达甘汗的传说也是如此。作者提出，要以"哈然达甘汗"、"萨吉勒迪汗"的事迹来撰写《达斡尔族通史》，这样的通史只能是达斡尔族的传说史，而不是真实的达斡尔族史。

孟志东《对于达斡尔族族源"大夏说"的质疑》一文，是专门驳斥恩和巴图《"达斡尔"就是"大夏"》这篇文章。作者从与"夏"字的音义、达斡尔与大夏、夏语是达斡尔的祖语以及炎黄子孙论等问题入手，进行了认真的分析，指出恩和巴图许多论述都缺乏可信的根据，"这并不是作者的新发现和新观点，而是步着《魏书·序纪》和《辽史·世表》编纂者的后尘。"又指出，恩氏之文 or、hor、ur、hu、hur 出现了 90 余次，夏、大夏的读音出现了 120 余次。"上述词义和读音，反反复复被作为证据，并根据《魏书·序纪》记载，把分析性的论述当作历史再三加以肯定。"可以说是抓住了恩和巴图一文的要害。

长期以来，乌春《戒酒歌》的作者是谁说法不一。有人认为是敖拉·昌兴，有人认为是钦同普。吴刚《〈戒酒歌〉作者考辨》一文，提出其作者应是敖拉·昌兴，不是钦同普。毅松《清代驻呼和浩特的达斡尔族将军》一文，考证出任绥远将军的达斡尔人有都兴阿、明庆和永德。他们一些人的后代，仍居住于呼和浩特（即绥远）。

目 录

达斡尔资料集（第一集）

乐志德主编。民族出版社 1996 年 1 月出版。精装 16 开本，正文 699 页，120 万字。

此书由《达斡尔资料集》编委会、全国少数民族古籍整理研究室共同编辑。前言称：出版《达斡尔资料集》的主要目的，在于抢救这些记载史实的文粹，以激励今人，流芳后世。

乐志德（1935—2015），达斡尔族，内蒙古莫力达瓦达斡尔族自治旗人，旗古籍办主任，1995 年倡议编印《达斡尔资料集》，获批准，至今已出版了十集。

第一集编辑说明称，"《达斡尔资料集》的编辑，只是大体归纳编序，而非按类编排。"由于资料很多，不可能是同时搜集完毕，只能是按资料搜集的前后次序编辑成集，难以分类编辑。

本书收入各种文献 46 篇，长短不一。有的是全文收入，有的则是节录其要点，书末附图表若干。

《佐领常兴巡边录》、《清代官员巡查东北边疆的记录》（附巡边诗）二文，都是记载敖拉·常兴（又作敖拉·昌兴）咸丰元年奉命巡查额尔古纳河、乌第河的文献。前者为敖拉·常兴本人所撰，后者是今人所作，详略有所不同，所记之事则大体相同。巡边是中俄《尼布楚条约》签订以后，清政府设立的定期巡查中俄边界制度，一直持续到清朝末年。清代文献对此不乏记载，然而比较零散，敖拉·常兴巡边录比较详细记载了巡边的实录和所见的山河风光和民间风俗人情，具有很高的史学价值。敖拉·常兴所作的巡边诗"乌春"（又作乌钦、午春），是达斡尔族保留下来的最早的文人诗，对于研究达斡尔族文学提供了直接的原始资料，公认达斡尔族的书面文学作品以此为最早。因此，这两篇文章的学术价值高，成为研究达斡尔族史学和文学必读的文献。

《外贝加尔的哥萨克》（摘录）、《哥萨克在黑龙江上》、《阿穆尔边区史》、《黑龙江旅行记》（摘录）四篇的作者是俄国人，他们虽然有民族偏见，不过也记载了一些真实情况，如记载俄国人如何东侵黑龙江和所遇到的达斡尔人的生活情况和达斡尔人修筑的城堡。这些都有助于达斡尔族在黑龙江生活时期历史的研究。

郭克兴《黑龙江乡土录》是达斡尔族人士撰著中用力最多、最为成功的一种。他摘引了杨宾《柳边纪略》、何秋涛《索伦诸部内属述略》、魏源《圣武记》、曹廷杰《东三省舆城图说》、西清《黑龙江外记》、黄维翰《黑水先民传》、程廷恒《呼伦贝尔志略》等大量资料，对达斡尔族的由来进行了详细论证。指出达斡尔出于契丹，契丹出于鲜卑，达斡尔为"辽裔也"，非索伦、非满洲、非蒙古，这是很正确的。郭克兴还介绍了达斡尔族近代人物（所谓近代人物实指清代人物），详细记载他们的名字、姓氏、籍贯、战役、勇号、官职、赏恤；人物按其事迹分为忠义、武功、政略、卓识、文学、列女五类，实开后世达斡尔族人物志之先河，近年出版的达斡尔族人物录、风采录，皆本诸于此。郭克兴没有把博穆博果尔列入达斡尔族名人录，说明他认为博穆博果尔不是达斡尔族人。

《黑水郭氏世德录初集》、《黑水郭氏世德录二集》，郭克兴撰，为郭氏家乘之三，分别辑录了郭氏近支碑传、远支碑传。近支碑传涉及到一世莫勒察、二世绰钦保（楚勒保）、三世雁塔保（颜塔保）、三世阿那保、四世中山（忠山）、五世穆腾阿、五世瑞亭、五世都兴阿、五世西凌阿、六世希朗阿、六世雁塔保（按：与三世雁塔保重名）、六世色楞额、六世倭恒额、六世钮楞额等十四人（含其配偶）的事迹，他们都是郭克兴的直系祖先，郭克兴为第七世，末附郭克兴诸女事迹。有的是朝廷诰命、《清史大臣传》、《黑水先民传》之摘录，有的是郭克兴自撰，皆有所据，故曰"碑传"。远支碑传涉及到通古鼐传、果勒敏色传（此二人未注明世次）、二世佛木丕尔传、二世佛木丕丕传、□世明禅传、□世明善传、□世明昌传、五世苏明安传、六世永德传、六世子鸿传、六世长顺传、六世双龄传、六世特尔庆阿传、七世卓凌阿传、七世丰绅阿传、厚斋公传、□世恒龄传、□世愉龄传、□世卓明阿传、□世文惠传、七世成保传（此人为郭克兴族兄）等二十一人。所谓远支碑传，是指旁支宗人。清末帝皇后婉容也是郭氏族人，未列入。郭氏在清代是世家大族，对国家多有贡献，做官封爵的人很多。他们的碑传对于研究达斡尔族非常重要，郭克兴撰此世德录是一大贡献。

卜林所撰的《少郎岱夫起义》一文，比较真实的记载了民国初年齐齐哈尔市富拉尔基人少郎岱夫抗击地主和官府起义斗争情况，在当时产生了很大的影响，他们的事迹在民间广泛流传。本文的记载比较全面系统，为研究少郎岱夫提供了重要参考资料。

限于篇幅，其他诸文无法一一评介。此书是《达斡尔资料集》的首集，为以后九集的编辑出版树立了典范。书末附有 16 幅与达斡尔族有关的地图，颇有参考价值。

达斡尔资料集（第二集）

　　乐志德主编。民族出版社 1998 年 7 月出版。16 开本，正文 1097 页，163.6 万字。收入各种资料 79 篇。有的是原文照录，有的属于节录。其中学术价值比较高的，有以下数种。

　　阿勒坦噶塔《达斡尔蒙古考》，作于 1933 年。作者提出，达斡尔蒙古"乃元初塔塔儿之遗部，是以引达斡尔现在社会之状况，与塔塔儿当时风化之轨率，较其同异之点。并索史乘之纪译，地理之徒迹，以资证明塔塔儿为达斡尔之渊源也。"他认为，达斡尔蒙古传说中的萨吉哈尔迪汗，"即元太祖弟搠只哈儿王也"，"可证达斡尔为塔塔儿之遗部也"。按：塔塔儿与成吉思汗有世仇，成吉思汗之父亲也速该把阿秃儿是被塔塔儿人毒死的，成吉思汗打败塔塔儿部以后，下令将"像车轴高的男人们都杀死"，以报塔塔儿人的杀父之仇，见《蒙古秘史》。既称萨吉哈尔迪汗为元太祖之弟搠只哈儿，又称达斡尔为塔塔儿之遗部，在史实和逻辑上是很矛盾的。"达斡尔蒙古说"，在民国年间达斡尔文人中很有影响。不过到了 20 世纪下半叶，这种说法受到达斡尔学者的批判，逐渐被抛弃了，详见欧南·乌珠尔等人的文章。

　　孟镜双《布特哈志略》记述了布特哈的历史沿革、村落姓氏、达斡尔名人、古迹、歌谣，为研究达斡尔提供了丰富资料，是一部重要的作品，被金毓黻收入《辽海丛书》中。

　　钦同普《达斡尔族志稿》，大量引证《达斡尔蒙古考》之文字，提出

"达斡尔为塔塔儿蒙古之一种支派者，则似属无疑"；"达斡尔对于言语关系，则与蒙古近，对于生活关系，则村落民族却与游牧不同，是亦居近汉地之证也。"达斡尔族在黑龙江以北即从事农耕，与汉人接触较晚，是清朝末年之事，其说与事实不符。对于达斡尔族名，他认为"达"为"原"、"斡尔"为"所位"，"达斡尔"为"原居处"之谓也。

何维荣《达古尔蒙古嫩流志》，亦采用"达斡尔蒙古说"，"达古尔蒙古"即"达斡尔蒙古"。他认为，达斡尔是"蒙古昔年别支达古尔先祖抄真斡儿帖该（当元初为失主兀歹部落、今之达古尔曰萨吉格尔惕）后裔氏族。"他认为"喀尔喀、科尔沁、达古尔等，均为蒙古部中同一祖先所遗者。然此种新部名，乃由近时得知其称。惟达古尔部，乃由元朝之'达如花赤'所讹为达古尔……故今日之达古尔蒙古，乃蒙古开辟祖先巴塔赤军之第十六世孙海都之第三子抄真干儿帖该之六子后裔。"这种说法纯属穿凿附会，无证据可言。

孟希舜《达斡尔族志略初稿》一文，据作者序言介绍："内容材料多着重于原东西布特哈地方，因布特哈是达斡尔、索伦之根据地，其他地区则均由此地迁出。我对其他地区情况素缺乏调查研究，又所见不多，故未能充分记载。"此文介绍了民族源流、历史过程、语言文字、宗教信仰、体质面貌、生活方式、风俗习惯等等各个方面，其中以历史过程最为详细，从清代一直叙述到新中国成立以后，他认为达斡尔人是契丹大贺氏之一部。

日本人池尻登1943年著、奥登挂译的《达斡尔》一书，是颇为重要著作。此人生在中国东北，长期在莫力达瓦旗传习产业技术，曾撰文介绍布西的雇佣、渔业、毛皮、肥料、饲料、制革、乳品。因此本书中关于达斡尔族的各种产业、风俗的记述特别翔实，附以图表和线图，学术参考价值比较高。书中关于达斡尔人的体貌特征，有详细记述，可资参考。关于达斡尔族的起源，采纳了"达斡尔蒙古说"；关于达斡尔的词义，采用了"自古居于故土的人"的说法。关于达斡尔族清初以来的历史，也有介绍。末附参考文献目录57种，内有9种为日本人油印本资料。其书的撰述很严肃认真，是给日本人看的，为日本在满洲的施政提供依据。

巴达荣嘎《对达斡尔族和族源问题的看法》一文，提出有关达斡尔族称，"因为没有确切的文字记载的根据，很难下使人信服的定论"；关于达斡尔族的起源，他对达斡尔源于契丹说提出了种种疑问，然而却没有从正面论证达斡尔族究竟是如何起源的。

王咏曦《达斡尔族源流考》一文论证达斡尔族源于契丹。他认为："虽说世界上没有绝对统一的民族，但究其源流，终有主次之分，达斡尔族这个元朝以后才出现的民族，其源流主要源于契丹是不容置疑的。"

敖拉·乐志德撰文对达斡尔族哈拉、莫昆的系属构成，列表说明。在表中共有 30 个哈拉，这同人们常说的 18 个哈拉或 20 个哈拉多出了许多；这些哈拉所属的莫昆共有 95 个。这自然是很重要的，不过只停留在列表还很不够，必须注明出处或进行论证，只有这样令人信服。

古清尧《试说巴尔达齐的年龄和相关问题》一文认为，巴尔达奇于 1654 年去世时当为 63 岁以上；巴尔达齐是在 1634 年或 1635 年成为额附，年龄为 43 岁或 44 岁以上。

陈述先生、苏钦、满都尔图、欧南·乌珠尔等人的文章都很重要，另外撰文评介，这里就不赘述了。

达斡尔资料集（第九集）

乐志德主编。民族出版社 2009 年 6 月出版。精装 2 册，16 开本。分别编制目录和页码。第一册正文 1008 页，第二册正文 1083 页，合计正文 2091 页，用纸 134.5 印张。

本书为档案专辑，共收入各种档案 364 件，包括满文档案 180 件，汉文档案 181 件，日文档案 3 件（已译为汉文）。

编者在书前有以下几点说明：

一、《达斡尔资料集》档案专辑（一）、（二），是由莫力达瓦达斡尔族自治旗达斡尔学会《达斡尔资料集》系列编辑委员会与黑龙江省档案馆合作编纂的一部档案史料。所收档案文献的形成时间，第一件为清代康熙二十四年（一六八五年），最后一件为东北沦陷时期的昭和十三年（一九三八年）。涉及地域范围包括这一区域历史上所设置的索伦达斡（呼）尔总管衙门、布特哈总管衙门、西布特哈总管公署、布西设治局等形成的重要档案，同时也收入其他地域涉及达斡尔族内容的档案史料，以及黑龙江将军衙门、黑龙江副都统衙门、黑龙江省公署、龙江道尹公署形成的涉及达斡尔内容的有关档案。本书所选档案文献，均为黑龙江省档案馆馆藏。

二、本书所收档案文献，大多数为用汉字书写的档案，也有满文、日文档案资料。为阅读方便，对满文、日文档案资料进行了翻译，并将档案原文和译文一并收入。

三、由于本书所收档案文献均以档案原件复制出版，而档案原件都没有标题，为便于读者检索，对清代、民国时期档案均拟制了标题，编成了目录……档案时间均依照档案原件，采用清代朝代纪年和民国纪年以及日伪时期的纪年，并以档案发文时间为主……

四、本书所收档案文献，按历史纪年先后顺序进行编排，没有换算成公元纪年。日期不详的排在月末，月份不详的排在年末。满文、日文档案文献的编

排，先排译文，然后再排档案原件。译文都拟有标题，和目标中的标题相呼应，以方便检索。其他清代、民国档案则由目录直接检索原件。为保持有关档案内容的联系，一般将呈文和批复或指令两件档案集中编排，而在标题中只标明最早一件档案文献的时间。

五、本书所收入的档案文献，绝大部分是全文公布。有的档案因篇幅过长或与主题内容无关则作了删节，删节处以"上删"、"中删""下删"来标明。有的档案有附件题名而本书未能收入的，均为档案中未保存此附件，而非有意删除。

下略。

黑龙江将军衙门档案，1900年沙俄侵略东北之时，被俄国掠去。1956年归还中国，保存于中国第一历史档案馆。起于康熙二十三年（1684）、止于光绪二十六年（1900），中缺康熙二十二年（1683）、二十六年（1687）、二十八年（1689）档案。现在所能见到的有12800件（册）。1987年，中国第一历史档案馆将其中康熙、雍正、乾隆三朝档案约2800件（册）拍成缩微胶片保存以后，将全部档案原件移交给黑龙江省档案馆保存。黑龙江将军衙门档案，目前只有各件（册）名称目录，却没有具体内容的细目。其中部分档案只见于吴元丰《清代锡伯族档案史料选编》

（1987 年新疆人民出版社）、《锡伯族档案史料》（1989 年辽宁教育出版社）。本书所发表的黑龙江将军衙门档案，是数量最多的一种。对于研究达斡尔族历史，提供重要的原始资料。

满文档案数量非常庞大，现在已公布的只是其中很少一部分。就与达斡尔族有关的满文汉文档案来说，黑龙江将军衙门档案固然很重要，然而不限于此，其他的满文档案也很重要。以前人们根据《清实录》的记载，认为达斡尔的名字始见于康熙六年（1667），实际上在满文档案中，顺治五年（1648）就有达斡尔的记载了，见《清初内国史院满文档案》。将达斡尔族名出现的记载，前提了 19 年，这可是一件令人振奋的大事。

索伦总管等为解送前借籽种事致黑龙江将军等的咨文

康熙二十七年二月初三日

索伦总管等镇宁黑龙江等处地方将军、副都统等、温尔等咨开。上年十月间咨文内开，据尔等咨称，管理驿站官郎尔倍等黑龙江城仓拨给科洛尔等五驿站所需油麦二十六石，菜子一石，荞麦六石等项籽种，由我处借还，所借还之籽种系由何处夫役解送，是由科洛尔等五驿站德沁。此项籽种，拟俟由尔等所属达沁龙江城处，或是存放最尔根地方，以备困乏性畜使用。等语咨请。意明咨复后再议，此事至今仍未咨复到来，行文未至亦不可另人等借还。所借还之籽种系由何处夫役解送。定，此文到后请即行速议。等因奉此。查得，此项杂石，由我等派遣所属人等解送，为此咨行。

《达斡尔资料集》（第九集）公布的黑龙江将军衙门档案，现在学术界知道的人不多。随着读者的不断增多，会从中发现许多与达斡尔族有关的资料，会进一步加深达斡尔族历史的研究，将达斡尔族历史研究向前推进一大步。

达斡尔文集

内蒙古呼伦贝尔盟达斡尔族学会主办，娜日斯主编，内蒙古文化出版社2002年5月出版，32开本，433页，35.4万字。娜日斯为达斡尔族，黑龙江省讷河县阿尔哈浅屯莫日登哈拉人。1982年牡丹江师范学院中文系本科毕业，现为呼伦贝尔市文联作家，独编有《达斡尔民间故事百篇》。

本书的内容可以分为三个单元。一是民族文字类，含语言文字论文、文学作品译文等；二是论文类，含达斡尔族教育、历史、经济、风俗、语言、文字、人物、书评、文艺等等；三是对乌如喜业勒图（1922—1970）的怀念和评论。此外还有盟达斡尔学会工作的介绍文章。

其中学术性比较强的文章，有以下数篇：

毅松《历史上的达斡尔族私塾教育》一文认为，满文私塾教育起源于何时还难以确定，大致是在清代中后期发展起来的，对于早期达斡尔族开办私塾的情况，缺少记述。达斡尔族著名诗人敖拉·昌兴（1805—1885）幼年从其父亲学习满文，后来他在家乡南屯（今巴彦托海镇）办了十年私塾。据《呼伦贝尔志略》，"光绪三年，达呼尔部设私塾于南屯，由齐齐哈尔聘任教师，教授本部子弟十余人以满汉文字。"

20世纪以后，满文私塾教育得以发展，较大的达斡尔村屯都办有私塾。比如在布特哈地区有阔齐、温察勒、得日莫尔登、奎力浅、舍乌热托日苏、沙日莫尔登、哈力、库如齐、喀牙都尔本、绰日格勒、得日梅斯勒、西瓦尔图、霍日里、西拉舍等村；齐齐哈尔地区有敖尼格日、多布提、莽格图、梅里斯、额尔门沁等村；海拉尔地区有南屯、西屯、莫和尔图村。

满文私塾没有统一教材，多以满文的《三家经》、《论语》、《三国演义》、《隋唐演义》、《圣谕广训》、《圣主官贤记》等为课本，也有像敖拉·昌兴那样自编教材的。20 世纪 30 年代以后，由于汉文官办学校的兴起，满文私塾教育步入衰落，其停办的时间，在齐齐哈尔、海拉尔地区大致在 20 世纪 30 年代初，在布特哈地区最晚的到 1946 年。

汉文私塾教育是 20 世纪以后开始的，起初是以《百家姓》、《三家经》、《名贤集》、《论语》、《大学》、《庄农杂家》等为教材，在 20 年代后期，随着私塾的改良，出现了比较规范的课本，有看图识字。教学方法是先识字，然后是照读、背诵课文，背诵后老师给予解释。

毅松《伪满时期的达斡尔族中高等教育》一文，记述了村办教育的发展，仅莫力达瓦旗和巴彦旗，1938 年已有小学 44 所、学生 2106 名，其中 5 所是国民优级小学。专业学校有布西农业学校、兴安第一师范学校、扎兰屯师道学校、兴安学院、兴安军官学校、扎兰屯女子国民高等学校、育成学院、音河农业中学。

有一些人考入建国大学、吉林师道大学、长春政法大学、南满医科大学、长春医科大学、长春大同学院、北京大学、南京大学。还有一些人到日本留学，如巴达荣嘎、才喜雅尔图、王海山、莫德尔图、奥登挂（郭雪英）、何布台、郭布罗·润麒、通福等等。

苏荣扎布、娜日斯《论达斡尔民歌衬词》一文，详细论述了衬词的来源、一般规律、类型及艺术特色。指出衬词有劳动时的喊声、对家禽家畜的呼唤声、各种事物的名称、有借用外来词。常见的"讷耶勒尼由耶"类似于蒙古长调的"啊嗬咿"，"珠喂"、"珠珠珠哲哲哲"是唤鹰、唤猪声，"美露列"是对"稠李子"的称呼，"莫尔根阿卡"是"打猎的哥哥"，"德都"是婴儿的昵称，"依会珠、亮会珠"即汉语的"一会儿、两会儿"。衬词可以用于歌词之前、中间和结尾，用在开头可作起兴句，用在中间可以加深节奏感、调节音韵、承上启下，用在结尾增强了节奏顿挫

感，成为加强语。民歌的"扎恩达勒"、"鲁日格勒"、"乌春"和"雅德根伊若"（萨满歌）都有衬词。

布恩布勒、苏戈、阿拉腾《西普奇及其居民考》一文，根据阿特金《阿穆尔河上下游地区的旅行》的记载，提出"靠近旧瑷珲（乔耶·埃考）最近的达斡尔村寨唯有西普奇屯，相距不足三华里。据此可以认定，图隆恰寨便是西普奇，图隆浴和巴尔达奇都是西普奇人。"（第217页）这个说法恐难成立。敖拉·昌兴《巡察额尔古纳、格尔毕齐河》诗，记载他溯精奇里江北上时，先看到"西林穆丹波浪急"，然后又见到"色布里峰呈蔚蓝，曾传列仙到此山"（《敖拉·昌兴诗文研究集》124页、125页），说明色布里峰在西林穆丹河口附近。色布里峰即塞布奇峰、色不奇峰，又作西普奇峰，译音不同而已。西林穆丹河为精奇里江上游支流，其河口距精奇里江入黑龙江处，约330千米（见谭其骧《中国历史地图集》第8册14—15页），显而易见色布奇（即西普奇）不可能在精奇里江河口处。

敖拉·昌兴诗文研究集（修订版）

宜日奇、娜日斯主编。内蒙古文化出版社 2009 年 12 月出版。32 开本，159 页，12 万字。宜日奇本名伊贺尔迪，呼伦贝尔盟达斡尔学会首任理事长。娜日斯为呼伦贝尔市文联作家。

编后记称："《敖拉·昌兴诗文研究集》（修订版）是《达斡尔文集》的第2集，由呼伦贝尔市达斡尔学会组织编辑出版。1992 年 10 月，《敖拉·昌兴诗文研究集》由呼伦贝尔盟（现称'市'）达斡尔学会等组织编辑，内部出版，宜日奇（伊贺尔迪）、娜日斯主编。今年时值清代达斡尔诗人、作家敖拉·昌兴诞辰 200 周年，为了缅怀、纪念我们这位杰出的先辈，也为了慰藉 4年前已故的呼伦贝尔盟达斡尔学会首任理事长伊贺尔迪同志，仍由宜日奇、娜日斯（达斡尔族，呼伦贝尔市文联）主编的《敖拉·昌兴诗文研究集》（修订版），2009 年由内蒙古文化出版社出版。"

书前先列出 1992 年出版的《敖拉·昌兴诗文集》的全部内容，然后列出 2009 年修订版的补文。前后共录出敖拉·昌兴的诗文 13 篇，即

1. 敖拉·昌兴巡边记

2. 味美之中的美味

3. 百鸟之中

4. 百花颂

5. 可爱的五色花

6. 陋室颂

7. 耕读赞

8. 祭祀歌

9. 蝴蝶花的烟荷包

10. 人生

11. 孔子赞

12. 巡察额尔古纳、格尔必齐河

13. 壬辰年间乡村长老共议村事纪要

敖拉·昌兴的诗文不止如此，还有遗漏待查，不过这13种诗文都很重要，不仅为研究敖拉·昌兴的文学作品和思想提供了直接的证据，也为研究他所生活时代的达斡尔社会增加了重要参考资料。

收入书中的文章，一部分是从文学层面对敖拉·昌兴诗文的评介，如宜日奇辑录的《敖拉·昌兴格言、警句》，娜日斯《评史诗〈巡边诗〉》、《喜读〈敖拉·昌兴诗选〉》，宜日奇《敖拉·昌兴一首诗欣赏》；另一部分是对敖拉·昌兴家世、生平、轶事的记述，如阿·恩和巴图、额尔很巴雅尔《爱国诗人敖拉·昌兴生平述略》、宜日奇《敖拉·昌兴轶事》、娜日斯《敖拉·昌兴巡查中俄边界故事》。文章虽然短小，却增加了人们对敖拉·昌兴的了解，有助于研究他的思想和生活之路，都颇具参考价值。

中国达斡尔族史话

鄂景海、巴图宝音编。民族出版社 2005 年 12 月出版。16 开本 565 页，60 万字。鄂景海（1923—1994），达斡尔族，黑龙江省齐齐哈尔市梅里斯区西哈雅屯人，职业军人。巴图宝音（1933—2014），齐齐哈尔市梅里斯区敖宝屯人，也是达斡尔族，中央民族大学文艺研究所副研究员。此书由巴图宝音执笔而成。

巴图巴音曾撰《论达斡尔族民间文学所反映的祖先足迹》一文，刊发于《民间文化月刊》2000 年第 8 期。该文根据民间传说中萨吉哈勒迪汗，将他比定为契丹始祖奇首可汗。奇首也是传说中的人物，《辽史》称奇首生于都菴山，徙于潢河（今西拉木伦河）之滨，被尊为契丹始祖，其生活的时代不详。

陈述先生撰《契丹史论证稿》，后改称《契丹政治史稿》，考证奇首生活在元魏（北魏）初年以前。巴图宝音认为契丹就是达斡尔，因此，达斡尔族的历史要把契丹史辽史写进去。他在本书中，多次表达这种看法。

在卷首语中说："从契丹始祖奇首可汗写起达斡尔族历史，以使族众尤其是后代知晓达斡尔族历史的久远，并非从明清开始。"

在序言中说："《中国达斡尔族史话》从唐代契丹族勃兴写起，一直写到中华人民共和国成立，主要介绍了我们的民族一千多年以来所走过的道路。"

本书尾声说："我们编写的这部《史话》，是达斡尔族从东胡部族时代

（春秋、战国）开始的、两千七百年时光的悠久历史，是达斡尔族从祖先——契丹始祖奇首可汗为首的古八部到中华人民共和国成立为止的大体发展过程。”

由于作者将契丹史、辽史都视为达斡尔史，因而本书将辽史也纳入达斡尔历史之中。请看本书的目录：

第一章　达斡尔族先民契丹曾建辽国
第二章　辽代前期的政治、经济
第三章　辽代后期的政治、经济
第四章　辽代的文化
第五章　金元明代的达斡尔先民
第七章　清代的达斡尔先民
第八章　中华民国时期的先民
第九章　伪满洲国统治下的先民
第十章　解放战争时期的达斡尔人

由此不难看出，本书把整个辽史都搬运到达斡尔族历史中，变成了不伦不类的史话，说它是辽史不像辽史，说它是达斡尔史又不像达斡尔史，是辽史加上达斡尔史的大杂烩。我曾当面向作者请教这种“体例”的由来，作者回答说：达斡尔族是契丹后裔，就证明契丹人就是达斡尔人。很显然，作者将契丹与达斡尔画等号，将二者视为同一民族了。

事情果真如此吗？显然不是。看来作者对民族的概念缺乏正确的认识。有些人将民族看成了符号，到处滥用，常常出现错误。我们讲的民族，是指民族共同体。从原始的自然民族到民族共同体，要有一个发展演变的过程。斯大林说，民族是在一定历史阶段形成的具有共同语言、共同地域、共同经济生活和表现为共同文化特点基础上的共同心理素质的共同体。民族是在一定历史阶段形成的，契丹和达斡尔是在不同历史时期形成的，其语言是不同的，只有少数语词相同，他们居住在不同的地域，其经济生活也不同，契丹的经济要比达斡尔高许多，由于时代不同更谈不到共同的心理素质了。这是两个完全不同的民族，岂能把他们视为同一民族？契丹有外族成分，达斡尔也有外族成分，只是外族不同而已。陈述先生指出："民族是历史上形成的，不是血缘集团"；契丹在"其形成发展过程中，曾经不断吸收过毗邻的各族的成分。"达斡尔也是如此，陈述先生指出，认为达斡尔族来源于契丹的说法是正确的，当然不是说达斡尔没有契丹以外的成分。把契丹与达斡尔等同起来，完全违背了历史，是不能成立的。达斡尔族学者满都尔图指出："认为达斡尔是契丹的后裔是对的，反过来说契丹就是达斡尔族，那就错了。从辽代的契丹族的一支，到达斡尔族的形成，有一个历史发展的过程。"对契丹即达斡尔说，提出了严肃的批评。

民国年间，阿勒坦噶塔提出"达斡尔蒙古说"，是为了壮大达斡尔族的声势，提高达斡尔人的地位。契丹即达斡尔说也是如此，其宗旨是为了振奋达斡尔族精神。然而这种思想也同"达斡尔蒙古说"一样，实际上是把达斡尔族民众引向斜路。学术界的朋友感叹说，巴图巴音在文学上虽有一定成就，《中国达斡尔族史话》却是败笔之作，犯了常识性的错误，是一本垃圾图书。对于达斡尔民众，起了误导的作用。慎哉慎哉。

历史文献补编

（十七世纪中俄关系史文件选译）

黑龙江省社会科学院历史研究所郝建恒、侯育成、陈本载译，徐昌翰、宋嗣喜、姜延祚校，郝建恒总校。商务印书馆 1989 年 12 月出版。正文 400 页，32 开本，30 万字。

译者说明：

《历史文献补编》为俄国古文献研究委员会搜集、出版的关于俄国史的文件集，于 1846—1875 年在圣彼得堡出版。文件集共 12 卷，约收入 12—17 世纪俄国历史的一千八百多件珍贵文献，都是从中央和地方档案馆、图书馆及私人藏书中收集的。《历史文献补编》较之 1941—1843 年出版的 5 卷集《历史文献》卷帙更多，内容更为广泛。《历史文献补编》内容包括封建时代俄罗斯帝国的经济、政治、宗教、军事、外交、贸易等方面的史料。

本书选译有关早期中俄关系史的文献共 76 件，其中有关于早期沙俄分子波雅尔科夫、哈巴罗夫、斯捷潘诺夫、切尔尼戈夫斯基等种种侵略活动的文件，有关于中俄萨克萨之战的文件，有关中俄尼布楚谈判和《中俄尼布楚条约》签订的文件，还有关于早期中俄贸易的文件，等等。这些文件都是第一手原始资料，对我们研讨 17 世纪中俄关系史和沙俄侵华史具有重要的参考价值。

本书系根据大英帝国博物馆藏书复制件翻译的。原文为古俄文。书中有些人名、地名等专有名词不统一，译校者在译校过程中对原文进行一些校勘、考证工作。并作了些必要的注释。本书所选文件按照前后顺序重新编次，原文件卷次、编号在每件文件后面注明。

上述俄文文献记载了 17 世纪中叶东侵时，所遇到的达斡尔族的反抗斗争以及达斡尔族的生活状况。例如第一件（1641 年 9 月前）勒拿斯克（今雅库茨克）督军彼得·戈洛文和马特维·格列博夫所上的奏疏，曾提到："在维季姆河两岸有许多使马的达斡尔人。他们使用的武器为弓箭。他们有自己的语言，与雅库特语和通古斯不一样"；"在石勒喀河沿岸居住着许多从事耕作的达斡尔人。他们所种的庄稼种类比俄国人多，一直到石勒河口都有庄稼"；"在石勒河河畔，拉德凯和其他酋长所属各乌卢斯都种庄稼，种燕麦、大麦和其他作物。"

又如第二件（1646 年 6 月 12 日以后）关于文书官瓦西里·波雅尔科夫从雅库茨克到鄂霍茨克海的文献记载："沿结雅河两岸居住着从事耕作的达斡尔人，他们都是巴尔达齐乌卢斯的人。巴尔达齐筑有堡寨，寨中同他住在一起的有 100 名乌卢斯的种地人……在结雅河和石勒喀河畔生长 6 种作物：大麦、燕麦、糜子、荞麦、豌豆和大麻。在巴尔达齐那里还栽种蔬菜、黄瓜、罂粟、大豆、蒜、苹果、梨、核桃和榛子"；"在大结雅河畔，在西林穆迪河河口，在达斡尔酋长多西的城寨附近，居住着许多从事耕作和饲养牲畜的穴居户。他们那里种植 6 种作物：大麦、燕麦、糜子、大麻、荞麦和豌豆；饲养的牲畜有：马、牛、羊、许多猪，此外还有鸡"，"瓦西里·波雅尔科夫在为君主效命期间，曾平白无故地殴打、折磨军役人员，抢夺他们

的粮食，把他们赶出城堡，并命令他们去吃被打死的异族人。那些不想白白饿死的军役人员吃了许多已死的异族人和饿死的军役人员，共吃了约50人……当地的异族人不许他们靠岸，并且称他们为极可恶的吃人恶魔……"这些记载至为珍贵，从中可以了解17世纪中叶达斡尔人在黑龙江北的居住地，以农业耕种为生，以及俄国人的残忍。

书末有附录三件，一为人名译名对照表，二为地名译名对照表，三为官职等名称译名对照表。人名、地名、官职名，对于研究工作非常重要，使用本书的人如果有疑问，可以在此基础上重新核对。不难看出，译者相当严肃认真，想的比较齐全。

此书所载均属第一手的原始资料，学术价值很高。研究达斡尔族明末清初的历史，必须参阅此书，从中可以检索到许多有用的资料和思考的线索。

《清实录》达斡尔鄂温克
鄂伦春赫哲史料摘抄

此系内蒙古少数民族历史调查组、中国科学院内蒙古分院（即今内蒙古社会科学院）历史研究所编，内蒙古人民出版社 1962 年出版。收入《达斡尔资料集》第七集 1—400 页，民族出版社 2007 年 11 月出版。

所谓《清实录》包括了《清太祖满洲实录》、《清太祖实录》、《清太宗实录》、《清世祖实录》、《清圣祖实录》、《清世宗实录》、《清高宗实录》、《清仁宗实录》、《清宣宗实录》、《清文宗实录》、《清穆宗实录》、《清德宗实录》和《清宣统政纪》，共 4433 卷、1210 册。本书从《清实录》中摘录了有关达斡尔、鄂温克、鄂伦春、赫哲诸族历史和人物 2284 条，为读者利用上述资料提供了种种方便。

其所依据的底本，是通行的影印本，即 1936 年沈阳藏副本的影印。1964 年台湾华文书局据正本影印的《清实录》，不包括《宣统政纪》（《宣统政纪》是民国初年清室人员自修）。

《清实录》是研究达斡尔、鄂温克、鄂伦春、赫哲诸少数民族历史的重要原始资料。例如康熙六年（1667）六月甲戌，理藩院题："查打虎儿有一千一百余口，未编佐领"之言；又康熙二十二年（1683）九月丁丑，有俄罗斯国罗刹"诱索伦、打虎儿、俄罗春之打貂人"之语。索伦指鄂温克，打虎儿指达斡尔，俄罗春即鄂伦春，前人多认为达斡尔自此时始见于记载。不过从满文档案来看，早在顺治五年（1648）六月，即见有达呼尔

311

之名，比《清实录》的"打虎儿"早出 19 至 35 年。

关于达斡尔头人巴尔达齐向清廷贡貂降清之事，关于索伦头人博穆博果尔贡貂和反清的战争和兵败被俘之事，在《清太宗实录》中有详细记载，当代学者研究清初的索伦、达斡尔历史，无不以此为据。

《清实录》卷帙太多，检索不便。本书则检索方便，最适于阅读和利用，最好核对原书，因为在抄录过程中，很难避免出现笔误。《达斡尔资料集》编者称："经与中华书局 1986 年影印本《清实录》对照，发现有个别字、句及页码不同。"（第 2 页）

云南"本人"的红细胞血型分布
及其与契丹人血缘关系的探讨

郝露萍、张卫红等人著。刊《人类学学报》14 卷 3 册（1995 年 8
月）。郝露萍为中国科学院遗传研究所研究人员，张卫红为云南计划生育
科学技术研究所研究人员。此文为国家自然科学基金资助项目。

本研究组调查了云南省施甸县木老元乡哈寨村104名"本人"的4个
红细胞血型系统分布进行检测研究，用以判断契丹人与云南"本人"的遗
传距离。

云南"本人"分布于滇西南大理、保山、昌宁、临沧和德宏、西双版
纳等市地州，其中大部分自报为布朗、佤、德昂、彝、基诺、汉等族，另
有一部分自称"本族"或"莽族"，但未经政府确认。真正的布朗族和佤
族在不少地方也被称作"本人"，自报为布朗族的"本人"自称"乌"，
彝族（香堂）也称他们为"乌"，"乌"的意思是"人"。汉族人称契丹后
裔为"本人"，即本地人的意思，又称他们为"蒲满"或"蒲莽"。检测
取样对象为施甸县木老元乡哈寨村小学和木元老乡中学的学生，其父母上
溯三代均为"本人"（目前的族称是布朗族），三代之内无血缘关系。

根据血液检测结果，计算了"本人"与十七个人群的遗传距离。在计
算中所使用的数据均为已公开发表的18篇报道，绘制出了遗传距离的系统
树（见附表）。"显示'本人'最先与云南的佤族相聚，然后先后与南方
少数民族的八个人群相聚，他们是：云南的阿昌族、德昂族、苗族，广西

313

的壮族、瑶族、侗族，湖南的苗族和四川的傈僳族。和'本人'一道进行遗传距离和聚类分析的八个北方人群（即辽宁满族、黑龙江赫哲族与汉族、吉林朝鲜族以及内蒙鄂温克族、鄂伦春族、达斡尔族、蒙古族）却单独聚为一枝，与上述南方各人群截然分开。"

这个结果与学术界研究结果差异很大。因此本文又称："我们并不认为，根据我们上述人类遗传学调查的结果，可以看出'本人'绝不是契丹后裔的结论。这是因为'本人'很可能是契丹后裔有相当可靠的证据。根据以上情况，我们考虑到对我们得出的结果，有另外两种可能的解释：一是我们所具体调查的施甸县木老元乡哈寨村的'本人'并不是称作'本人'的契丹后裔。二是我们所具体调查的'本人'实际上所保留的北方契丹人的血缘成分已经不多了。"

考虑到有第一种情况的可能，"是因为目前'本人'的族称比较混乱，有的真正的当地少数民族也自称'本人'，而'本人'大部分又自报布朗、佤、德昂、彝、基诺等少数民族或汉族，而且与他们杂居，有的是在同一村寨杂居，多数是'本人'村寨在其他民族的村寨之间。"

"我们对施甸县木老元乡哈寨村'本人'的人类遗传学调查结果，是反映了在今天被认为是契丹后裔的'本人'中已融入了大量的云南当地真正土著的缘故。这是完全可能的，因为最早到云南的契丹人是军队，军队

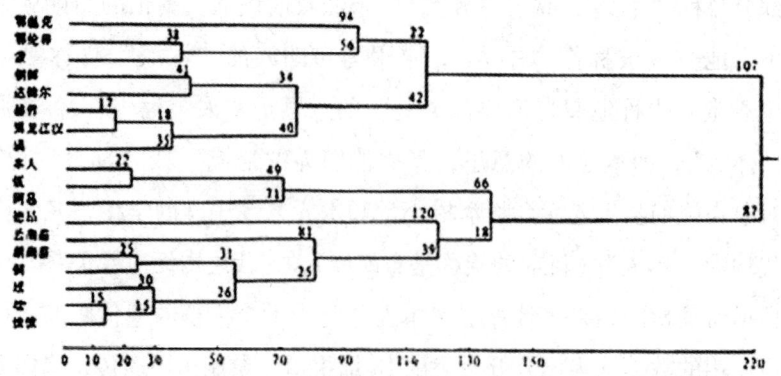

18个群体的系统树(×10⁻⁴)
Phylogenetic tree of 18 populations (× 10⁻⁴)

中基本上或大部分是男性，当他们落户在当地后，其配偶就是当地土著妇女。后来又经过了近200年，有20多代，在这一段时间中，契丹后裔努力和当地土著认同，自称是当地的民族，因此也必然与当地民族通婚，同时却不鼓励他们自己之间通婚。直至今天，不少乡村中不同姓的'本人'，由于认为他们自己虽然不同姓，却都是阿姓的后代，因而不能互相通婚。这样长期与当地原居住的民族布朗、佤、德昂、彝、汉等民族通婚的结果，使他们整个群众中的契丹血统的比重越来越少了。"

这种分析是比较合乎实际的。现在云南"本人"血缘与当地土著居民比较接近，是契丹人长期与当地原住民长期通婚的结果，并不能证明"本人"不是契丹后裔。如果取元代"本人"祖先的骨殖为样本，进行DNA遗传基因进行检测，可能会得到不同的结果。不过骨殖的DNA检测，要比血样检测复杂得多，不具科研条件的机构，是无法进行的。

契丹古尸分子考古学研究

吴东颖著，见乐志德主编的《达斡尔资料集》第三集 1088—1150 页，民族出版社 2002 年 6 月出版。

这是吴东颖的博士毕业论文。《中国医学科学院学报》21 卷第 3 期（1999 年 6 月），刊有署名为吴东颖、马素参、刘春芸和杨焕明的《契丹遗骸 DNA 序列分析及其与达斡尔、汉族等的遗传关系》一文的简报，页下注：国家自然科学基金（39570374）资助。简报称："契丹曾是我国历史上强盛一时的北方少数民族，于公元 9—11 世纪建立了辽王朝，与宋朝并立。但此后，契丹族神秘地消失了，不见于任何史料记载。"吴东颖《契丹古尸分子考古学研究》前言亦称："契丹族曾是我国历史上强盛一时的北方少数民族，于公元 9—11 世纪建立了辽王朝，与北宋并立。但此后，契丹族神秘的'消失'了，不见于任何史料记载。"这种说法与历史事实不符。辽朝灭亡前夕，契丹宗室贵族耶律大石曾率部西迁，在中亚建立了哈剌契丹（黑契丹），建都于虎思斡耳朵，前后存在了 87 年（1124—1211），史称西辽。史学界认为，西辽是辽朝的延续，有如南宋与北宋的关系。谭其骧主编的《中国历史地图集》，绘有西辽域图，见第 6 册 73—74 页。魏良弢撰有《西辽史纲》一书，根据史书记载，详述西辽始末。何言契丹神秘消失？这是用以抬高自己研究成果的一种手法，极不可取。

其实，用自然科学手段检测达斡尔与契丹的亲缘关系，在 20 世纪早已开始。1995 年，中国科学院遗传研究所郝露萍等人，通过血液检测的方法

316

研究云南"本人"与契丹人的关系，其论文已在《人类学学报》14 卷 3 期（1995 年 8 月发表了），比本项研究早 4—5 年，吴东颖的研究算不上什么新发明。

还有，吴东颖的论文中有《综述 DNA 与人类起源和进化》，未署姓名。视其内容，与刘武、叶健的《DNA 与人类起源和演化》一文基本相同，序言的文字开头一段完全相同，只是正文部分略有删节而已（刘武、叶健之文，见《人类学学报》14 卷 3 期、1995 年 8 月）。如果是转引别人的文章，必须注明出处和作者姓名，不注明出处是很不严肃的学风问题。

这项研究的结果，作者有如下的表述：

就我们所分析的几个族群而言，契丹与达斡尔具有最近的亲缘关系；而云南"本人"与达斡尔族有相似的父系起源，因而也确有可能是契丹的后裔。

我们的（研究）结果表明，契丹与达斡尔族具有较近的亲缘关系，达斡尔族很可能就是契丹的后裔。

这项研究最初很轰动，受到学术界的普遍重视，因为这是通过 DNA 基因检测的结果，应该不会有什么错误。然而此后不久，就遇到了重大的挑战。吉林大学边疆考古研究中心和生命科学院许月、张小雷、张全超、崔银秋、周慧、朱泓等人，也通过古代契丹人的遗骨进行 DNA 基因检测，其结果却与吴东颖等人的 DNA 基因检测完全相反，令人对 DNA 基因检测的科学性、准确性产生了种种怀疑：这种检测结果能作为科学研究的依据吗？是检测方法不当造成的，还是样本取样出了什么问题？面对广大专家学者的质疑，从事契丹、达斡尔 DNA 基因检测的人，应当认真思考，向大家有一个清楚的交代和说明，否则将会对 DNA 基因检测产生不可估量的负面影响。

古代契丹与现代达斡尔遗传关系分析

许月、周慧等等著文，刊于《吉林大学学报》（理学版）44卷第6期（2006年11月）。许月，女，吉林大学边疆考古研究中心讲师、博士；周慧，女，吉林大学生命科学学院教授、博士生导师。

为了进行契丹人DNA检测研究，他们从以下6个不同地区采取人骨样本：①辽宁省阜新市关山种畜场和家族墓地（4个），②内蒙古商都县辽墓（3个），③内蒙古兴和县尖山村辽墓（1个），④内蒙古阿鲁科尔沁旗耶律羽之家族墓地（9个），⑤内蒙古通辽市大吐尔基山辽墓（1个），⑥内蒙古宁城县山嘴辽墓（5个）。墓主均属契丹族。

在DNA检测中，通过PCR扩增和测序，从契丹23个样本中获得22个长度为364Pb的序列，共检测出21个突变位点。将契丹和达斡尔线粒体DNA第一高可变区序列多态性比较的结果，"将契丹、达斡尔样本序列与目前已发表的内蒙古、外蒙古、北方汉、鄂伦春和鄂温克等北方人群的序列进行比较，构建了系统发育树，如图1所示（图附后）。在遗传关系上，契丹与外蒙最近，其次是达斡尔、内蒙古和北方汉族，而与鄂温克和鄂伦春相对较远。"（第999页）

对吴东颖等人用10个契丹样本和56个达斡尔、24个鄂温克、20个蒙古和105个汉族样本的mtDNA HVRI序列进行比较分析时提出，在16223、16302、16321和16362位点上，5个族群碱基和单倍型分布频率有明显的差异，其中契丹与达斡尔具有最大相似性，表明契丹与达斡尔具有最近的

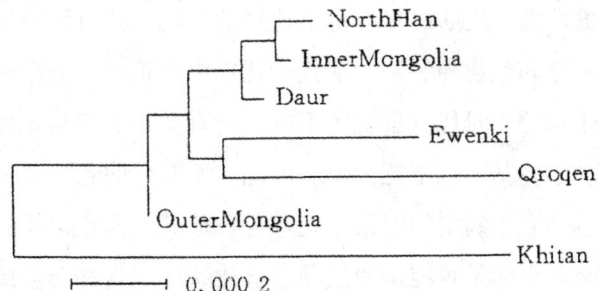

**Fig. 1   Phylogenetic tree of Khitan, Daur and
other contrastive populations**

0. 000 2 is the distance scale length.

亲缘关系一结论，本文提出："从我们的研究结果看，在 16223 和 16362 两个位点，契丹与达斡尔人群均存在较高的突变率，但这两个位点在其他亚洲人群中也是突变热点，因此不能仅通过这两个位点判断亲缘关系的远近；而在 16302 和 16321 两个位点，在本所选取的 7 个人群的所有样本中均未发现变异；在 16256、16260 和 16311 等位点契丹与达斡尔人群的突变率也有较大差异。由此可见，契丹与达斡尔在 mtDNA HVRI 序列上存在较大的差异，因此不能得出达斡尔为契丹后裔的结论。而吴东颖等人提出的'契丹与达斡尔有最近的亲缘关系'这一结论，与本文的结果也并不矛盾，他们所谓的最亲近关系只是相对其他所选的 4 个对比人群而言。"又提出："通过系统发育分析，可以看到契丹与达斡尔的遗传关系并非最近，在对比人群中，外蒙与契丹的遗传关系最近，内蒙古和北方汉族与达斡尔的遗传关系也较近，因此达斡尔与契丹相对较近的遗传关系，结合二者的 mtD-NA HVRI 序列多态性的分析结果，只能说明达斡尔族与契丹族之间存在一定的亲缘关系，而不能支持达斡尔族就是契丹族直接后裔的说法"（999—1000 页）。

许月等人的 DNA 遗传基因检测和吴东颖等人的 DNA 遗传基因检测，都声明在检测过程中无现代污染，其检测的方法又是相同的，为什么会得出不同的结论？这个问题令人深思。如果能够排出 DNA 检测过程中的污染以外，那么剩下的问题是考古发掘采集遗骸过程中，由于要经过许多人的抚摸，现代人的汗液、皮肤碎片有污染遗骸的可能；在遗骸的运输搬运过程中，要经过短途和长途的装卸，现代人抚摸机会很多，也存在污染的可能。另外，由于墓葬的时代有早晚的不同，还有契丹贵族与异族通婚，其子女含有异族的遗传基因也不能排出。因此，所取样的骨殖是否是血缘纯正的契丹人，也具有不确定的因素。此外与古代契丹人相比较的现代民族人员，也有其父母血缘是否纯正的问题。上述这些因素都会直接或间接影响到 DNA 检测的结果。这些不确定的因素，是否也会直接影响到 DNA 检测结果的遗传性质问题？很值得深思。

契丹 DNA 遗传基因检测结果有如此巨大的差别，说明用 DNA 检测结果来判断民族间遗传关系的远近，似已失去了其科学价值，甚至会造成误断。因此，判断契丹与达斡尔两个民族之间的关系，还是以文献记载为主要依据。

达斡尔族成人的体格、体形及
半个多世纪来的变化

　　内蒙古医学院解剖学教研室朱钦、莫力达瓦旗医院富杰等著。刊于《人类学学报》15 卷 2 期。为国家自然科学基金资助课题。课题组于 1993 年 7 月对内蒙古莫力达瓦旗尼尔基、西瓦尔图、阿尔拉、拉力浅、拖尔苏等 5 个乡镇 353 名（男 187、女 166）20—60 岁达斡尔族人进行了活体观察与测量，其父母均为达斡尔族人。所得数据与 1935 年日本人岛五郎、1993 年朱钦等人的调查相比较，编制了"达斡尔族眼部各项观察结果表"、"达斡尔族鼻部及耳部各项观察结果表"、"达斡尔族体格测量结果表"、"达斡尔族头面部和体部各项指数表"、"达斡尔族头面部、休部指数及身高分型表"、"男性达斡尔族几项体格指标及指数 1935 与 1993 比较表"、"达斡尔族体格城镇与乡村比较表"。

　　调查显示，成年达斡尔族无论男女，几项主要体格指标——身高、坐高、体重、胸围及肩宽等的均数都是城镇大于乡村，经检查多数有显著性差异。此外，劳累尔指数和皮褶厚度也是如此，显示达斡尔成人的体格充实程度和皮下脂肪发育也存在着上述差异。生活水平和营养条件的不同，是影响体格发育的重要因素。

　　1935 岛五郎测得布西（今莫力达瓦）达斡尔族男性身高平均 165.8cm，本次检测莫旗达斡尔族男性身高平均 169.6cm，58 年间增长了 3.8cm，平均每 10 年增长值为 0.7cm。在此期间，达斡尔族男性也由中等身高型（164.0—166.9cm）迈入了超中等身高型（167.0—169.9cm）的行列。与 20 世纪 30 年代相比较，达斡尔族下肢增长显著，是身高增长的主要原因。

本文对达斡尔族的体格特征描述如下：

身材中等偏高。男性的指距大于身高，女性的与身高相等。头型属圆头型、高头型和中头型。面型男性属中面型，女性属阔面型。眼裂方向上斜，开度中等居多，多数有上眼睑褶，约半数女性和 3/4 男性无蒙古褶。女性鼻眼低平，男女性的鼻背直，鼻翼微突，鼻型属中鼻型。体部分型：男性属长躯干型，女型属中躯干型，但与长躯干型相近；男女均为中胸型、中肩型和中骨盆型；四肢分型属中臂型和中腿型。

除日本人岛五郎对达斡尔族人体格体型有记录以外，日本人池尻登在1943年出版的《达斡尔族》（有奥登挂的汉文译本）一书中，专门有一节进行了记录，亦可资参考。

体格、体型对于少数民族研究具有重要意义，与民族的来源和族系有密切的关系，对于研究人员来说，是不可以或缺的内容。

后 记

　　本书是《达斡尔族通史》的一部分，属于阶段性研究成果。《达斡尔族通史》是黑龙江历史文化研究工程的重点项目（DIZD1301）。

　　《达斡尔族通史》的撰写，与陈述先生有关。20 世纪 50 年代初，陈先生参与了少数民族甄别研究，提出达斡尔是契丹后裔，属于独立的民族，为学术界所采纳接受，给后来达斡尔族的区域自治奠定了基础。

　　2011 年 10 月 20 日是陈述先生百年华诞，在京的达斡尔人士聚会纪念陈述先生。在这个会上我提出，根据陈先生遗愿，撰写《达斡尔族通史》的建议，得到大家的赞同。为此我先后撰写了《达斡尔族通史编撰纲要》（2011.12）、《达斡尔族通史写作须知》（2012.3）、《达斡尔族历史研究》（2012.8），征求各方面意见。在此基础上成立了课题组，《东北史地》2012 年第 4 期有报道。

　　为了撰写《达斡尔族通史》，我查阅了大量的有关达斡尔族的论著，写了详细的读书笔记，在此基础上形成了《达斡尔族论著提要》。目的是：辨明作品思想观点之正误，研究方法之得失以及其产生的原因，正本清源，提醒读者阅读时应当注意的问题。因此，对 115 种具有代表性的论著，进行实事求是的评论，本书属于史评类学术著作。

　　成稿以后，由宁城新华印刷厂录入。该厂经理朱宝安原是报社编辑，对本书相当重视，安排技术娴熟的白志洁先生录收。黑龙江历史文化研究工程编委会主任艾书琴、曲伟和办公室主任赵儒军，对本书的写作和出版相当重视，提供种种支持。人民出版社资深编审孙兴民为本书责任编辑，提出了种种有益的建议。曲伟主任和中国社会科学院近代史研究所原所长步平教授、中央民族大学中国少数民族研究中心主任张海洋教授，在百忙中撰序。在此书即将付印之际，对上述诸先生表示衷心感谢。

此外，还要向以各种不同方式关心鼓励、支持本项研究的同仁表示敬意，有的人还提供了相关图书资料，令人感动不已。兹将其芳名留此，以资永久的纪念。

内蒙古社会科学院副院长、研究员　毅松

中国社会科学院民族学与人类学研究所资深研究员　滕绍箴

中国音乐学院教授　张天彤博士

中央民族大学教授　丁石庆博士

中央民族大学研究员　巴图宝音

民族出版社资深编审　安平平

北京市达斡尔学会常务副会长　杜兴华教授

齐齐哈尔大学原历史系主任、国家级专家　陈志贵教授

齐齐哈尔大学文学院院长、教授　吴丽华博士

齐齐哈尔市政协民族宗教港澳台办原主任　杨优臣

齐齐哈尔市博物馆原副馆长、研究馆员　徐晓惠

《北方文物》原副主编、资深编审　王德厚

黑龙江省社会科学院资深编审　那晓波

黑龙江大学教授　周喜峰博士

《东北史地》主编、研究员　王卓

吉林省社会科学院副研究员　祝立业

新疆塔城市图书馆研究馆员　郭白玲

中共包头市委统战部部长　沃泽明

内蒙古呼伦贝尔市文联作家　娜日斯

内蒙古呼伦贝尔市海拉尔区图书馆馆长　伊利奇

内蒙古莫力达瓦旗达斡尔学会理事长　敖景峰

内蒙古莫力达瓦达斡尔族自治旗古籍办主任、《达斡尔资料集》主编　乐志德

内蒙古莫力达瓦达斡尔族自治旗博物馆馆长　郭旭光

内蒙古莫力达瓦旗达斡尔学会副秘书长　卓仁

内蒙古鄂温克族自治旗达斡尔学会秘书长　孟丽

内蒙古大学副教授　金鑫博士

中国社会科学院民族文学研究所副研究员　吴英

中国社会科学院民族文学研究所副研究员　吴刚博士

黑龙江省讷河市地方志办公室主任　王咏曦

齐齐哈尔市职业教育中心校高级教师　安晓霞

2015 年 8 月 28 日

于京西石景山书屋